佛學與文學

作者⊙丁敏等
主編⊙李志夫

序　文

李志夫

法鼓山中華佛學研究所是以研究及教育爲主。民國八十六年春，「中華民國現代佛教學會」理事長李玉珉教授及諸同仁提議：請本所主辦一次「中國佛教文學與藝術學術研討會」，由該學會承辦。

佛教文學與藝術也應是佛教教育最重要的一環，也是本所在師資、課程所不及之處，所以本所創辦人聖嚴法師欣然全力支持此一會議之召開。

此次會議於民國八十七年四月十一至十二日兩天，在台灣大學「思亮館」舉行。計有兩岸學者共提供論文十七篇：其中有關藝術者六篇：有關文學者十一篇。原來希望將全部論文均能結輯印出；後來，因爲藝術方面之論文有的學者暫不擬發表；有的論文有大量圖片，其中部份有待洽購版權問題，尤其有的圖片版權無從找到交涉的對象。而剩下之藝術論文則只兩三篇了。所以藝術論文部份不能刊出只有割愛。

好在大會負責主題報告的聖嚴法師將「佛教藝術之承先啓後」已揭櫫出佛教藝術之精華處了。本書僅結輯大會文學論文以餉讀者。

論及佛教文學確是一個廣泛地論題，如佛陀的本生、譬喻，乃至大乘經典都是文學作品，發揮這些經典之義蘊與形式就已提供了無限地創作空間。

隨之，佛教中國化了後，佛教文學也中國化了。甚至我們可以說，當佛教文學中國化了以後，佛教才在中國廣大之民間紮根。此次與會學者所提出之論文背景大多是以中國佛教民間信仰爲題材的：如神通故事、靈異事蹟、傳奇小說、佛經變文，乃至禪語機鋒等，可說本書已是佛教文學論著的一個小小百花園。

丁敏教授試圖從佛經神通故事說明對佛教宗教性格之影響，以及其在中國社會所產生之作用。汪娟教授說，漢譯佛典的文學偏向崇高實用，無論變文、詩偈、俚曲……懺文、願文都是爲了護法弘教而創作的，而悟道詩則尙清麗高遠。蕭麗華教授以王維之「輞川鹿苑」爲題，認爲這是代表王維超現實的、平靜的、安寧的世界藍圖，也就是他的「淨土世界」。鄭阿財教授認爲自六朝以來，像敦煌佛教靈應故事，深富志怪性質與宣揚因果報應說合流，成爲教徒們宣揚宗教之利器。陳元音教授認爲禪文學在中國極爲普遍，所以他以美國女詩人狄瑾遜（E. Dickinson）爲例：她的超越主義是以神秘宗教經驗爲基礎的，即是經過外在我，潛入心內的內在我，尋覓自己的心靈與神溝通。

根據大陸學者王堯教授論文指出：藏戲源於佛教，從其劇本、舞蹈、唱腔、服裝、面具中可以得證。大陸學者孫昌武教授指出：在南北朝佛教注疏和僧侶護法著述中，很少提到觀音信仰，自西晉太康七年（二八六）竺法護譯出《法華》，觀音信仰即迅速地流傳開來，雖與經旨未必相符，但能從民眾精神史的角度來觀察這些觀音傳說，就會發現它具有多方面絕無僅有的價值與意義。另一位大陸陳慶英教授介紹西藏的傳記文學，除各教派領袖人物外，尤其各世之達賴喇嘛從其徵驗轉世到坐床以及一生言行政事一一登錄，具有很高的資料價值，但從文學角度看，則過於程式化。

陳葆眞教授以〈南唐三主與佛教信仰〉為題，烈祖的父親多晦跡精舍，其姨為尼，建國後廣建寺廟；中主常趨清涼寺聆聽悟空（九四三）、法眼文益說法，或與之共論詩文；後主建寺、供僧、戒殺，曾受法文益禪師，並為其立碑誌，文益之所以受到後唐中、後二主的禮遇，除了他的禪法超人外，他在文學詩詞方面的才華也是他們互相會心的主要原因。蔡榮婷教授〈大足石刻楊次公證道牧牛頌析論〉一文涉及文學、繪畫、雕刻、宗教、思想等多重層面的問題及考察分析楊氏生平、著作和文學表現特質，釐清了牧牛詩組的開展脈絡。特別是張靜二教授〈壺中人故事的演化〉一文，利用心理學家喬哈利（Harri Window）學說，人有四種心理象限：其一，人、我共知共見；其二，人知我未必知；其三，我知不願人知；其四，人、我均不知。以分析《舊新譬喻經》（梵志吐壺）的故事改編而為中國的怪志及幻化故事，如《陽羨書生》、《壺公傳》、《邯鄲記》……等，甚至影響到《封神演義》、《聊齋誌異》及《西遊記》等章回小說風格。這些幻化、怪異之創作之所以能引人入勝，就是因為能昇華到第四象限：人、我均不知。於是，創作者有無限之創作空間；也能給讀者無限之想像空間。

總之，本書的內容，就佛教文學來說具有相當的涵蓋性，而本書作者，也是當代佛教文學一時之選。

本書確實是一本好書，謹爲譜序。

李志夫序於中華佛學研究所

1998 年 7 月 15 日

佛學與文學

佛教文學與藝術學術研討會論文集（文學部份）

目　次

佛教藝術的承先啟後

佛教文學與藝術學術研討會主題演說

釋聖嚴

（法鼓山中華佛學研究所創辦人）

一

我不是佛教藝術的創作者，也不是佛教藝術的研究者，我只是一個佛教藝術的愛好者。我不懂佛教藝術的理論，甚至對於佛教藝術的歷史，所知也極有限，但是就像許多藝術鑑賞的外行人一樣，我非常喜愛佛教藝術的作品。

凡是一個偉大而有悠久歷史文化的宗教，必會給人類的後代，留下偉大的文化遺產，包括哲學、文學、藝術。宗教藝術的作品，正是以具像的手法，表達宗教信仰所依據的哲學思想及文學內涵。也可以說，凡有偉大藝術作品遺留在人間的宗教，正是代表著這個宗教曾經擁有極有深度的哲學思想及非常豐富的文學作品。如果沒有博大精深的哲學思想，不可能受到上層社會知識份子群的持續信仰及普遍擁戴，就不可能培養及招集高明的藝術人才，投注大量的財力、物力，歷千百年，繼續不斷地創作出偉大的藝術作品。如果缺少豐富的文學內涵，也不可能有創作藝術作品的大量題材。

佛教的經律論三藏聖典及史傳資料，既爲人間提供了各個層面的學說思想，也爲人間提供了取之不盡、用之不竭的文學作品。所以會給歷代的藝術家們，源源不絕地提供創作的靈感及作品的素材。

在亞洲地區的文化史上，雖有印度及中國的兩大文明古國，也各有其源遠流長的文化特色，印度的本土文化是以吠陀哲學的婆羅門教爲主流，衍變而成爲印度教。中國的本土文化是以儒家哲學的人文主義思想爲主流，道家哲學爲輔佐；這兩支文化，千百年來，主要僅在其各自的本土流傳。唯有佛教，發源於印度，傳遍及亞洲，包括西南亞、東南亞、東北亞、西北亞的各民族間，都曾盛行過佛教的信仰，也在亞洲各地，留下了偉大的佛教文化遺蹟，那就是陸續地從地下、在石窟、在山崖、在林間、在沙漠、在古剎廢墟中，發掘和發現了無數的佛教藝術作品。因此可說，佛教是唯一的泛亞洲民族共同信仰的宗教，佛教是亞洲唯一的擁有藝術古蹟最多且最偉大的宗教。而且，曾經一度傳播到歐洲，近百年來也傳到了美洲，不過，歐美文化中的佛教藝術創作，尙在萌芽階段。

世界性的偉大宗教藝術，在西方的歐洲，乃以希臘、羅馬爲源頭，基督教席捲歐洲之後，便以基督教的宗教藝術爲主流。例如：羅馬、布拉格、倫敦等地的古教堂、古墓及博物館中，所見的宗教藝術作品，都很珍貴，都能從其藝術作品中體會到聖經的內容及信仰的精神；透過藝術作品的表達，便能讓人感受到宗教信仰的力量，對於人類心靈的安慰是多麼的重要。

在東方文化中的藝術創作，能與西方宗教藝術相拮抗的，則唯有佛教，甚至敢說，如果把佛教藝術的古蹟、古物除外，再查考東方文化中的古藝術品，就相當貧乏了。因此可說，從佛教藝術作品的豐富程度而言，佛教文化不僅是亞洲宗教中信仰人數最多的宗教，也是留下文化遺產最多的宗教，更是最有前瞻性及將來性的宗教。我們邀請諸位與研究佛教藝術相關的專家學者，以佛教藝術爲主題，來進行研討，目的便是爲了溫古知新，古爲今用，承先啓後。

二

佛教藝術之有歷史可考者，如眾所周知，在印度大約可分四個時期：

㈠起源於印度的「阿育王時期」，那是西元前二七三年至二三二年。在其殘存於今日的遺物，如：鹿野苑的石柱雕刻等，把佛教的義理，化爲形像，表現出來。不過早期的佛教藝術作品中，雖有故事的場景，卻沒有把佛陀形像化，乃是以象徵的手法，襯托出佛陀是存在於無形無相之中。例如以刻一個腳印代表佛陀曾到過之處，以刻一個法輪，代表佛陀說法處，以刻一寶座及菩提樹，表示佛陀成道處。

㈡直到西元第二世紀的「犍陀羅藝術時期」，才開始出現了佛陀的形像。例如在阿育王之後的一百餘年，於婆爾訶特（Bharhut）及桑佉（Sanehi）一號大塔東禮門樓樑上，表現的佛陀「逾城出家」圖，畫面是一匹馬，爲背上立一傘蓋，馬後面有幾個人在告別，另有一男子向巨大的佛足跡禮拜，並無佛像。到了受到希臘風格影響的犍陀羅出土的同一題材浮雕，便有佛像坐在馬背上了。到了西元第三世紀時，西北印度的犍陀羅藝術影響了南印度的阿摩拉瓦特（Amaravat）大塔欄楯雕刻，也出現了佛像。

㈢到了西元三三〇年至六四〇年之間的「笈多王朝時期」，乃是印度佛教藝術的鼎盛時代。採用犍陀羅雕刻的技能，回歸古代印度雕刻的原則，雕像的衣著極爲輕薄，緊貼身體，呈透明裸露狀態，用極淺的曲線，左右均等地刻劃出雕像的衣褶紋路。本期佛像的發光光圈，已從先期單純的圓板，加刻了圖案，佛像的頭髮，多爲螺形，且有眉間白毫相等三十二種大人相，所以富於慈愛的表情，及利他的理想，表現了大乘的精神。例如鹿野苑博物館所藏以及西南印度阿姜他（Ajdanta）洞窟精舍中的佛陀雛像，便是此一時期的代表作。

㈣到了西元第八世紀之後，有一個案達羅王朝，偏安於東印度，達五百年之久，擁護印度晚期大乘的密教，本期印度佛教的造像藝術，已有一定的規定和比率，例如：清朝的工布查布漢譯的《佛說造像度量經》所示。依據密教的教義，對於佛菩薩像的坐姿、手印、光背、衣飾、莊嚴等，均已固定，少了工匠自由的創意表達空間，大致上是兩眼向上釣，顎部呈尖狀，凸胸、細腰、雙身、多手多頭多法器等的特徵。此在本年（一九九八年）春間，中國時報社假台北國父紀念館舉辦的西藏佛教藝術大展中，見到的密教藝術作品，便是沿襲印度晚期大乘佛教藝術的風格。

三

如果要追溯佛教的根本精神，不僅不贊成以偶像爲禮敬對象，也不允許弟子們從事藝術創作的行爲。因於原始佛教時代，佛弟子們重修持、求解脫、無暇及於藝術，我們都知道，戒律中有明文規定，比丘及比丘尼不應作畫。但在以化世導俗爲目的的角度來說，用藝術的表現方式，接引世人、接近佛法、接受佛法，就很有需要了。故由原始佛教過渡到部派佛教時代所傳下的律部及阿含部中，就見到了繪畫及雕像的記載。例如《根本說一切有部律》，以及大眾部所傳的《增一阿含》。不過到了初期大乘的火《大般若經》仍在提醒我們：「於諸世間文章伎藝，雖得善巧，而不愛著」，因其乃爲「邪命所攝」。（參閱拙著《印度的佛教》第七章第三節）

佛陀未必反對藝術，至少是不主張以修持解脫道爲重心的弟子們，從事藝術，所以在佛陀時代，至少並未重視以藝術作品來作爲教化人間的工具。可是到佛陀入滅之後的二百年左右，由於距離佛世已遠，佛教徒們無法體會到佛陀住世時的精神力量，便不得不以具象的藝術作品代替佛陀，例如以蓮華象徵誕生時的佛陀、菩提樹象徵成道時的佛陀、輪寶象徵說法時的佛陀、塔象徵涅槃時的佛陀。漸漸地才出現了佛陀的雕像。故於《增一阿含經》卷二十八，載有佛世的優塡王造了佛的木像，波斯匿王造了紫磨金的佛像，都是五尺高。在《根本說一切有部毘奈耶》卷二十八及卷四十五，也有爲佛造像及爲佛畫像的記錄。這應該都是在佛滅之後兩、三百年才發生的事。

四

印度的佛教藝術，尚有文學、建築、音樂等。

在佛教文學方面，由譯成漢文的聖典中，尚可看到其體裁及題材之豐富，常見的則是所謂十二部經，也就是以十二種文學型態的表達方式，來呈現佛教的義理及其信仰實踐的內容。那便是：⑴散文體裁的長行，又名契經；⑵散文之後再以韻文詩歌體裁表達一遍的重頌；⑶散文的篇章之中，偶而會挾有一首單獨的韻文，稱爲孤起頌：⑷每部佛經的開頭，多有一段敘述該經的請法及說法因緣：⑸追敘佛陀弟子們的往昔生中，種種因緣經過的，稱爲本事；⑹追敘佛陀自身在往昔生中修行菩薩道階段的種種事蹟，稱爲本生：⑺記錄佛陀顯現種種神通不可思議事項者，稱爲未曾有；⑻用故事寓言的題材，說明甚深的佛法義理者，稱爲譬喻；⑼直接用論辯說理的型式者，稱爲論議；⑽不須弟子請法而佛陀主動說法者，稱爲無問自說：⑾佛陀說出方正廣大，眾生皆能成佛的經文者，稱爲方廣大乘，亦名方等大乘；⑿記載佛陀爲弟子及菩薩們預告何時成佛，佛名爲何，佛國何名的題材者，稱爲授記。

此外有專門收集寓言故事的聖典，名爲《百喻經》；有專門收集佛陀語錄短句的聖典，名爲《法句經》；有以長篇的韻文撰寫佛陀傳記的《佛所行讚》；有以散文撰寫國王及祖師傳記的阿育王傳、龍樹、馬鳴、提婆、世親傳等。

其實，在律部、阿含部，均可讀到優美完整的佛弟子傳記，也有戲劇道白及演戲的體列，對於天堂地獄以及北俱盧洲等的描寫，均係文學體裁的表現手法。若從大乘經典的表現型式來看，例如《華嚴經》的善財五十三參，以及《法華經》、《維摩經》等經的許多篇章，根本就是戲劇的體裁。此外如彌陀淨土的三部經、彌勒淨土的三部經等，都有人物眾多極其華麗莊嚴的場景，是故到了中國的敦煌壁畫，便演變爲維摩變、淨土變、勞度叉鬥聖變等大幅的繪畫題材。

印度佛教的建築藝術，是表現於洞窟，例如阿姜他的佛塔，例如阿育王時代所遺留的佛塔、鹿野苑前五比丘迎佛塔、鹿野苑內重建於笈多王朝時代的佛陀初轉法輪紀念塔、涅槃場的紀念塔，工程最偉大的代表作，應該要算菩提伽耶(Buddhagaya)的正覺大塔，始建於玄奘大師西遊之前，重建於西元第十二、十三世紀之間，修復於十九世紀，高一百六、七十尺。以上所舉的佛塔型式各異，完成的時代也不同。

印度的寺院建築，雖已發掘出土了鹿野苑、祇洹精舍、王舍城等的遺址，也只見墻基而不見墻垣房舍，規模最大的那蘭陀寺遺址，也僅留下露出地面的殘垣頹壁和墻腳基礎。由道宣律師所撰《舍衛國祇園寺圖經》表現的平面示意圖，也僅能知道其寺院各項建築物的空間配置。若從諸部大乘經中所描述的宮殿式建築，最著名的是《華嚴經》的彌勒樓閣，此外有《無量壽經》等所描述的佛國淨土宮殿建築，那只能說是信仰中及禪定中神通力所見理想的建築型態，不能視爲就是印度佛教的建築藝術了。

印度佛教在音樂藝術方面，也有極高的造詣，在三藏聖典中，可以讀到許多有關歌詠伎樂舞蹈的記錄，在山西省的雲岡第十二窟門楣上方，有一幅石刻浮雕圖，一群伎樂天，用十四種不同的樂器，正在熱烈地演奏，包括管樂器、弦樂器、打擊樂器的三大類。至於他們所奏的是什麼樣的樂曲，就無法知道了，唯其從佛教的經文、石刻及壁畫中，見有伎樂天音樂神的俗稱所謂飛天看來，佛教的音樂梵唱及舞蹈，必定是非常發達的。

五

至於中國的佛教藝術，基本上是承襲印度的餘緒。在繪畫、建築、雕塑方面，有敦煌的莫高窟、山西的雲岡、河南的龍門、甘肅的麥積山、四川的大足等，被譽爲海內五大石窟，都是無價的寶藏，其時代由北魏，歷隋唐宋元，迄明清，各有特色。在山西省的炳靈寺、南禪寺、佛光寺、崇善寺、善化寺、華嚴寺等，不僅留下了中國最古的木構建築藝術，也留下了唐宋遼金時代的雕塑佛像藝術群。

在造像之中，有石雕、木刻、泥塑、鎏金、銅鑄、彩繪等材質。其所表現的題材，有諸佛、菩薩、羅漢弟子、護法諸天，供養人等。這些均有專家學者的研究成果。

若以西方人所指狹義的藝術（Art），便是這些雕塑及繪畫的範圍了。廣義的藝術，可以涵蓋一切的人文學科，在印度稱爲五明：⑴文典及訓古之學，稱爲聲明；⑵工藝、技術、算曆之學，稱爲工巧明；⑶醫、藥及禁咒之學，稱醫方明；⑷論理邏輯之學，稱爲因明；⑸明自家之學，稱爲內明，站在婆羅門教的立場，將四種吠陀聖典稱爲內明，站在佛教立場，將三藏聖典稱爲內明。在中國的儒家，也將一切的人文科目總稱爲六藝，分作兩類：⑴於《周禮》所見的小六藝：禮、樂、射、御、書、數；⑵於《史記》所見的六經，名爲大六藝：易、禮、樂、詩、書、春秋。若準此而言佛教藝術，則凡是有關於佛教的文化遺物，無一不是佛教藝術了。

佛教藝術在中國，除了承襲印度佛教的題材及其風格之外，歷代也有各別的創新，即以佛像的造型而言，北朝的秀骨清風，如麥積山；隋唐的豐滿圓潤，如龍門奉先寺的盧舍那像；宋朝的吊眉、鳳眼、櫻桃唇；遼金菩薩像及諸天像的多彩華麗而又有自然喜悅之美，明代的造型線條簡單又有純樸端嚴之美。

有關中國佛教的雕塑、壁畫、音樂、建築、文學等藝術，我曾有過一些探討及介紹的文字：⑴《印度的佛教》；⑵《佛教文化》第十一期的〈中國佛教藝術的價值〉；⑶《中華佛學學報》十一期的〈中國的佛教建築〉；⑷《火宅清涼》；⑸《佛教文化與文學》；⑹先師東初老人也曾寫過一冊《佛教藝術》。

我們從張曼濤先生所編的《現代佛學叢刊》第｜八冊《佛教與中國文化》，讀所收諸文，知道佛教藝術影響中國文化之深度及廣度，實在遠大無比。太虛大師舉出藝術項下的建築、塑鑄、雕刻、圖畫、音樂、印刷、戲劇；文學項下的切音、文法、名詞、文體、詩歌、語錄、小說傳奇；科學項下的論理學、醫學、天文學、數學；哲學項下的漢、晉、南北朝、隋、唐的「空、有、玄門」思想，宋元明清「治世心身」思想，禪宗影響了宋明儒學及仙道思想，佛學也給近世的現代思潮，注入了養份。

在同一冊書中，收有美學家蔣勳先生的一篇〈大乘思想影響中國佛教藝術〉，他特別推崇禪宗精神對於中國繪畫風格的影響，他說：「禪宗離棄佛像、經典、儀式，在思想史上建立了渾簡鋒利的哲學；在繪畫上亦啓發了筆簡形具之創作，以氣韻爲主的禪畫由之興起。」他將唐代有詩佛之譽的王維所作詩畫，均富禪意而別創禪詩及禪畫的風格，非常讚歎，又說：「中國大乘佛學，至禪宗而發展至極致。中國山水畫也至禪畫而達頂峰。」

從以上所引兩位學者的看法，知道佛教藝術對中國文化的影響，宜有兩大主流：⑴是以承襲印度佛教題材及其思想風格爲基礎的；⑵是以中國禪宗思想精神爲骨幹的。其第一類雖也是創作，仍不脫模擬的痕跡；第二類則純屬於中國佛教別具神韻的創作了。

張曼濤先生編集的《現代佛教學術叢刊》第十九冊，收有謝無量先生的〈佛教東來對中國文學之影響〉，他以爲由於梵音隨佛典翻譯傳入中國，便促成了沈約的四聲及駢體文的發展；宋明儒家的語錄，多少是受著名禪師們所遺語錄的影響；由於佛教的普及化，促成了平民文學及變文以後新體文學之發展；徵引鄭振鐸的《中國俗文學史》，以爲佛教的變文促成了後來之戲曲小說、彈詞、寶卷、鼓詞的發生；變文爲了宣傳佛經，吸引信眾，就用散文和韻文相結合，附帶地在中國卻促成了新文體之發達，演變成鼓子詞、諸宮調、彈詞、戲曲小說的不斷進步。

六

佛教進入西元二十世紀後期，已經直接或間接地傳遍全球，對於現代人的社會，也有很大影響，例如：佛學、禪學給心理學、心智學的啓發，產生了EQ論及腦內革命論等，超越了佛洛依德及榮格等所持心理學的觀點。相反地，佛教徒們接觸到了現代化的時代文化之後，也不得不求新求變了。

在文學的表達方面，以輕鬆簡易的散文貼緊著日常生活，寫出佛化的作品，產量最多也最受歡迎的，有林清玄先生；以禪學爲內涵，寫出勵志及心理疏導的作品者，有鄭石岩先生；以禪語及經偈爲依據，寫出簡短的智慧小語者，有星雲法師及聖嚴本人；以散文詩的筆觸，寫出長篇的佛化小說者，有愚溪先生；以現代佛教徒的生活爲背景，寫出長篇的佛教小說者，有姜貴先生等；以現代佛門高僧的傳記爲題材，寫成長篇的傳記文學者，有陳慧劍、丘秀芷、符芝英等。聖嚴本人則以個人的經驗及遊歷，撰寫了十一冊傳記和遊記。偶而也有以舞台劇、廣播劇、電視劇的方式，編演佛化的故事者，有星雲法師的《玉琳國師》等。以高僧小說故事，寫成青少年佛化系列的叢書者，有法鼓文化及佛光文化等。

現代畫家之中，以佛畫爲題材的，則有溥心畬、張大千、呂佛庭、江曉航、董夢梅、奚淞、釋果梵等。另有徐悲鴻以西洋油畫的材質畫弘一大師像；最近大陸旅美畫家李自健先生，也以油畫的材質，畫出極其逼眞的星雲法師、聖嚴法師肖像，以及南家大屠殺的宗教畫。傳統的水墨畫家之中，也有幾位方外之士，而以竺摩、廣元及曉雲三師最爲傑出。如今，漫畫及動畫，日漸風行，最先的佛教漫畫，當以豐子愷先生的《護生畫集》爲鼻祖；當今傑出的漫畫家之中，以佛教經典爲題材，畫出許多木連續漫畫的，當以蔡志忠先生最成功；李百智先生，以四年的心力，完成了「小和尚一家親」的動畫創作，嗣後又創作了「小呆蛙」等卡通影片。給我本人的禪系列各書畫插繪的，先後曾有許鳳珍、郭果同、釋果雨、陳永模、朱德庸、尤俠等人，他們多是知名的畫家及漫畫家。佛教的漫畫及動畫，尚有極廣大的創作空間，也有許多的讀者群尚待開發。

書法也是佛教藝術的一類，除了古代的許多名碑及大量的寫經及石經，現代也有不少書法家以經句禪詩入題，也有以泥金寫經的，其中當以林隆達先生爲代表。近廿多年來，雕塑佛像的年輕師傅，越來越多，工藝的水準也越來越精美，若干已揚名國際藝壇的大雕刻家如楊英風、朱銘先生師徒二人等，也都有佛像的雕塑作品。

近數年來，由於法鼓山首開當代藝術品義賣展的風氣，其他幾個佛教團體，也舉辦了類似藝術品義賣展，因此鼓勵並結合了不少當代第一流的書畫家們，以佛教爲題材，引發了他們另一類創作。

佛教的傳統音樂，稱爲梵唄，通常用於早晚殿堂的課誦以及特定的各種法會場合。現代化的佛教音樂，應該是以太虛大師作詞、弘一大師譜曲的三寶歌，爲被普遍接受的開始，如今則於台灣各大佛教團體，不僅均有各自的歌曲，也有了各自的合唱團，例如法鼓山合唱團，已組成了三年多，並且正在協助全省各法鼓山共修處及分院，籌組合唱團，以配合各種弘法活動，歌讚佛法，勉勵道心，莊嚴道場，營造氣氛。不過尚未形成現代佛教音樂的統一標準，有的接近校園音樂，有的接近電影插曲，尚不能像梵唄那樣，不論由任何人唱出，一聽即知是佛教音樂。

有關中國現代的佛教建築，在中國大陸，因係重修復建古代的寺院，多用簡樸的明式，在台灣各地新建的寺院，多取重彩的清式。由於台灣政府有明令規定，如果不具古代的宮觀模式，便難取得合法的寺廟登記許可，以致少有創作的空間。故於今年元月間，慧炬雜誌社及覺風佛教藝術文化基金會主辦的「佛教建築設計與發展國際研討會」會中，也廣泛地討論了現代化佛教建築新模式的問題。

七

古代的宗教藝術，是爲滿足信仰者的心願服務，歷代開鑿的石窟藝術，乃爲帝王大臣，或爲地方士紳，薦福做功德而營造的。現代的宗教藝術，須爲達成傳播佛法廣被人間的任務創作。古代的宗教藝術，是爲少數人的信仰作表達，現代的宗教藝術，當與社會大眾的生活相接合。創作雖屬於藝術家的專業修養，功能則在於提供全體大眾善及美的教育環境。

藝術品應當有其各自的創作生命，宗教藝術又必須兼顧傳統與創新之間的承先啓後；現代人的宗教藝術，不僅當有其時代的特色，更須負起走向未來世界的使命。這也正是中華佛學研究所主辦這項學術會議的希望。

謝謝諸位，敬請指教。祝福諸位，平安快樂；祝福大會，圓滿豐收。

佛教經典中神通故事的作用及其語言特色

丁　敏

（政治大學中文系副教授）

提要

本論文嘗試從佛教經典中神通故事的作用與語言特色兩個面向，來分析神通故事何以一再活躍於佛教發展史上的各個時期，乃至在今日社會中仍有其魅力。由於佛教神通故事是依循佛教神通理論的發展而有所不同。因此本文分爲原始佛典、介於小乘至大乘間的佛典、大乘佛典三個階段來看佛教神通故事隨其神通觀念的變化而顯示出的不同作用。其次，分析神通故事在宗教與文學兩方面的語言特色，以了解神通故事的語言特

案：本論文所引用的佛經，均引用自《大正新脩大藏經》，台北，新文豐出版公司在台影印版。而在論文的附註中，均簡稱《大正藏》。又在論文行文中，引用佛經原文或轉述佛經故事，常在文後即註明出處，例如〔2－11a～15b〕，表示在《大正藏》的第 2 冊，第 11 頁 a 欄，至 15 頁 b 欄；其餘類推。

色，也是它引人入勝的所在。最後本文試圖指出佛經神通故事對整個佛教宗教性格的影響爲何；並概括指出佛教神通故事在中國社會中由古至今的若干作用。

一、前　言

「神通」在佛教的世界圖像中，是被承認爲眞實存在的。因此儘管千百年來，愈來愈沒有人親見神通的事蹟，但是有關神通的故事，卻從來不曾完全消失，反而一再活躍於佛教發展史的各個時期。直至今日，還是有人相信宗教修行會使人產生神通這特殊能力，而諸如「放光」、「奇蹟」等神通故事也依然悄悄在社會角落中流傳。到底神通故事魅力所在爲何？是本論文想要在佛教經典中追本溯源，並觀其發展而求取答案的。

由於佛教神通故事，是依照其神通理論的原則所建構出來的，因此本論文首先對佛教的「神通」理論作一簡介。其次分析佛陀何以要講神通的時代背景，然後由佛教經典中神通故事的作用及其語言特色兩個面向，來分析何以神通故事能一直在佛教中流傳，且歷久不衰，踵事增華？並分析宣揚神通故事對佛教帶來的影響。

二、佛教的神通觀

㈠ 佛教神通理論及其內容

在佛教所建構的世界圖像中，神通的獲得與使用，被認爲是由修行中開發出來自身眞實的能力，是修行境界的一種表徵。早期的佛教經典四阿含中，有不少關於神通的記載。《雜阿含經》卷十八中云：

> 是故比丘，禪思得神通力，自在如意，為種種物悉成不異。比丘當知，比丘禪思，神通境界不可思議。是故比丘，當勤禪思，學諸神通。（2－129a）

這段經文中提到三個觀念：⑴藉由修習禪思可得神通力。⑵得到神通力就可以擁有不可思議的自在如意的力量，可以隨意變出各種物體。⑶勉勵比丘們勤修禪思以學習神通。

又在《雜阿含經》卷二十一中記載：

> 爾時世尊告諸比丘，有風雲天作是念：我今欲以神力遊戲。如是念時，風雲則起如風雲天。如是焰電天、雷震天、雨天、晴天、寒天、熱天亦如是說。(2－220b)

這則經文中敘述佛告比丘們可以用神力遊戲來任意變化天候。用「遊戲」來形容神力，可見神力是自在無礙的力量。[1]

神通既然是比丘們可以在禪思中修習獲致的能力，因此阿含經典中有關於修習神通的原理、方法及內容的詳細論述。基本上是敘述要在禪定中經由初禪、二禪、三禪而入於四禪，在四禪中才可以開始學習引發神通，所謂「比丘如是入第四禪，……彼以定心清淨、無穢、柔濡、調伏、住無動地，一心修習」而引發「神通智證」、「證天耳智」、「證他心智」、

---

1) 《大智度論》卷 7：「諸菩薩何以故生出遊戲是百千種三昧？……答曰：菩薩心生諸三昧，欣樂出入自在名之爲戲。非結愛戲也，戲名自在。」見於《大正藏》第 25 冊，頁 110c。

「宿命智證」、「生死智證」、「無漏智證」，[2] 六種神通能力。這六種神通的內容則為：

---

2) 《長阿含經》卷 13（20）《阿摩晝經》:「彼以定心清淨、無穢、柔濡、調伏住無動地，一心修習神通智證能種種變化。變化一身為無數身，以無數身還合為一；身能飛行石壁無礙，遊空如鳥，履水如地；身出煙燄，如大火煙焰；手捫日月，立至梵天……
彼以心定清淨、無穢、柔濡、調伏 住無動地，一心修習證天耳智。彼天耳淨，過於人耳；聞二種聲：天聲、人聲……以心定故天耳清淨聞。
彼以定心清淨、無穢、柔濡、調伏 住無動地，一心修習證他心智。彼知他心有欲、無欲，有垢、無垢，有癡、無癡，廣心、狹心，小心、大心，定心、亂心，縛心、解（脫）心，上心、下心（乃）至無上心，皆悉知之。以心淨，故能知他心。
彼以心定清淨、無穢、柔濡、調伏住無動地，一心修習 宿命智證。便能憶識宿命無數若干種事，能憶一生（乃）至無數生，劫數成、敗，死此生彼，名姓種族，飲食好惡，壽命長短，所受苦樂，形色相貌皆悉憶識……。
彼以心定清淨、無穢、柔濡、調伏住無動地，一心修習見生死智證。彼天眼淨，見諸眾生死此生彼，從彼生此，形色好醜，善惡諸果，尊貴卑賤，隨所造業，報應因緣，皆悉知之。此人身行惡、口言惡、意念惡，誹謗賢聖，言邪倒見，身敗命終墮三惡道；此人身行善、口言善、意念善，不謗賢聖，見正信行，身壞命終 生天、人中。以天眼淨見諸眾生，隨所緣業往來五道。……
彼以定心清淨、無穢、柔濡、調伏住不動地，一心修習無漏智證。彼如實知苦聖諦，如實知有漏集，如實知有漏盡，如實知趣漏盡道；彼如是知、如是見欲漏、有漏、無明漏，心得解脫，得解脫智：生死已盡，梵行已立，所作已辦，不受後有。」見《大正藏》第一冊，頁 86a～c。

神通智證通：又稱神足通、神境通。包括「能到」（神足）與「轉變」（變化）兩類功能。「神足」意謂能飛行虛空、穿山越岩、透壁通垣、入地履水、或手捫日月，身至梵天等。「轉變」意謂能隨意變化自己的身形，或變化一身爲無數身，或以無數身合爲一身；也能自身放出煙焰如大火燃薪般猛烈。

他心智證通：又稱「他心通」，指能感知他人心思、情緒、意念的功能。並了解眾生心的種種特質。

宿命智證通：能夠憶起自己及眾生多生累劫的事蹟，包括出生地、姓名、種族、形色相貌、生活習慣、飲食好惡，壽命長短、以及一生苦樂際遇等。

生死智證通：又稱「天眼通」。能以天眼睹見眾生所爲善惡，因果業行，以及死後神識的輪迴去向。

天耳智證通：又稱「天耳通」，能夠聽到人間及天上的各種聲音。

無漏智證通：又稱「漏盡通」，漏謂煩惱。漏盡通是由能徹底修習四聖諦的道理，而斷除一切的煩惱，永離生死輪迴。

以上六神通中的前五通，是共外道的五神通，尙未見到解脫之道。唯有解脫生死束縛才是佛陀所要追求的目標。許多佛陀傳記中，都提到釋迦未成佛悟道之前，曾跟隨婆羅門教的瑜伽大師鬱陀羅羅摩子修習當時最高深的冥想（禪定）功夫一四禪八定中的最高定：

> 「非想非非想定」。但佛陀在「非想非非想定」中，未見解脫生死之道，他認為「既生非想非非想處，報盡還入

於生死」。[3]

因此，得到四禪中的五神通是不相應於解脫之道，阿含經典中記載佛陀悟道之夜，在初夜、中夜分別證得宿命通、天眼通，但並沒有證得「心解脫」，尚未有證得解脫生死之道，直到後夜方證得「欲漏心解脫、有漏無明漏心解脫、解脫已，便知解脫一生已盡，梵行已立，所作已辦、不更受有，知眞如」[4]，才眞正證到了漏盡通，解脫生死輪迴的束縛。因此六神通中的重點，也是佛陀的孤發獨明，不共外道的神通是「漏盡通」。

爲了有別於世俗五通，突顯漏盡通的重要性，並防止弟子耽溺於世俗五通而自足，沒有追求眞正的解脫。佛教對神通在修行中的定位是很嚴謹的。《雜阿含經》卷四十三中云：

爾時世尊告諸比丘，汝當受持漏無漏法經，廣為人說。

---

3) 《佛本行集經》卷 22：「仁者此法不能究竟解脫諸欲、滅於煩惱、寂定一心、盡諸結漏，及諸神通、成就沙門到大涅槃。此法還入於生死；所以者何？既生非想非非想處，報盡還入於生死。」見《大正藏》第 3 冊，頁 757c～758a。

4) 《中阿含》卷 40（157）〈梵志品〉：
復次，梵志！我已得如是定心清淨，無穢無煩，柔軟善住，得不動心，學於漏盡智通作證：我知此苦如眞，知此苦集、知此苦滅、知此苦滅道如眞；知此漏如眞，知此漏集、知此漏滅、知此漏滅道如眞。我如是知、如是見，欲漏心解脫，有漏、無明漏心解脫，解脫已，便知解脫一生已盡，梵行已立，所作已辦，不更受有，知如眞。一是謂我爾時後夜得此第三明達，以本無放逸，樂住遠離，修行精勤，謂無智滅而智生，闇壞滅而明成，無明滅而明生，謂 漏盡智作證明達。
見於《大正藏》第 1 冊，頁 680a～b。

所以者何？義具足故，法具足故，梵行具足故，開發神通，正向涅槃。（2－316c）

可見梵行清淨，才能開發神通，然後正向涅槃。這正是佛家戒、定、慧三學的次第，神通居於中間屬於「定」的階段，並非最終目標，是修行的階段與過程。《增壹阿含經》卷三十云：

若復比丘意欲求四神足，彼亦當戒德具足。……若復比丘欲求天耳，……當念戒德具足。……若復比丘意欲求知衆生心意……當念戒德具足……若復比丘意欲求自憶宿世無數劫事……當念戒德具足。……若復比丘意欲求天眼……當念戒德具足。……若復比丘意欲求盡有漏成無漏，心解脱智慧解脱，生死已盡，梵行已立，所作已辦，更不復受胎，如實知之，彼當念戒德具足。（2－712a～b）

由此可知要先修戒，使自身梵行清淨，才可以修六神通。戒是修定、慧的基礎，修定則是得慧的基礎。

㈡ 佛陀何以講神通

由於佛陀曾親證五神通，擁有五神通的神奇法力，又知道五神通不相應於生死的解脫，唯有自己孤發獨證的「漏盡通」，才是眞正的解脫。但佛陀所處的時代，是一個神通流行的時代，而婆羅門教更是一個多神教，「神通」或「幻力」（魔術力，maya），是其中心教義的一部分，做爲一個批判婆羅門教，[5] 相對於婆羅門教是當時新興宗派的佛教，佛陀面對社會盛行的「神通」，不可能不回應，並且可能是最佳的宣教切入點，一個大眾皆有興趣的話題。但是用什麼態度回應？如何由言說之中，一方面證明自己有神通力，非但有神通力，且神力較外道高明，又怎能吸收外道成爲佛教徒？又如何能吸引一般迷於神通的大眾？又如何使弟子對自己的修行力有信心？但在此之際，另一方面又要如何強調、彰顯自己所說的神通，有別於外道的神通，是眞正的解脫道？如果沒有從「神通」這熱門話題爲切入點，並且亮出自己的獨門特色，那麼做爲「非正統」新興宗教的佛教，要在印度社會得到立足發展，也不是那麼容易。所以在四阿含中，佛陀曾說他三種宣教方式：

⑴神足示現教化：謂世尊顯現種種神通變化——「示現入禪定正受，陵虛至東方。……入火三昧，出種種火光，青、黃、赤、白、紅、頗梨色，水火俱現，或身下出火，身上出水；身上出火，身下出水，周圓四方，亦復如是。」

⑵他心示現教化：謂顯示以他心通知曉聽法者的心意識，而隨機指導修行方法。

⑶教誡示現教化：謂用言語解說佛法。[6] 可見神通表演與講演結合，是釋迦當年說法的特點。[7]

因此可以說，佛陀宣揚教理的方式約採兩條路線並進的方

---

5) 楊惠南，〈「實相」與「方便」—佛教的「神通觀」〉，收於《宗教、靈異、科學與社會》研討會論文集，1997，頁 128～129。

6) 《雜阿含經》卷 8(197)經，見《大正藏》第 2 冊，頁 50b。

7) 陳兵，《佛教禪學與東方文明》，上海人民出版社，1992，頁 574。

式。一是以教誡說理的方式，來宣說佛陀自證自悟的四聖諦、十二因緣、八正道等道理，也就是引領眾生由理性思維的方式來接受佛教，這個部份的佛教是非常富有人文理性的色彩。

另一則是用神通示現的方式，也就是運用神通能力來表演或溝通於眾生。由於神通是超乎一般尋常的力量，對於一般人來說是神秘不可企及的境界，因此展現神通意謂展示修行的特殊境界及效果，容易激發人對宗教信仰的信心，似較傾向於引領眾生由「信仰」的層面來接受佛教。在這個部份，佛教又富有神秘的信仰色彩。在這兩種宣教方式中，佛陀所看重的其實是相應於漏盡通的教誡方式。至於神足、他心是適應時代需要的宣教表演方式。

三、佛教經典中神通故事的作用

佛教神通故事從宗教的角度來看，是屬於佛教經典表現形式：十二分教中的阿波陀那(avadāna)。[8] 阿波陀那被看成佛經中的故事形式，[9] 其作用是作爲闡揚教理的例證。佛教神通故事

---

8) 阿波陀那(avadana)：

初期的阿波陀那，散見在四阿含和律部諸書中。其最根本的性質是記載佛及弟子、居士等聖賢之行誼風範。

見丁敏，《佛教譬喻文學研究》臺北：東初出版社，1996，頁10。

9) 印順法師云：

在北方佛教的宏傳中，阿波陀那的內容，除了佛菩薩、佛弟子的行事外，還含攝了本生、授記。連民間故事也含攝進去。在說法時，比丘們引用這些事證而譬喻化；譬喻已成爲通俗教化的主要工具。……這是一切傳記、一切故事的總匯。

的創作是依循佛教神通理論的發展而有所不同，以下試圖從佛典中有關神通故事的記載，分析其在不同佛教經典：原始佛典、各部廣律、小乘至大乘間的佛典、大乘佛典中有何不同的內容與作用。

(一) 原始佛典中神通故事的作用

1.宣揚佛及弟子的神通威力

《增壹阿含經》卷十四中記敘佛陀得道不久，曾一人獨往尼連禪河附近，欲度化一個事火外道優樓頻螺迦葉，這個外道有五百個弟子。另外他有兩個弟弟，也都各有二百五十個弟子。佛陀以借宿爲名，和優樓頻螺迦葉打交道，這位老迦葉招待佛陀住在一個石窟中，並告知佛陀窟中有一條噴火的毒龍，佛陀以神通力降伏毒龍，又展示種種超越老迦葉的神通力，拆穿老迦葉自以爲自己已是得道阿羅漢的假相，使老迦葉及他的二位弟弟並所有弟子，一同皈依佛陀，出家修道(2－619b)。

又如《增壹阿含經》卷九描述佛陀的堂弟難陀出家後，仍喜打扮並不能忘情於俗家妻子，幾度想還俗，佛遂以神通力帶難陀上天堂、遊地獄預見自己未來果報，終使難陀有所警惕而精進修行成阿羅漢。(2－591a～592)

又《增壹阿含經》卷二十二描述信佛的須摩提女嫁與事外道的大富豪滿財長者子，乞求佛至其夫家接受供養，佛爲了要度化須摩提女事外道的夫家，就和大弟子們展現神足通飛行及

見印順，《說一切有部爲主的論書與論師之研究》臺北：正聞出版社，1987，頁359。

變化種種神通力，而使事外道的夫家立即改信佛教。(2－660a～665b)

又如敘述羅閱城中師事六師外道的大富豪長者尸利掘，聽從六師外道之計，假借供養佛陀之名，設計以飯食毒佛陀，以大火坑燒佛陀，結果都被佛陀以神通力化解，並感化尸利掘長者皈依佛教。(2－773c～775b)

有關佛陀弟子的神通事蹟經典中記載也相當不少。如佛十大弟子中的目連是「神足第一」，阿那律是「天眼第一」。《增壹阿含經》卷二十八，記有一回佛因厭煩弟子們不專心努力修行而時有諍鬥，就應帝釋之請至忉利天爲母說法，並刻意隱形使人間弟子遍尋不著，經過三個月之久，天眼第一的阿那律終於觀見佛在三十三天，於是眾弟子就推派神足第一的目連前往三十三天，請佛回到人間。(2－703b～708c)

基本上，這些有關佛及弟子們神通故事的描述，是做爲支持神通這一理論的具體例證，以及修行得道者擁有超世間能力的例證，來加強使人信仰的說服力。

2.神通的危險性

⑴嚮往神通而修行是不正確的，不能達到解脫的目的。

《長阿含經》卷十一中記載，佛陀有一名爲善宿的比丘，一再以佛沒有爲其示現神通而威脅佛他要離開僧團。佛慈祥地告訴善宿，當初佛並未以展現神通爲條件來換取善宿的加入僧團，若依照戒、定、慧的修行次第精勤修行，自然能產生神通，離苦得樂到達解脫境地。但善宿聽不進去，由於沒有學得神通，善宿比丘後來還俗了(1－66a)。由此可知佛陀認爲一心嚮往神通，根本就沒有把握住修行的眞正目的，是無益於生命的解脫。

⑵只修到五通，是世俗通，還會墮落入五欲之中，沒有得到眞正的解脫。

《雜阿含經》中記敘佛陀的堂弟提婆達多出家後，一心一意想求神通，被佛及各大弟子婉拒，最後他由自己的親弟弟阿難口中獲得了習神通的方法。聰明的他很快就得到了五神通，並靠神通的表演取得阿闍世王在經濟上的支持。進一步，提婆達多又和佛陀爭奪僧團領導權，而導致僧團一度分裂；就在這時由於提婆達多心中升起了權力、名位的欲望之心，他的神通頓失。所以在這敘述之後佛告誡弟子：

> 戒律之法者世俗常數，三昧成就者亦是世俗常數，神足飛行者亦是世俗常數。智慧成就者此是第一之義。(2－759c)

佛陀強調戒律、禪定、神通之法都仍是世間相；唯有修習解脫煩惱的智慧法門，才能達到究竟的解脫。所謂「由禪得神足，至上不究竟，不獲無爲際，還墮五欲中。智慧最爲上，無憂無所慮，久畢獲等見，斷於生死有，」(2－759c)

《增壹阿含經》中記一則名叫象舍利弗的比丘，雖得到五神通，卻脫離不了女色的誘惑，還俗回家了。有一天他在家門口與二個女人嬉戲，遇見乞食的阿難，生起大慚愧心，就請求佛陀讓他重新出家修行。這一次象舍利弗比丘證得了阿羅漢，但外道和一般民眾都不相信他、譏笑他，並問他說：「有沒有已證到阿羅漢的比丘會再還俗犯戒的呢？」象舍利弗告訴民眾先前的他只修到世俗五通，並沒有證得阿羅漢，所以會墮落，現在他已證得阿羅漢，永不再墮落了。所謂：

遊於世俗禪，至竟不解脫，不得滅盡跡，復習於五欲。

又云：

世俗五通非真實行，後必還失，六通者是真實行。(2－796b～797b)

在這二則敘述中，可以了解依佛教的觀點，戒律、禪定、神通之法都仍是世間相，都不離開色相、「有」的層面。獲得五通主要在於身心活動能力的增強，與活動範圍的擴大，並非針對欲望的隔絕與煩惱的斷除。就如提婆達多有了五通，他的能力增加，欲望也增強了，他想運用神通力來一步步獲得國王的崇信支持，取得教團的領導權。又如象舍利弗雖有五通卻不能斷絕女色的誘惑，可見五通的有限性；而神通的基本要求是要住心不動心如明鏡，一旦心受到世俗太多慾望的牽引，就會蒙垢受縛失去心如明鏡心得自在的境界，神通能力自然跟著減弱甚至消失。因此世俗五通在佛教看來，是非常危險的陷阱，它可能是更強大的力量把你拉回世間的欲望中，並膨脹自己欲望陷入連基本戒律都無法克守的窘境中，而使前面的修行、努力毀於一旦。

⑶展現神通或會招致不信者的譏嫌

《長阿含經》卷十六中記載，有一名叫堅固的長者子，請求佛陀每當有不信佛的婆羅門、居士、長者子來到僧團，希望佛陀能命令出家比丘們展現神通給對方看，以彰顯佛陀教法的偉大來折服對方。但是佛陀回拒他，並告訴他：「你知道爲什麼嗎？這是因為如果比丘現各種神通，被相信的人看見了，去向不相信的人宣傳佛弟子有神通；那些不相信的人，就會露出懷疑的神情，譏嫌毀謗地說：『那還不是施用咒術的結果，那有什麼眞正的神通呢？』堅固！我何必因為叫比丘現神通，而讓一些人心生不快說出毀謗的惡語呢？所以我只教導弟子們專心修行，有德莫彰，有惡莫隱。……並且我的神通法中，最重要的是教誡神通，就是依我的教誡努力修行，而終至四大永滅，煩惱永斷，得漏盡通而解脫入涅槃。」(1－101a)

由此可知佛教在依理性指導的教誡修行上，與修習神通的技巧上，是偏重於依於教誡的智慧修行。並主張不輕易使用神通，以防止神通掩蓋了佛教的主旨，令人誤解佛教為世間外道的幻化咒術之類。[10]

3.神通是對修行者的考驗

神通從某個角度來看，也是對修行者嚴格的考驗，考驗修行者是否能拒絕世間名聞利養的誘惑，也考驗修行者是否知道神通只是修行的光景而非目的。有關這個觀念，《雜阿含經》卷二十一中有一則記載：

記敘摩訶迦比丘在一個隨長老僧應供，返回樹林僧舍的途中，進入禪定顯現神通，他身內清涼的禪觸竟使悶熱的暑天午后下起細雨，吹來習習涼風。後來由於目睹全程的居士質多羅長者的要求，摩訶迦表演火光三昧，從房門的鉤孔放射火焰，一時之間院子中的乾材都燒光了，但覆蓋在乾材上的白氎毯卻完好如初。質多羅長者驚奇崇拜地立刻表示願意終身供養摩訶

10）見註 7 書，頁 575。

迦比丘。但是摩訶迦比丘只是淡淡地告訴他，這些神通只是不放逸修行而產生的，修行的最終目的不在神通，而在解脫。第二天一早，摩訶迦比丘因爲不希望自己受到名聞利養的誘惑，就悄悄離開此地再也不回來了。(2－151b)

由以上所述可知，此則故事在暗喻神通是修行者的陷阱。神通是修行者修行有所得的表徵，但也是一個嚴格考驗的關卡，擁有神通能力，意謂一個修行者能跨越聖俗兩界。對於世俗凡界而言，他擁有大力量，能改變凡俗世間許多事物的運作規則，因此可能得到世俗的崇拜信仰，獲得豐厚的名聞利養，而名聞利養正是欲望的淵藪，是修行者急需避免的，因此神通能力對通往涅槃聖界的修行者，正是他邁向空慧的一大考驗。

4.神通的有限性

⑴神通不敵業力

在經典中最有名的神通不敵業力的例子，就是號稱神足第一的目連死亡事件。目連是在出外弘法途中，爲外道所襲擊死，死於亂棍棒打之下(24－286a～290b)。這件事當然是宗教與思想上的鬥爭，外道使出暴力手段的悲慘後果。[11] 但在律部經典中卻將目連死亡的事件，巧妙結合業力與神通的關係，來彰顯神通不敵業力。律部首先解釋「若不豫觀，雖阿羅漢智亦不行。」也就是說，若是沒有入禪定，即使是阿羅漢也不能預先知道要發生的事情。所以目連根本不知道外道要打他。而當他被打得遍體鱗傷後，舍利弗責問他爲何不用神足通逃走呢？

11) 見于凌波，《簡明佛教概論》，臺北：東大圖書出版，1993，頁58。

目連回答：「業力持故，我於神字尙不能憶，況發通耶？」[12] 所以業力是最大的，當業力現前時，根本使不出神通來。

另一則敘述則是有關佛陀晚年，他的祖國滅亡的事蹟。他的祖國迦毗羅衛是個弱小的國家，抵抗不了琉璃王率領大軍的入侵而滅亡了。對於這件事，《增壹阿含經》卷二十六中，敘述目連曾想阻止琉璃王的入侵，想把琉璃王和他的軍隊用神通力丟到他方世界中；又想用鐵籠把整個迦毗羅衛城覆蓋起來，讓琉璃王不得入侵。但佛陀反問目連，可否把迦毗羅衛城的宿業丟擲到虛空中嗎？或把宿業用鐵籠罩住？目連則坦承自己沒有這個能力。所以佛陀解釋迦毗羅衛國會被滅亡是因宿緣成熟而今應受報。(2－691b)

這二則敘述在在暗示：神通不敵宿業，不要說是羅漢，連佛也無法扭轉乾坤。這樣將業力的力量置於神通之上，除了顯示神通的有限性之外，更能彰顯佛教要突顯的是人要對自己的行爲負責承擔。業力是由十二因緣的網脈所形成的，要解除清理這網脈，是要靠自身以智慧破除無明網脈的纏縛，並非可以依靠神通的力量，投機取巧規避自己應負的行爲後果。

⑵事相神通不如智慧神通

《增壹阿含經》卷二十九中，記載一則目連與舍利弗比較神通的事例，結果神足第一的目連輸給智慧第一的舍利弗。目連非常疑惑，以爲自己的神足通退步了，但佛陀告訴目連，並非

---

12) 見《根本說一切有部毗奈耶雜事》卷 18，《大正藏》第 24 冊，頁 287a～c。又此事亦見《增壹阿含經》卷 18，唯沒有目連自說「業力現前，神字尙不能憶」之語。《大正藏》第 2 冊，頁 639a～641a。

他退步了，而是舍利弗專修智慧，所以他的智慧無量能成就「心三昧神力」，也就在力量、方式上高於多於目連。也就是說舍利弗修心的境界更高，他的智慧無量，勝於事相上的神通。(2－711c)

5.五神通非修行重點，唯有「漏盡通」才相應於解脫道。

《雜阿含經》卷十六中，記敘有一次佛在禪定中以天耳聽見諸比丘們在食堂議論各人的前世，述說前世做什麼職業、經歷了那些事件、有什麼特殊才能等，佛就從禪定中出來來到食堂，告誡諸比丘談論宿命、過去世的事是沒有用的，是「非饒益法」，也不是清淨的梵行，更不是智慧、覺悟的行爲，是「不向涅槃」的，唯有依四聖諦修行才是「正智正覺、正向涅槃」的。[13] 由此可知宿命通是不相應於解脫道的，屬於「教誡神通」的四聖諦等，才是佛教所強調的。(2－110a)

又《增壹阿含經》卷三十八中記述有一赤馬天子問佛陀他可否以他的神足飛越世界的邊緣，而到達無生老病死愁憂苦惱的涅槃？佛陀告訴他，再迅捷的神足飛行也無法飛越生老病死的世界，唯有「乘聖八品之徑路，然後乃得盡生死邊際」。(2－756a)

《增壹阿含經》卷二十三中，亦記述有四個修得五神通的外道梵志；四人知道自己壽命將盡，伺命使者將來抓他們，於是他們一人躲在空中，一人入海，一人躲在山腹，一人鑽入地底，但都同時死了。佛陀談及此事告訴諸比丘欲得免死，唯有修行四法：一切行無常、一切行苦、一切法無我、滅盡爲涅

---

13) 《增壹阿含經》卷 30(8)經，見於《大正藏》第 2 冊，頁 714c。

槃。(2－668b)

由這三則敘述，可以看出佛教一再提醒五神通是不能得到解脫的，不是修行比丘所應追求的，比丘所應追求的是：

世尊告曰：戒德具足，心遊道法，意在四諦，欲至涅槃，此是比丘之所求也。

比丘所應遵循的是戒、定、慧的三學次第，由戒開始，心意所應專注在道法並非在定中求神通，而是由定開慧，修習四諦、十二因緣、八正道等解脫法門，而至涅槃。

究竟依四諦等解脫法門，要解脫什麼才能達到涅槃呢？要解空、悟空，修行「第一空義經」，了解「第一最空之法」，[14] 也就是要了解十二因緣法性空的道理。所以《增壹阿含經》卷二十八中記載一則事例，當佛從三十三天回到人間時，變成轉輪王形象的優缽華色女尼，非常興奮地告訴佛：「佛啊！我是最先迎接您見到您的弟子。」但佛陀告訴她：「眞正第一個見到我的是須菩提啊！（當時須菩提仍在他住的山中縫補衣服，並沒來迎接佛陀）因爲須菩提已領悟了我所說的一切諸法皆悉空寂的眞諦。」佛並說偈曰：

若欲禮佛者，當來及過去，當觀空無法，此名禮佛義。(2－708a)

悟入空性，就能達到涅槃境地。涅槃境地的風光又如何呢？除了是「無生老病死憂悲愁苦」的境地，佛陀還肯

---

14) 《雜阿含經》卷13(335)經，《大正藏》第2冊，頁92c。

定地說：「涅槃者極為快樂。」[15]

6.神通何時可現？何時被禁止？

由阿含經典來看，佛最初並沒有禁止弟子們使用神通，他自己也有展現神通之時，只是使用神通的前提要有正確的智慧爲導引，並且不要耽溺於五神通中，重要的是追求漏盡通的解脫。得神通力本是比丘心想事成自在變化的超人能力，象徵修行者從時空物質的束縛中解脫出來，自由無礙的生命風姿。所以目連以能有大神通，心得自在，隨心所欲飛行與變化是「比丘的快樂」。[16] 而佛陀也宣稱神通是比丘的「神力遊戲」。但這些似乎都是使用神通在和自己的互動上的描述，一旦涉及和他人的互動，尤其是和一般民眾（白衣）的互動，是傾向於謹慎小心的態度。所以律部記載，使用神通和在家人間產生了問題之時，佛遂規定比丘不得在在家人面前現神通，若現神通則是犯了突吉羅戒（小小戒）。這起因是因爲佛的弟子賓頭盧用挾巨石滿城飛行並盤旋於跋提長者姊姊的頭頂上空，這種類似威脅恐嚇的手段來迫使跋提的姊姊皈依佛教。由於賓頭盧不但威脅了跋提的姊姊，也擾亂驚嚇了整城百姓，一些長老比丘向佛報告，佛就制戒規定以後比丘不得在白衣前現神通(22－170a～c)。雜阿含經中也有賓頭盧自述自己因爲有一次挾帶大石頭

---

15) 同註 13。

16) 《增壹阿含經》卷 29(3)：

爾時尊者舍利弗語大目連曰：諸賢聖以說快樂之義，汝今次說快樂之義。……目連報曰：於是比丘有大神足，於神足而得自在。……。

見《大正藏》第 2 冊，頁 711a。

在城上飛行，前往施主家應供，佛認爲他太招搖炫耀自己的神通，就罰他不准入涅槃，要一直住世護持佛法(2－170a)。這敘述的重點應在以神通來炫耀引人注意，或以神通力來脅迫他人，都是被禁止的。

但一時之間，比丘們似乎很難嚴格遵守，還是有人會在白衣前現神通。因此律部記載每當某一比丘現神通，往往會被其他比丘向佛檢舉，佛再依動機來判定他是否犯戒。例如律部記載大目犍連有一次因救被盜匪綁架的給孤獨長者的兒子而現神通(23－649b)；另外畢陵伽婆蹉比丘因爲同情一位牧牛女沒有華服不得參加慶祝會而暗自哭泣，就現神通爲牧牛女變出漂亮的服飾(22－467b)；這兩件事都被其他比丘向佛檢舉，佛以他倆是基於慈悲心而現神通，所以判他們無罪。但這也可顯示出一般的情況下，佛已不允許弟子在白衣前現神通，個別的例子都要一一由佛來判斷是否犯戒，可見神通是漸漸趨向於禁止使用。

由以上的分析中，我們可以看出在四阿含及各部廣律中，對神通事蹟的描述，基本上都很嚴謹，多在指點神通的有限性、危險性和考驗性。如果是宣揚佛及弟子的神通，則多是在和外道鬥法時才會出現，由此也可以看出當時宗教競爭的激烈性。又如果是五神通和教誡神通並提時，一定是貶抑五神通，強調教誡的重要性。這在在顯示佛陀當時、的確是主張由理性思維智慧修持入手修行，著重自力自明自悟的智慧解脫，是一位極具人文主義色彩的創教教主，並非著重信仰崇拜的路線。講神通是因應當時社會流行風氣的「權宜之計」，但也因此「權宜之計」，開啓了佛教走向信仰崇拜的一條別徑。

(二) 介於小乘和大乘間佛典中神通故事的作用

佛教在部派佛教時代，開始走向神秘化，這和部派佛教中的大眾部主張神化的佛身觀有密切的關係，[17] 他們把佛陀視爲永恆存在的神祇，認爲如來的色身、威力、壽命都是無邊無際的。[18] 相應於部派佛教的佛身神化觀，用「故事」來描敘佛及弟子法力無邊的神通表演，多見於十二分教的阿波陀那、本緣、本生等經典，這些經典現今多存於《大正藏》的本緣部中。由思想內容來看，這些經典正是介於部派佛教至大乘佛教初期的經典。[19] 是在應運通俗教化的情況下，陸續編著而成。[20] 在這些經典中，不僅佛的傳記全都神化了，[21] 而佛也成了全知全能的神。例如《撰集百緣經》，全經可謂佛陀個人的崇拜集。全經宣揚唯有佛陀的宿命通能完全徹見眾生今生所受果報與過去世中行業的關係。也唯有佛的天眼通，能預知眾生未來

---

17) 見註 5 之文，頁 132～133。

18) 《異部宗輪論》：

如來色身實無邊際，如來威力亦無邊際，諸佛壽量亦無邊際。

見《大正藏》第 49 冊，頁 15b。

19) 印順法師云：

本生、譬喻、因緣這三部聖典，就是大乘思想的主要來源。

見印順，《初期大乘佛教之起源與開展》臺北：正聞出版社，1988，頁 109。

20) 同註 9。

21) 如《修行本起經》、《方廣大莊嚴經》、《普曜經》、《佛所行讚》、《佛本行集經》等，見《大正藏》第 3、4 冊。

的命運，及授記的時間。又此經中不斷重複出現描述佛有三十二相八十種好，以及佛放光的文句如「見佛世尊，三十二相八十種好，光明暉曜，如百千日。」、「佛便微笑，從其面門出五色光，遍照世界作種種色，繞佛三匝，還從頂入」等。宣揚佛陀異於常人的種種異相，並強調佛會「放光」。「放光」這一描述到了大乘佛教經典中幾乎成了佛出場的特定標誌。

又例如在《法句譬喻經》中，有著各式各樣敘說佛以神通變成各種「化人」，度化眾生的故事。例如〈無常品〉中，美女蓮華本欲出家，於路旁水中照見己之美貌，復生憐惜不捨之心，佛遂幻化成一勝過蓮華千萬倍的美女，共相談話，頃刻之間，幻人美女睡眠而死，身體臭爛出蟲，蓮華驚怖無常之速，即往詣佛所出家修道。又如〈多聞品〉中，羅閱祇國山中有五百強盜專殺奪路人財物，佛化成一滿載寶物的富賈從山中過，強盜心中正自慶幸：作賊多年，從無如此「肥羊」自動上門，遂將富賈包圍，富賈舉弓一發，五百強盜中箭求饒，富賈即現佛身，說理度此五百強盜皆受五戒。又如〈篤信品〉中，佛到江邊度五百餘剛強欺詐人家，村人聞法並不信受，佛便化一人從江對岸行走水上而來，村人大驚忙問化人何有此法術？化人告以是佛所教。一村之人遂信佛有大威神力而信奉之。又如〈戒愼品〉中，波羅奈國山中有五沙門，出家經年忙於衣食不能入道，佛遂化成一沙門前往問訊說理，再現佛身，五沙門即時都得羅漢道。又如〈惟念品〉中，佛愍弗加沙王自行剃頭作沙門，尙未見佛又未聞經命即將終，遂化作一比丘，往弗加沙王借住的陶家窯窟中，爲其說法並現佛身以度之。又〈放逸品〉中，有一在深山修道七年未能得道的沙門，見山中無主財寶便起貪心，呼兄喚弟共背寶物歸家還俗，走至半路，逢佛化成的比丘尼向其問訊，沙門見此比丘尼，敷粉畫眉手帶金銀頸掛瓔珞，即斥其非，比丘尼亦反問沙門：何以貪欲忘道，取非分之財？並現佛身。沙門悚然而驚懺悔不已，佛為說法得羅漢道。又〈愛欲品〉中，佛為度兩個情欲熾旺的比丘，先行遣走其一比丘，佛再化作此人，邀約另一比丘共往妓女村，佛於村內，幻化出一妓女，二比丘共入此妓女室內觀女形體，於是妓女坦胸露乳臭氣四溢，幻人比丘即告另一比丘，女人之美實是虛表猶如皮囊盛屎，有何可貪？化比丘即現佛身，另一比丘見之慚愧悔改，即得羅漢。而被佛遣走之比丘，回入室內見其友伴光彩異前問其原因，得道比丘即如實說佛之度化經過，此比丘頓時亦斷欲想而得法眼。

在這些本緣部的經典中，可以發現描述佛陀的神通故事非常眾多，而描述聲聞弟子們的神通故事相對地減少了。這或許正反映佛陀由人間而神化之後，那些與人間佛陀在一起的聲聞弟子也逐漸失去了重要性，而「菩薩」的觀念則悄悄上場了。[22]這些本緣部經典，相對於阿含經典，對「神通事蹟」的描述，不再是那麼戒懼謹慎地強調神通的危險性、有限性，而是一再賦予佛陀以法力無邊的神通力，來度化眾生，來說因果業報之事。神通在此是一組符號：象徵由神通力帶來的奇蹟或救贖。因此更是推波助瀾地使佛教走上神秘化、信仰化的路線，也使

---

22) 印順法師云：

菩薩發心、修行、成佛是大乘法的主要內容。

同註 19 書，頁 116。

佛教能快速普及到社會的庶民階級中。

㈢ 大乘佛典中神通故事的作用

到了由大眾部轉變而成的大乘佛教，不但承繼大眾部的佛身觀把釋迦牟尼神化了；更增加了許多從來不曾在人類歷史上出現的神通廣大的十方佛及菩薩。這使得大乘經典中有關神通的種類、內容更加豐富神奇了。如《大智度論》卷五、卷二十八中將五神通的內容加以增加並細分；新譯《華嚴經》卷二十八有〈十通品〉，記載佛菩薩的十種廣大的神通；《法華經》卷六有〈如來神力品〉等。其中《瑜珈師地論》卷四十三總結各大乘經中菩薩禪爲九種大禪，是菩薩不共的深廣禪法，不是小乘人所修，所以稱爲大禪。這些禪法中有一類是屬於「饒益有情禪」，是爲了度化眾生所具備的神通力。其中包括具備能使用咒術、能呼風喚雨、能除病息災、能知世間書數、算計、資生方法等等神通能力，另外還具備神足變現、顯現神通辯才等。[23] 具體表現佛菩薩救護眾生的神通力作品，則可以《法華經》中的〈觀世音菩薩普門品〉爲代表，在其中觀世音菩薩展現了三十二種救濟眾生的神通能力。

因此，在大乘佛經中，宣揚佛菩薩擁有救度眾生的各種能力，可謂極盡鋪揚誇張之能事，這使得佛教走向神秘化、他力信仰、祈求神通奇蹟的色彩益發濃厚。除此之外，另有一些大乘經典如《維摩詰經》、《妙法蓮華經》、《華嚴經》等，是以整個神通故事爲隱喻，來寓意或詮釋某項佛理的奧義。在這

23) 見《大正藏》第 30 冊，頁 527～528。

時，神通故事不是神通理論的例證，也非佛菩薩神通廣大的例證，而是利用神通故事營造出虛幻神奇空間，來隱喻某一佛理奧義。

茲舉《維摩詰經》中的幾則神通故事爲例來說明。《維摩詰經》這部胡適稱可視爲「半小說半戲劇」的經典，[24] 吾人的確可以看成是一部用文學虛構想像的語言所寫成的經典，[25] 但其中卻寓含佛理的奧義。

《維摩詰經》中敘述維摩詰具有不可思議神通力，在〈不思議品，第六〉裡，當文殊師利菩薩率領無數聲聞弟子、菩薩及天人到了維摩詰家，維摩詰展現神力請須彌燈王如來，送來三萬二千個獅子座給所有的客人坐，小小的斗室竟能容納三萬二千個高廣獅子座，而外在世界亦沒有改變樣貌。聲聞弟子舍利弗不能理解這境界，於是維摩詰向他解釋：「菩薩住是解脫者，以須彌之高廣納芥子之中，無所增減。」又如〈見阿閦佛品，十二〉中，維摩詰展現神通力將妙喜世界阿閦佛國帶到娑婆世界維摩詰的斗室中，讓在場的所有大眾都睹見了妙喜世界，而在此時「妙喜世界雖入此土，而不增減。於是世界、亦不迫隘，如本無異。」這二則故事敘述維摩詰有能任意增大或縮小其居室的能力，也有能將某一世界縮小而置於另一世界之中的能力。這些描述所謂「芥子納須彌」，意味著打破固有的空間觀念，示證空間的相對性、不增不減性。

又如〈觀眾生品，第七〉中，天女以神通力轉變自己爲舍

24）胡適，《白話文學史》上卷，臺北：遠流出版社，1986，頁 164。

25）郭忠生譯，《維摩詰經序論》南投：諦觀雜誌社，1990，頁 145。

利弗（男身），又把舍利弗轉變成天女像（女身），天女並說：「是故佛說一切諸法，非男非女。」這是意味一切法既非男亦非女而無定相。

又如〈香積佛品，第十〉，維摩詰展現神通，命令一位幻化菩薩前往「香積佛國」，請求香積如來給予其飯食所剩，香積如來就給了此幻化菩薩一缽飯帶回了維摩詰室。這小小一缽飯分給了所有在場的大眾後還是滿滿的，對於這現象在場的聲聞弟子有不能明白的。幻化菩薩則解釋這一缽飯是如來無量功德福慧所修成，正使「四海有竭，此飯無盡」。這個故事暗喻隱藏在看不見後的「眞實」。眾生只能看見一缽飯，是因爲「心眼」有限，打破「心眼」的限制，就能看出平日在固定相中看不見的部分。

又如〈佛國品，第一〉中，舍利弗看釋迦成佛的娑婆世界是穢土而非淨土，釋迦於是展現他的佛土清淨給舍利弗看，並告訴舍利弗：「舍利弗，眾生罪故，不見如來國土嚴淨，非如來處。舍利弗：我此土淨，而汝不見。」這個故事寓意我們所見到世界的染與淨，都和自己的心境有關，我們看到的外在客觀世界的現象，其實都是自己內心世界的主觀投射。所謂：「隨其心淨則佛土淨。」

其實，以上這幾則神通故事，以《六祖壇經》中的「外離相曰禪，內不亂曰定」（〈坐禪品，第五〉）的角度，亦可了解到維摩詰經要我們打破一切概念分別、捨棄一切幻想分別，就是趨入不二法門的路徑。

由上可知，在《維摩詰經》中，「神通」被運用爲文學的表現手法，在《維摩詰經》這個本已是虛構性的故事中，運用

「神通」這個佛教觀念作爲寫作筆法，開展出另一個神奇幻妙的虛構空間，可謂「虛構中的虛構」。這樣雙重性的虛構性空間，是爲了寓意或詮釋某種佛理而刻意設計的，特別具有引人入勝的效果。在虛構中的「內層虛構」—也就是神通故事中，有敘事、有對話，敘事隱喻哲理，對話有隱喻、有明說，但敘事與對話交叉出現、連成一體，不可分割，是互相支持、輝映的。因此「內層的虛構」—神通故事本身就已寓意佛理奧義。而每一個神通故事，又和其外的虛構故事（經文的其他情節），以及其他的神通故事，是環環相扣，互相支援成一整體，亦表達著某項佛理。「神通」在此已非作爲宣揚佛威神通力的例證，而是以神通作爲寫作筆法，神通故事成了經文結構中不可切割的一環。

四、神通故事的語言特色

以下將從宗教、文學兩方面，來分析神通故事的語言特色：

㈠ 宗教的語言特色

佛教中的神通故事既是屬於十二分教中的阿波陀那，基本上是被當成例證來使用。那麼，作爲例證的神通故事其宗教語言的特色何在？有何吸引人之處？

由於「神通」的觀念在佛教的世界圖像中是被認可爲眞實的。而神通故事又是依據神通觀念和理論所建構而成的，因此神通故事有了神通理論和觀念的眞實性爲其背書，神通故事的語言，從宗教上的特質來看，它已超出了譬喻是「喻而非眞」

的特質，[26] 帶有幾分「眞」的暗示性。具有「似眞非眞」朦朧性的語言功效。從神通觀念、理論的延伸推論，神通故事的語言散發出——「這個故事有可能是眞實的」訊息。雖然從現實世界實際生活經驗的觀察中，人們會覺得那是不眞實的，但在宗教理論的背書下，又會覺得：神通世界之所以不眞實，是對修行不夠的自我而言，目前是不眞實的；但對修行證悟者言應該是眞實的。所以它是「似眞非眞」的存在。

另外，延續神通理論的一個特點：由於神通經驗並非是只有修行者能獨知獨見的封閉性經驗，它是個可開放性的神奇能力，可以展示給別人看的經驗。因此神通故事的描述，是可直接在凡俗世間展開的超凡表演，是芸芸眾生站在俗世就可以窺見的超凡表演，彷佛是人間舞臺的魔術秀。因此和天堂、地獄故事比較起來，神通故事益發顯得不是那麼地遙不可及。人們透過神通故事來領會揣測修道者的神通奇妙世界，彷佛是透過面紗眺望彼岸，雖不眞切卻又有那麼一點浮光掠影。因此，神通故事語言的宗教魅力，就在它一直營構出似眞非眞的朦朧地帶，具有神秘的吸引力，可以滿足人期盼超凡界入聖界的宗教心理，可以作爲宗教信仰的釣餌。

此外，這「似眞非眞」的朦朧性語言，在宗教上還有一種「僞裝」的效果，建構起一個用神通故事僞裝的空間，來處理佛教和當時的政治社會互動的關係。例如：敘述提婆達多用神通

26）如《大涅槃經》卷 6 云：

善男子，不可以喻喻眞解脫，爲化眾生故作喻耳。

見《大正藏》第 12 冊，頁 396b。

迷惑阿闍世王，尋求阿闍世王政治經濟上的支援，又嗾使阿闍世王以五百醉象踹踏佛陀，佛陀以神通力化解了危難，而提婆達多則因濫用神通故事而失去神通，又因欲陷害佛陀而命終入地獄。撇開神通故事的部份，則由這些敘述可以了解，提婆達多代表佛陀時代反對僧伽僧院化，而欲維持原始僧團生活方式的集團對抗運動，佛教當時曾一度有僧團分裂的危機。[27] 又如曾經騷動舍衛城的殺人大盜鴦掘魔，佛以神通力收服他後，在鴦掘魔悔改皈依佛教出家後，想捉拿他的波斯匿王亦無可奈何，由此可知，當時的出家眾有不受法律制裁的特權。[28] 又如各經典中常常提及的佛教與婆羅門教或六師外道各顯神通鬥法的故事，可以知道當時在印度社會中，作爲新興宗教的佛教，想要在社會上立足是何等艱辛，也曾遭到舊有宗教的強烈抵制。

所以，一些拿神通故事建造起來的僞裝空間，一方面可以淡化佛教當時所面臨的困難，一方面又可增強佛陀及其聲聞弟子超人的形象。在「似眞非眞」的朦朧性語言中，我們讀到了僞裝後的若干眞實，若干誇飾。這樣策略性的描述，一方面記載了若干佛教和當時社會政治互動的關係，一方面又誇大宣揚佛及其弟子的超人形象。神通故事的確可作爲宣教上的良好工具。

---

27) 見釋達和譯，《印度佛教史概說》臺北：佛光出版社，1986，頁 22。
28) 見《增壹阿含經》卷 9(5)經，《大正藏》第 2 冊。

(二) 文學的語言特色

從文學的角度來看，佛經中神通故事是依據神通理論的指導原則，運用想像力所創造出來虛構性的故事。虛構具有逃避慣常性的特徵，而神通故事不僅打破人類感官及心智的能力限制，並且描述許多超自然的經驗及行爲，最重要的是具有超人的要素、神奇的要素。因此佛教神通故事的語言特色從文學的角度來看，是用想像的、虛構的語言，是用神奇魔術的語言，營構出神奇幻妙的空間。在其中人或是可以隨意操控肉體、飛天入地或變大變小，變多變一；也可無中生有地變化出人或物來；也可以任意組合創造自然律所不能產生的形象。佛經中的許多神通故事，都描寫得十分細膩生動，例如《增壹阿含經》卷二十九中敘述目連奉佛陀的命令以神足飛到距離人間極遠的東方奇光佛國，那裡的人都是巨人，蔑視目連像一隻小蟲般地小，於是目連立刻把自己變成比他們更碩大無數倍的大巨人，大到他可以左腳踩著人間的須彌山，右腳跨在梵天上，而奇光佛國的人相形之下竟然小的可以放入目連的鉢中，被目連高舉至梵天，又拿到人間釋迦面前，然後再送返奇光佛國，使奇光佛國的人再也不敢輕視他了。(2－708c～710c)另外在《賢愚經》卷六中有一則形容目連的神通，敘述目連要到富奇那處接受供養，展現神通變出千頭大白象，且是奇特的「六牙白象」，而每一六牙白象的每一牙前端都有七座池水，每一池水中有七棟蓮花，每一蓮花上有七位玉女婷婷佇立，目連就坐在這浩大的場面中前往施主富奇那的家中。(4－395b～c)

又《增壹阿含經》卷二十二中記須摩提女請佛至其夫家受

供養，佛爲了度化其信奉外道的夫家，就命令已證羅漢的弟子們各自展現神奇法力並以神足飛去，佛經中一一描述十幾個弟子一個接一個展現他們神奇的法力，不但變化出孔雀、青牛、金翅鳥、七頭龍、白皓鳥、老虎、獅子、大樹、琉璃山、馬、六牙白象等各式各樣動植物，且都是一口氣變出「五百」這樣眾多的數量，讓人感受他們眞是法力無邊。最後佛親自出場了，但見佛在最最中央，阿難手執拂塵緊隨在後，四週被一千兩百位由佛的神通大弟子變化而成的各式各樣的天神緊緊圍繞——毗沙門天王爲佛執七寶華蓋，梵天王隨侍在佛右側；釋提桓因也手執拂塵在佛左側；密跡金剛手執金剛杵隨侍佛後；此外還有日天子、月天子等大大小小神祇層層環繞；虛空中迴盪著有如百鳥朝鳳般的仙樂，繽紛的天花在天空飛舞，……。(2－662a～663c)這些描述眞可謂新奇廣大，繁複盛大，極盡文學想像、誇飾、鋪排之能事，使人目眩心馳。這些千奇百怪光怪陸離的想像力所營構出的虛幻空間，可以滿足人的好奇心及幻想力，神遊其間可使人暫時離開平凡常規的人生場景，讓精神自由馳騁，得到心靈的紓解。

此外，神通故事的語言特色，從文學的角度來看，還有以下三個特色：

⑴建構簡單完整的故事結構

神通故事常是短小集中、有頭有尾、一線到底、無枝無蔓、脈絡清楚。這是因爲神通故事主要是宣教時用口頭講述，訴諸信徒的聽覺，因此簡單完整的故事結構，容易使聽眾的注意力集中到主要的人和事上來。

⑵對人物形象的描述，不注重外在面貌的描寫和內在心理

的刻劃，而是用誇張鋪排的筆法，從故事情節的開展，和人物的行動，來展示人物的神奇性、超人性。

⑶神通故事的類型簡單，情節內容則有豐富的變化，而所描述的對象以人、佛、菩薩爲主。

神通故事的類型大抵不出六神通的範疇，內容情節則運用自由的想像力，可以千變萬化。但主要的描述對象是人、佛、菩薩，而根據佛教的觀念，佛、菩薩也必須經過人身修行的階段而得成就，人的努力修行提昇生命的境界，才是神通故事所要勸喻誘導的。因此雖然鬼神也有神通，但絕不是神通故事描寫的重點。

因此，從宗教和文學的角度兩方面觀察，吾人可以說佛經中的神通故事，主要具有「似眞非眞」及「神奇魔術」的兩種語言特色，建構出一個似虛似實又神奇幻妙的空間，與凡俗世間維持一「不即不離」的關係，而始終具有神秘的吸引力。

五、結　論

檢視神通故事的作用在佛教經典的發展流變中，可以發現在原始佛教的四阿含經典中，神通故事被當成神通理論的印證，印證佛教認爲神通的眞實性、危險性、考驗性，及不究竟性。因此對神通故事的描述，態度是相當謹慎的，是爲了迎合印度當時社會崇尚神通的風氣，而採用神通故事作爲宣教的權宜策略，非常清楚描述它在佛教整體修行中的位階。指出追求神通並不相應於佛教的解脫之道，佛教的解脫是智慧的解脫之道。原始佛教充滿了創教之始重人文理性的色彩。

到了部派佛教的大眾部，由於佛身神化觀念的興起，吾人可以發現《大正藏》「本緣部」的諸經典，是運用神通故事將佛陀塑造成無所不能的超人形象。不再注重佛法對神通本質的定位，而是將神通作爲例證使用：證明佛陀的法力無邊，證明神通力常能帶來奇蹟或救贖。佛教從此有了人文理性之外的另一條路徑：信仰崇拜之路。

到了大乘佛教，十方佛、菩薩的興盛，神通能力或神通故事更成了許多不曾在人類歷史上存在過的佛菩薩救度眾生，展現法力無邊的重要證明。關於「神通」內容的論述愈來愈多愈豐富，神通故事的描繪也愈瑰麗壯闊。除此之外，「神通」在一些大乘經典中也由佛教的觀念變成了寫作筆法，神通事蹟轉變成寓含佛理奧義的故事。在此，吾人不是懂得神通理論，就能領會神通故事，因爲它已不是神通觀念的印證、神通力的宣揚、法力無邊的例證，而是某種奧義的承載。因此大乘佛經中的神通故事，有二種不同作用：一方面加強了信仰崇拜的色彩；另一方面回歸用智慧去領會隱藏在神通故事中的佛理奧義。大乘所謂的悲智雙運，在神通故事的雙重運用中也可以略睹其風貌。

有關神通故事的語言特色，一方面因爲有神通理論爲其背書，而使其宗教語言特別具有「似眞非眞」的朦朧性，暗示著：「凡是可能的就會存在」這樣的信念，千百年來一直吸引人心，人們在神通故事中尋尋覓覓，確信世上必會有眞奇蹟的存在。另外一神通故事從文學的角度來看，其神奇魔術的語言所開展出的神奇妙幻的虛構空間，足以使人的想像力得以在其中上天入地，肆意盡情地馳騁，開拓了人類暫從物質世界超拔出來的心靈園地，也增添了文學的表現手法。所以佛教的神通故事，可以作爲宣教的例證，可以作爲文學的表現手法來寓含義旨。其似眞非眞、神奇魔術的語言特色，正是每個時代神通故事都不會消失，也不斷會有新的神通故事產生的原因。

佛教傳入中國後，「神通」方面的影響痕跡一直是斑斕可觀，除了「神僧」的神奇事蹟，從古至今的記載不斷外，在《經律異相》、《法苑珠林》兩大佛教百科全書中，有關神通、奇蹟、救贖的故事亦充斥其中。而敦煌變文中膾炙人口的《降魔變文》是從《賢愚經》中的〈勞度差鬥聖〉演變而來，不但結合擴充了須達起精舍的故事，在佛陀派舍利弗和六師外道鬥法的場面，神通變化的描繪更加豐富壯盛，且舊瓶裝新酒，把佛教在印度要對付的六師外道，悄然變成道教。又如《大目犍連冥間救母變文》，更是發揮了中國人的想像力，把《盂蘭盆經》簡單的故事結合中國十殿閻羅的傳說等，描述目連上窮碧落下黃泉尋母救母的故事，把中國孝道精神注入其中。這些神通故事，到了敦煌變文予以再創作或新創作，不但開拓了更神奇妙幻的故事，更把佛教要溶入中國社會的一些觀念主旨悄然加了進去。當聽眾聽得熱烈時，佛教的某些觀念也已植入腦中而不自覺。另外，高明的神魔小說如《西遊記》，更利用神通的文學表現技巧，開創了結合人、妖、佛、菩薩、天地神鬼、動物、植物、礦物精靈同時登場的神奇魔幻空間，並在其中寓含其思想。使《西遊記》成了老少咸宜之作。有人玩索《西遊記》所蘊含的主旨；有人津津有味於其故事情節，人人入寶山而各有所得。

事實上，神通是否容易修習得成呢？在五世紀時覺音所著的《清淨道論》中，已指出能修得神通變化的人是非常稀有難得的。[29] 按佛典及中國佛教界的說法，神通須在「見道」（小乘初果、大乘初地菩薩）後才准修習；但據稱進入「末法期」以來，絕大多數學佛者即生都沒有可能證聖果，不具可修神通的條件，所以中國的諸宗祖師大抵多嚴禁學佛者修神通、顯神通，乃至斥為著魔。因此實際上，在中國神通修學已被從佛教的修持內容取消。[30] 但是時至今日，神通的信念仍在社會中流傳著，許多新興宗教的教主也以神通為號召，並為自己創造幾個個人神通事蹟來吸引信眾，儘管到處都是假神通、假奇蹟，但一個事件被拆穿假象後，另一則假神通假奇蹟的故事又在上演，又有人被迷惑了。這也許就是因為神通故事以其似眞非眞、神奇魔術的語言特色所形成的特殊魅力吧！它總是在暗示著：「這是可能發生的。」因此，當佛教以神通故事為宣教工具，不可避免地使佛教開了一條信仰崇拜之路，並產生許多「附佛異象」[31] 的負作用。

29） 覺音，《清淨道論》中冊，頁 802b～806a。

30） 同註 7 書，頁 576～577。

31） 《普門》雜誌，195 期、201 期分別製作〔附佛異象 I 、II〕集（1995 年 12 月；1996 年 6 月），可茲參考。

傳統佛教的文學觀

汪　娟

（銘傳大學應用中文系副教授）

一、前　言

眾所週知，佛教傳入中國以來，不僅翻譯了大量富有文學價值的佛經，其他諸如通俗的勸世詩偈、俚曲小調、變文、寶卷均十分發達，還有宣揚因果報應的靈應小說、詩僧和文士大夫的詩文酬唱等等，綻放了數也數不清的文學奇葩。但是這些佛教文學的豐碩成果，是不是出自於佛教徒有意識的譯述、創作，以及對文學的重視而做的努力呢？傳統佛教的文學觀對於中國佛教文學的發展是否有所影響呢？欲解決此一問題，實有必要進一步了解傳統佛教對於文學的態度與看法。由於佛教文學的研究相對於佛教整體研究而言，仍是一片有待開拓的新天地，而在前輩先進們對於佛教文學的研究中，似乎還沒有針對此一課題進行過專文的討論。因此不揣固陋，擬就傳統佛教的文學觀進行分析與探研，敬祈各位先進賢達多加賜教。

要討論中國佛教的文學觀，不得不追溯到印度佛教的本源，因此本文所謂的「傳統佛教」，簡單地概括了印度與中國佛教，特別是以中國佛教為主；至於現代佛教的文學發展前景無限，對於文學的觀點或將隨時遷移，故略而弗論。由於佛教經論之中並沒有專門討論文學觀點的專文，只能透過一些佛教文獻中的零星片斷加以探研；再者，中國早期對於文學的概念也不是很明確；因此本文所謂的「文學觀」以及所徵引的文獻，都是以廣義的「文學」作為研討對象，包括構成文學的語言文字，以及文學的思想內容和表現形式。

至於本文的寫作次第：首先，因為佛教經論是佛法的表徵，在佛教徒的心目中具有無比崇高的地位；是以透過漢譯佛典及相關文獻的記載，除可窺探印度佛教的文學觀點之外，並得以了解中國佛教文學觀念的主要依據。其次，佛經本身也是一種佛教文學，透過僧傳、經序等文獻的記載，可以得知譯經的法師大德於翻譯佛經時的譯筆風格，和他們的文學觀其實也是密不可分的。最後，透過僧俗雅士的詩詞偈頌、文序雜記等文獻的記載，探討傳統佛教的文學觀對於中國僧俗從事文學創作的心理影響與解決之道。因此本文將嘗試由漢譯佛典的文學觀，譯經家的文學觀，以及僧俗雅士的文學觀等三方面加以分析探研，藉以呈現傳統佛教的文學觀。

二、漢譯佛典的文學觀

關於印度的文章體製，《高僧傳》中有一段文字云：

> 什每為叡論西方辭體，商略同異。云：天竺國俗，甚重

> 文製，其宮商體韻，以入絃為善。凡覲國王，必有贊德；見佛之儀，以歌歎為貴。經中偈頌，皆其式也。但改梵為秦，失其藻蔚，雖得大意，殊隔文體，有似嚼飯與人，非徒失味，乃令嘔噦也。[1]

鳩摩羅什認爲印度人非常重視文章的體式，文辭喜用可以入絃歌唱的韻文，佛經中有許多歌讚佛德的偈頌，即是這種體式的表現。這段文字雖然指出印度文體與中國不同，頗難譯出原味，但似乎並未表現出佛教對於文學的看法。而在《大唐西域記》中則記載了一個有趣的傳說：

> 烏鐸迦漢荼城西北，行二十餘里至娑羅覩邏邑，是製《聲明論》波爾尼仙本生處也。遂古之初，文字繁廣，時經劫壞，世界空虛。長壽諸天，降靈導俗，由是之故，文籍生焉。自時厥後，其源泛濫。梵王、天帝，作則隨時，異道諸仙，各製文字。人相祖述，競習所傳，學者虛功，難用詳究。……娑羅覩邏邑中有窣堵波，羅漢化波爾尼仙後進之處。如來去世垂五百年，有大阿羅漢，自迦溼彌羅國遊化至此，乃見梵志捶訓稚童。時阿羅漢謂梵志曰：『何苦此兒？』梵志曰：『令學《聲明論》，業不時進。』阿羅漢逌爾而笑，老梵志曰：『夫沙門者，慈悲為情，愍傷物類。仁今所笑，願聞其説！』阿羅漢曰：『談不容易，恐致深疑。汝頗嘗聞波爾尼仙製《聲明論》，垂訓於世乎？』婆羅門曰：此邑

---

1) 《大正藏》50，頁332中。

> 之子，後進仰德，像設猶在。』阿羅漢曰：『今汝此子，即是彼仙。猶以強識，翫習世典，唯談異論，不究真理，神智唐捐，流轉未息。尚乘餘善，為汝愛子。然則世典文辭，徒疲功績，豈若如來聖教，福智冥滋！[2]

故事中的波爾尼仙雖然著有《聲明論》行世，然其後身為一稚童，卻因不肯勤習前生所著《聲明論》而遭捶訓，旨在說明「世典文辭，徒疲功績」、「學者虛功，難用詳究」；站在佛教的立場，似乎是反對把工夫下在與聖道無關的語言文字上。因此，以下試由佛教經典的記載進行探討：

㈠《雜阿含經》1257 經：

> 當來比丘不修身、不修戒、不修心、不修慧，聞如來所說修多羅，甚深、明照、空相應、隨順緣起法，彼不頓受持，不至到受，聞彼說者不歡喜崇習；而於世間眾雜異論、文辭綺飾、世俗雜句，專心頂受，聞彼說者歡喜崇習，不得出離饒益。[3]

《雜阿含經》為原始佛教的聖典，重視出世間法的修習而得解脫，因此對於不務修道而喜崇習「世間眾雜異論、文辭綺飾、世俗雜句」的比丘有所摒斥。

---

2) 《大正藏》51，頁 881 下～882 上。
3) 《大正藏》2，頁 345 中。

㈡《百喻經》卷四云：

> 此論我所造，和合喜笑語，多損正實說，觀義應不應。
> 如似苦毒藥，和合於石蜜，藥為破壞病，此論亦如是。
> 正法中戲笑，譬如彼狂藥。佛正法寂定，明照於世間，
> 如服吐下藥，以酥潤體中。我今以此義，顯發於寂定。
> 如阿伽陀藥，樹葉而裹之，取藥塗毒竟，樹葉還棄之。
> 戲笑如葉裹，實義在其中。智者取正義，戲笑便應棄。[4]

《百喻經》一名《癡花鬘》，尊者僧伽斯那所造，是以九十八個愚人的笑話來譬喻佛理，並於卷末的偈頌中強調：「戲笑如葉裹，實義在其中。智者取正義，戲笑便應棄。」其中的戲笑即是指笑話，笑話本身只是作爲一種譬喻，主要目的在於透過譬喻而悟得佛理。笑話是文學的一種題材，譬喻是文學的一種表現手法，但是兩者在「智者取正義」之後皆應棄置不要了。此與《莊子》所謂的「得魚忘筌」、「得意忘言」實際上是一致的。

㈢《大般若波羅蜜多經》卷五〇九：

> 若住大乘善男子等，書寫般若波羅蜜多甚深經時，作如是念，我以文字書寫般若波羅蜜多，彼依文字執著般若波羅蜜多，當知是為菩薩魔事。何以故？於此般若波羅

---

4) 《大正藏》4，頁 557 下。

蜜多甚深經中，一切般若乃至布施波羅蜜多皆無文字，色乃至識亦無文字，廣說乃至一切相智亦無文字，是故不應執有文字能書般若波羅蜜多。[5]

㈣《佛母出生三法藏般若波羅蜜多經》卷十二：

爾時尊者須菩提白佛言：世尊，般若波羅蜜多為可書寫耶？佛言：不也，須菩提，般若波羅蜜多非文字可得，所有文字但為顯示此法門故，而般若波羅蜜多離文字相，畢竟於文字中求不可得。若有人作是言：我書文字即是書寫般若波羅蜜多。須菩提，此因緣者，應當覺知是為魔事。[6]

㈤《仁王護國般若波羅蜜多》卷上：

波斯匿王白佛言：十方諸佛一切菩薩，云何不離文字而行實相？佛言：大王，文字者，謂契經、應頌、記別、諷誦、自說、緣起、譬喻、本事、本生、方廣、希有、論議，所有宣說、音聲、語言、文字、章句，一切皆如無非實相。若取文字者，即非實相。[7]

以上三段經文皆屬於般若經系。㈢、㈣二段經文都說明

---

5) 《大正藏》7，頁597下。
6) 《大正藏》8，頁626中。
7) 《大正藏》8，頁839中。

了以文字書寫佛經時，不應執著於文字。因爲文字只能藉以表現佛理，卻不應視文字即爲佛理。譬如標月之指，不得視指爲月。故云：「般若波羅蜜多離文字相，畢竟於文字中求不可得」。而隋．慧遠《大乘義章》解釋「文字般若」亦云：「言文字者，所謂般若波羅蜜經，此非般若；能詮般若，故名般若。……又此文字能生般若，亦名般若。」[8] ㈤段經文除了一一列舉文字的各種表現形式，其主旨仍不外說明不可取著於文字。

㈥《維摩詰所說經》云：

> 至於智者不著文字，故無所懼。何以故？文字性離無有文字，是則解脫。解脫相者則諸法也。[9]

> 天曰：「如何耆舊大智而默？」答曰：「解脫者無所言說，故吾於是不知所云。」天曰：「言說文字皆解脫相。所以者何？解脫者不內、不外、不在兩間，文字亦不內、不外、不在兩間，是故舍利弗，無離文字說解脫也。所以者何？一切諸法是解脫相。」[10]

《維摩詰經》一方面強調「智者不著文字」，一方面也強調文字的重要性。故天女爲駁斥舍利弗的「解脫者無所言

8）《大正藏》44，頁669上。
9）《大正藏》14，頁540下。
10）《大正藏》14，頁548上。

說」，而提出「言說文字皆解脫相」、「無離文字說解脫也」。於此，天女和舍利弗對於言說文字的觀點不同，或可視爲大小乘文學觀的差異性。

(七)《大方廣佛華嚴經》卷三七：

> 佛子，此菩薩摩訶薩為利益眾生故，世間技藝靡不該習。所謂文字算數，圖書印璽，地水火風，種種諸論，咸所通達。又善方藥，療治諸病，顛狂乾消，鬼魅蠱毒，悉能除斷。文筆讚詠，歌舞妓樂，戲笑談說，悉善其事。[11]

《華嚴經》則認爲菩薩爲利益眾生故，「世間技藝靡不該習」。自然也包括了和文學有關的「文筆讚詠」、「戲笑談說」。

總而言之，以上《雜阿含經》、《百喻經》、《維摩詰經》中舍利弗的看法以及《大唐西域記》中波爾尼仙的傳說，代表了小乘佛教的文學觀：凡是志求解脫的修道者，便不應徒費虛功於學習世典文辭；即使是有助於悟得佛理的語言文字，也應在悟得佛理之後加以捨棄。而《般若經》、《維摩詰經》、《華嚴經》則代表了大乘佛教的文學觀：儘管語言文字不等於佛理本身，故不應取著於文字；但是離開言說文字則無以詮解佛法，因此菩薩爲了利益眾生，於文筆讚詠、戲笑談說等事仍應善加學習。值得注意的是，不管是

---

11) 《大正藏》10，頁 192 中。

《百喻經》中的「戲笑便應棄」，或是《華嚴經》中認爲菩薩應當學習文學等世間技藝，都是爲了宗教性的目的，而不是以文學爲目的。因此，從佛經的立場來看，文學應該是作爲佛教的實用工具；也就是說，漢譯佛典的文學觀應該是一種崇實尚用的文學觀。

三、譯經家的文學觀

據梁啓超〈翻譯文學與佛典〉[12] 一文，認爲譯業起於漢末，其時譯品，大率皆未熟的直譯也。例如：安世高、支婁迦讖、竺佛朔、康巨等人。而三國西晉間，則以支謙、竺法護所譯最爲調暢易讀，殆屬於未熟的意譯之一派。以下謹依梁氏所舉的早期譯經家，並列出譯經風格如下：

譯別	譯經家	《出三藏記集．經序》	《梁高僧傳》
直譯	安世高	貴本不飾，天竺古文，文通尚質，倉卒尋之，時有不達。[13]	義理明析，文字允正，辯而不華，質而不野。[14]
	支婁迦讖	凡所出經，類多深玄，貴尚實中，不存文飾。[15]	審得本旨，了不加飾，可謂善宣法要弘道之士也。[16]
	竺佛朔		譯人時滯，雖有失旨，

---

12) 收入《佛教與中國文學》(張曼濤主編，現代佛教學術叢刊 19，大乘文化出版社)，頁 345～382。

13) 《大正藏》 55，頁 46 中。

14) 《大正藏》 50，頁 323 中。

15) 《大正藏》 55，頁 49 上。

16) 《大正藏》 50，頁 324 中。

			然棄文存質，深得經意。[17]
	康巨		並言直理旨，不加潤飾。[18]
意譯	竺法護	《光讚》，護公執胡本，聶承遠筆受。言准天竺，事不加飾，悉則悉矣，而辭質勝文也。……考其所出，事事周密耳。[19]	安公云：「護公所出，若審得此公手目，綱領必正。凡所譯經，雖不辯妙婉顯，而宏達欣暢。特善無生，依慧不文，樸則近本。」其見稱若此。[20]
	支謙	以季世尚文，時好簡略，故其出經，頗從文麗，然其屬辭析理，文而不越，約而義顯，眞可謂深入者也。[21]	曲得聖義，辭旨文雅。[22]

從上表來看，直譯者的特色在於質直合旨，不加潤飾；意譯者的特色則在於暢達、文雅。但是法護的譯經雖然「宏達欣暢」，並不礙其「綱領必正」，而且文字依然偏重「辭質勝文」，「依慧不文，樸則近本」。而支謙的譯經雖然「頗從文麗」，依然可以達到「文而不越，約而義顯」、「曲得聖義」。可見不管直譯或是意譯，都以不背離經文主旨爲首要原則。

17) 同前註。
18) 同前註。
19) 《大正藏》55，頁48上。
20) 《大正藏》50，頁327上。
21) 《大正藏》55，頁49上。
22) 《大正藏》50，頁325中。

事實上，六朝正是中國文學概念發生轉變的時期，「至建安，『甫乃以情緯文，以文被質』，才造成文學的自覺時代。『遺風餘烈，事極江左』，才造成文學的燦爛時代。」[23] 伴隨著佛教在中國的發展，需要翻譯大量的佛經，文質問題也與譯經密不可分。例如：在敦煌發現的今存最古經錄——劉宋時所撰《眾經別錄》，於每一經下，皆標明文質。或注云「文」，或注云「質」，或注云「文質均」，或注云「文多質少」，或注云「不文不質」。潘師石禪於〈敦煌寫本眾經別錄之發現〉[24] 一文中即指出：

> 蓋佛典初入東土，譯人皆大德高僧，或清信文士，莫不虔心敬慎，深懼違失聖言。其間譯胡為漢，備極艱難。過文恐失旨，過質慮不達。……夫經意不失，與譯筆文質，有極大之關係。

至於最早提出譯經與文質問題的文獻，應是〈法句經序〉：

> 始者維祇難出自天竺，以黃武三年（224）來適武昌，僕從受此五百偈本，請其同道竺將炎為譯。將炎雖善天竺語，未備曉漢，其所傳言或得胡語，或以義出音，近於質直。僕初嫌其辭不雅。維祇難曰：「佛言依其義不用

23）參見羅根澤：《中國文學批評史》（臺北：學海出版社，1990.2），頁130。

24）潘重規：〈敦煌寫本眾經別錄之發現〉，《敦煌學》第 4 輯（1979.7），頁 69～79。

> 飾，取其法不以嚴其傳。經者當令易曉，勿失厥義，是則為善。」座中咸曰：「老氏稱『美言不信，信言不美。』仲尼亦云：『書不盡言，言不盡意。』明聖人意深邃無極。今傳胡義，實宜經達，是以自竭受譯人口，因循本旨，不加文飾，譯所不解則闕不傳，故有脱失多不出者。」[25]

文中指出翻譯的困難，若依經義的本旨翻譯，則難免「其辭不雅」。但是在「美言不信，信言不美」的兩難情況下，則主張「因循本旨，不加文飾」的直譯法了。而在〈首楞嚴後記〉中也說：

> 咸和三年（328）歲在癸酉，……涼州（刺史）自屬辭，辭旨如本，不加文飾。飾近俗，質近道，文質兼唯聖有之耳。[26]

進一步提出了「飾近俗，質近道」的看法，認爲只有聖人才能兼善文與質；而在文、質無法兼善的情況下，仍然採取了質樸近道的直譯法。

道安（314～385）雖然不通梵文，但對於翻譯理論頗有貢獻。除了在〈摩訶鉢羅若波羅蜜經抄序〉中提出「五失本、三不易」之外，也指出「胡經尚質，秦人好文」的差異。[27] 而在其他經序中對於文、質的問題也多有討論。

---

25) 《大正藏》55，頁 50 上。

26) 《大正藏》55，頁 49 中。按：咸和三年（328），歲次當爲戊子。

27) 《大正藏》55，頁 52 中～下。

> 昔來出經者，多嫌胡言方質而改適今俗，此政所不取也。何者？傳胡為秦，以不閑方言，求知辭趣耳。何嫌文質？文質是時，幸勿易之。經之巧質有自來矣，唯傳事不盡，乃譯人之咎耳。眾咸稱善，斯真實言也。遂案本而傳，不令有損言遊字，時改倒句，餘盡實錄也。（鞞婆沙序）[28]

> 「佛戒……與其巧便，寧守雅正……願不刊削以從飾也。眾咸稱善，於是按梵文書，唯有言倒時從順耳。」（比丘大戒序）[29]

> 前人出經，支讖、世高，審得梵本難繫者也。叉羅、支越，斲鑿之巧者也，巧則巧矣，懼竅成而混沌終矣。（摩訶鉢羅若波羅蜜經抄序）[30]

道安認爲譯經的目的只是「求知辭趣」而已，對於佛經本身或文或質，均應「案本而傳」，不宜妄加增減。因此道安所監譯的佛經，除了翻譯上不可避免的「五失本」、「言倒從順」之外，「餘盡實錄也」。由於道安主張極端直譯的態度，不免對叉羅、支謙的譯經過於文巧，頗有譏評，認爲「巧則巧矣，懼竅成而混沌終矣。」也就是說，過度的文飾，可能就會失去佛經的本來面目了。

---

28) 《大正藏》55，頁73下。

29) 《大正藏》55，頁80中。

30) 《大正藏》55，頁52下。

鳩摩羅什（344～413）兼通梵漢，梁啓超認爲什公的譯經風格是：

> 比較的偏重意譯。其譯《法華》則「曲從方言，趣不乖本。」（慧觀法華宗要序）其譯《智度》，則「梵文委曲，師以秦人好簡，裁而略之。」（僧叡大智釋論序）其譯《中論》，則「乖闕繁重者，皆裁而裨之。」（僧叡中論序）其譯《百論》，則「陶練覆疏，務存論旨，使質而不野，簡而必詣。」（僧肇百論序）據此可見凡什公所譯，對於原本，或增或削，務在達旨。……什譯雖多剪裁，還極矜慎，其重譯《維摩》：「道俗虔虔，一言三復，陶冶精求。務存聖意，文約而詣，旨婉而彰。」（僧肇維摩詰經序）其譯《大品般若》：「手執梵本……口宣秦言，兩譯異音，交辯文旨。……與諸宿舊五百餘人，詳其義旨，審其文中，然後書之。……胡音失之，正之以天竺；秦言謬者，定之以字義；不可變者，即而書之；是以異名斌然，胡音殆半，斯實匠者之公謹，筆受之重慎也。」（僧叡大品經序）由此觀之，則什公意譯諸品，其慘淡經營之苦，可想見耳。[31]

什公雖主意譯，然對原文仍極爲忠實。事實上，佐贊什公譯業的左右手之一的僧叡，即爲道安弟子，故於〈大品經序〉云：「執筆之際，三惟亡師五失及三不易之誨，則憂慮交懷，惕焉若厲，雖復履薄臨深，未足喻也。」僧叡於筆受

31）見梁啓超，前揭文。

時，一面謹守亡師的遺訓，一面接受什公的正字定義，「幸冀遵實崇本之賢，推而體之，不以文樸見咎，煩異見愼也。」[32] 僧叡〈小品經序〉亦云：「胡文雅質，按本譯之，於麗巧不足樸正有餘矣。幸冀文悟之賢，略其華而幾其實也。」[33] 可見什公譯經，雖多剪裁，但其文字仍偏向於質樸簡約，不失本旨。

至於其他的譯經情形，如僧肇〈長阿含經序〉云：「涼州沙門佛念爲譯，秦國道士道含筆受，時集京夏名勝沙門於宅第校定。恭承法言，敬無差舛，蠲華崇朴，務存聖旨。」[34] 未詳作者〈僧伽羅剎集經後記〉云：「使佛念爲譯人。念迺學通內外，才辯多奇。常疑西域言繁質，謂此土好華，每存瑩飾文句，滅其繁長。安公、趙郎之所深疾，窮校考定，務在典骨，既方俗不同，許其五失胡（或作梵）本，出此以外，毫不可差。」[35] 道梴〈毘婆沙經序〉云：「沙門智嵩、道朗等三百餘人，考文詳義，務存本旨，除煩即實，質而不野。」[36] 慧遠〈三法度序〉云：「提婆於是自執胡經，轉爲晉言。雖音不曲盡而文不害意，依實去華，務存其本。」[37] 可見當時譯經的風氣，基本上是以「務存本旨」爲主，風格則偏重於「質而不文」。

---

32) 《大正藏》55，頁53上～中。
33) 《大正藏》55，頁55上。
34) 《大正藏》55，頁63下。
35) 《大正藏》55，頁71下。
36) 《大正藏》55，頁74上。
37) 《大正藏》55，頁73上。

廬山慧遠（334～416）在〈大智論抄序〉則提出了折中的理論：

> 聖人依方設訓，文質殊體，若以文應質，則疑者眾；以質應文，則悅者寡。是以化行天竺，辭樸而義微，言近而旨遠。……遠於是簡繁理穢，以詳其中，令質文有體，義無所越。[38]

慧遠雖然提出了質文調和的理論，但似乎影響並不大。隋代的譯經家彥琮著有《辯正論》，除了提出「譯才須有八備」外，並且認爲翻譯終究不同於原本，「然今地殊王舍，人異金口，即令懸解，定知難會。……直餐梵響，何待譯音？本尚虧圓，譯豈純實？」最好是人人學習梵文，則「人人共解，省翻譯之勞」。但在無法廢止翻譯的情況下，仍偏重於直譯，主張「意者寧貴樸而近理，不用巧而背源。」[39]

由於中國的譯經事業，歷經由外國人所主譯、中外人士所共譯，一直到隋唐時期才由國人主譯，因此梁啓超謂「必如玄奘、義淨，能以一身兼筆舌之兩役者，始足以語於譯事矣！若玄奘者，則意譯直譯，圓滿調和，斯道之極軌也！」[40]

而道宣（596～667）於《續高僧傳．玄奘傳論》中通論歷代的譯業則云：「若夫九代所傳見存簡錄，漢魏守本，本固去華，晉宋傳揚，時開義舉，文質恢恢，諷味餘逸。厥斯

38）《大正藏》55，頁76中。

39）《大正藏》50，頁437上～439下。

40）見梁啓超，前揭文。

以降，輕摩一期，騰實未聞，講悟蓋寡。……充車溢藏，法寶住持，得在福流，失在訛競。故勇猛陳請，詞同世華，制本受行，不惟文綺，至聖殷鑒，深有其由。……昔聞淳風雅暢，既在皇唐，綺飾訛雜，寔鍾季葉。不思本實，妄接詞鋒，競掇芻蕘，鄭聲難偃。」[41] 可見道宣對於古今譯經的批評，主要缺點仍在於綺飾訛雜，不思本實。

贊寧（918～999）於《宋高僧傳》論譯經，除了提出六例說，並提出折中的看法：「苟參鄙俚之辭，曷異屠沽之譜，然則糅書勿如無書，與其典也寧俗，儻深溺俗，厥過不輕。折中適時，自存法語，斯謂得譯經之旨矣。」[42]

總而言之，在佛典翻譯的過程中儘管出現了不少文辭綺飾的現象，但是翻譯佛經的目的在於宣教而不在於文學，務本存旨乃是譯經的最高原則。故多數的譯經家仍然主張直譯重於意譯，求眞多於求美，內容的質樸近本也遠勝於形式的文巧修飾。因此，譯經家的文學觀，也可以說是重質輕文的文學觀。

四、僧俗雅士的文學觀

所謂的僧俗雅士，不必是佛教徒，但是他們的文學觀則必須是根基於佛教的觀點所衍生而來的。舉一個反面的例子來說，梁簡文帝蕭綱乃虔誠之佛教徒，且撰有至誠懇切之

41) 《大正藏》50，頁 459 中。
42) 《大正藏》50，頁 724 中。

〈六根懺文〉、〈悔高慢文〉等[43]，但於〈誡當陽公大心書〉中則云：「立身之道與文章異，立身先須謹重，文章且須放蕩。」[44]將文章與德行分而爲二，文學成爲獨立之事，這種文學觀顯然與佛教觀點不符。因此僧俗雅士的文學觀，必須源自於佛教的觀點，才能代表傳統佛教的文學觀。

由於漢譯佛典中的文學觀，有大乘、小乘的差異，一般的僧俗雅士對於文學創作也有兩種不同的看法。簡而言之，一種是把文字當做業障，是罪惡之因；一種是把文字當成般若，是解脫之緣。以下試由幾組佛教的概念加以闡述：

1.掉悔與道悟：唐．道世《法苑珠林》解釋掉悔蓋云：

> 掉悔蓋者有三：一口掉者，謂好喜吟詠、諍競是非、無益戲論、世俗言話等，名為口掉。二身掉者，謂好喜騎乘馳騁、放逸筋力、相撲、扼腕指掌等，名為身掉。三心掉者，心情放蕩，縱意攀緣，思惟文藝、世間才技、諸惡覺觀等，名為心掉。掉之為法，破出家心。[45]

掉悔爲五蓋之一，謂覆蓋心性，令善法不生之煩惱。掉悔蓋，心之躁動（掉），或憂惱已作之事（悔），皆能蓋覆心性。而在道世所舉的三種掉悔中，第一好喜吟詠、第三思惟文藝，皆與文學有關。因此若從佛教修行的角度來看，對

43) 《大正藏》52，頁330～331。

44) 收入嚴可均校輯：《全上古三代秦漢六朝文》第 3 冊（臺北：宏業書局，1975.8），頁3010上。

45) 《大正藏》53，頁829上。

文學過度的執著與愛好是有礙於修定的。

然而對於證果的聖人而言，「所謂寂滅不動，感而遂通；悟道緣機，然後神化。是以文字應用，彌綸宇宙；聖變隨方，該羅法界。非六道之至聖，孰能垂化於五道者也！[46]」可見道世認為大聖垂化，對於文字的應用，可以達到無入而不自得的境界。

2.詩魔與空王：魔，一般是指奪取吾人生命，或障礙解脫生死者，也稱為天魔。而在僧俗詩歌吟詠中，頗有將詩思戲稱為「詩魔」者，可能是認為愛好吟詠之心未除，不易證得生死解脫吧！例如虛堂和尚〈和秉彝李君五偈〉之五：

> 爐邊呵凍得能多，端石無辜日夜磨，
> 卻把悼詞為雪詠，詩魔難敵勝修羅。[47]

又如白居易詩云：

> 自從苦學空門法，銷盡平生種種心。
> 唯有詩魔降未得，每逢風月一閒吟。〈閒吟〉[48]

但是在〈與元九書〉中則云：「知我者以為詩仙，不知我者以為詩魔。何則？勞心靈，役聲氣，連朝接夕，不自知其苦，非魔而何？偶同人當美景，或花時宴罷，或月夜酒

46）《大正藏》53，頁468下。

47）《大正藏》47，頁1062下。

48）《白氏長慶集》卷 16（收入《景印文淵閣四庫全書》第 1080 冊，臺灣商務印書館，1983.6），頁185。

酣，一詠一吟，不知老之將至。雖驂鸞鶴遊蓬瀛者之適，無以加于此焉。又非仙而何？」[49] 則居易詩中所謂「詩魔」者，大抵皆戲言而已。

此外，蕭麗華在詩僧齊己的研究中也指出：「他經常以『詩魔』來戲稱詩思，特別在干擾禪思，不得清靜澹泊之時，就特別顯出『分受詩魔役』的自我提醒。」[50] 茲援引數例於下：

> 味擊詩魔亂，香搜睡思輕。〈嘗茶〉
> 分受詩魔役，寧容俗態牽。〈自勉〉
> 餘生消息外，只合聽詩魔。〈喜乾晝上人遠相訪〉
> 詩魔苦不利，禪寂頗相應。〈靜坐〉
> 正堪凝思掩禪扃，又被詩魔惱竺卿。〈愛吟〉
> 還應笑我降心外，惹得詩魔助佛魔。〈寄鄭谷郎中〉[51]

其他如袁宏道詩亦云：

> 酒障詩魔都不滅，何嘗參得老龐禪？〈閑居雜題・其二〉[52]

---

49) 同前註，卷 45，頁 493～494。

50) 蕭麗華，〈晚唐詩僧齊己的詩禪世界〉，《佛學研究中心學報》第 2 期（1997.7），頁 157～178。

51) 分別見《白蓮集》（收入《景印文淵閣四庫全書》第 1084 冊），頁 333、333、344、350、385、389。

52) 《袁中郎詩集》下・「七言律」，（清流出版社，據「襟霞閣精校本」），頁 2。

這些詩僧雅士，不說「詩思」而說「詩魔」，的確是承認創作的欲望有礙於修行。然而在創作欲的驅使之下，是否眞能降伏「詩魔」之心，就不得而知了。

然而，唐代詩僧皎然則說：

> 康樂公早歲能文，性穎神澈，及通內典，心地更精，故所作詩，發皆造極，得非空王之道助耶？[53]

認爲謝靈運因爲通佛學，得助於「空王之道」，故詩皆造極。而贊寧於《宋高僧傳》也稱許皎然「作《詩式》以安禪」。[54] 蘇軾〈送參寥師〉亦云：

> 欲令詩語妙，無厭空且靜，靜故了群動，空故納萬境。……詩法不相妨，此語當更請。[55]

除了肯定「空」、「靜」對於詩歌的重要，更進一步指出詩歌、禪法兩不相礙。宋僧慧洪覺範（1071～1128）所撰《石門文字禪》，也寓有文字即禪之意。明萬曆二十五年（1597）釋達觀爲其作序曰：「蓋禪如春也，文字則花也。春在於花，全花是春；花在於春，全春是花。而曰禪與文字有二乎哉？故德山、臨濟棒喝交馳，未嘗非文字也；清涼、

53) 皎然《詩式》卷 1「文章宗旨」條，收入《叢書集成新編》第 80 冊，（臺北：新文豐出版公司，1984.6），頁 1 下。

54) 《大正藏》50，頁 899 下。

55) 《東坡全集》卷 10，（收入《景印文淵閣四庫全書》第 1107 冊），頁 170。

天台疏經造論，未嘗非禪也。而曰禪與文字有二乎哉？逮於晚近，更相唉而更相非，嚴於水火矣。宋寂音尊者憂之，因名其所著曰文字禪。」[56]

又如劉禹錫〈秋日過鴻舉法師寺院便送歸江陵并引〉：

> 梵言沙門，猶華言去欲也，能離欲，則方寸地虛，虛而萬景入，入必有有泄，乃形乎詞，詞妙而深者，必倚於聲律。故自近古而降，釋子以詩名聞於世者，相踵焉。因定而得境，故攸然以清；由慧而遣詞，故粹然以麗，信祥林之花萼，而戒河之珠璣耳。[57]

認為詩僧的詩語清麗，乃由「能離欲」，「因定而得境」，「由慧而遣詞」，則僧詩中儼然具足戒定慧三學了。

其他如通俗詩人王梵志詩曰：「家有梵志詩，生死免入獄」[58]，寒山詩曰：「若能會我詩，真是如來母」，拾得詩云：「家有寒山詩，勝汝看經卷」[59]，袁枚《隨園詩話》云：「余在廣東新會縣，見憨山大師塔院，聞其弟子道恒為人作佛事，誦詩不誦經。」[60] 在在肯定了詩歌等同於

---

56) 《石門文字禪．原序》，（收入《景印文淵閣四庫全書》第 1116 冊），頁 146。

57) 《劉賓客文集》卷 29，（收入《景印文淵閣四庫全書》第 1077 冊），頁 506。

58) 王梵志著，項楚校注：《王梵志詩校注》下（上海：上海古籍出版社，1991.10），頁 754。

59) 《寒山子詩（拾得詩附）》（圓覺學舍，1985.6），頁 84、95。

60) 袁枚著，雷瑨箋注：《箋注隨園詩話》卷 16，（臺北：鼎文

佛經，可以教人了生脫死，具有宏揚佛教的價值。凡此種種，皆可以證明僧俗雅士一面認爲詩魔有礙於修道，一面又肯定「空王」於詩的價值；於是或以詩證禪悟，或以詩爲佛事[61]，充分顯示了「詩禪不二」、「詩道不二」觀念的發展。

3.綺語與道種：綺語，又作雜穢語、無義語，指一切淫意不正之言詞。饒宗頤於〈詞與禪悟〉[62]一文指出，有許多詞集是以「綺語」爲名的，例如：

> 崇禎間，錢塘吳本泰名其詞集曰《綺語障》，案南宋鄱陽張輯詞名曰《東澤綺語債》，吳集之命名即本此。……乾隆間郭麐亦名其詞集曰《懺餘綺語》，自序云：「學道未深，幻情妄想……」。

> 黎遂球名其集曰《迦陵》，自序云：「淨域之鳥，殼而能鳴，聊以懺悔云爾。」

命名爲「綺語」也好，「迦陵」也好，不外是爲了懺悔綺羅香豔的文字業。並舉出黃庭堅的故事爲例：

> 黃山谷撰〈晏小山集序〉云：「余間作樂府，以使酒玩世，道人法秀獨罪余，以筆墨勸淫，於我法中當下犂舌

書局，1974.10），頁 650。

61）參考覃召文，《禪月詩魂——中國詩僧縱橫談》（北京：三聯書店，1994.11），頁 11～14。

62）收入《佛教文學短論》（大乘文化出版社，1980.1）頁 163～171。

> 之獄。」《冷齋夜話》卷十「魯直悟法秀語，罷作小詞」，即記此事。

黃庭堅曾作豔詞，深懼犂舌地獄之苦，因此接受法秀的規勸，罷作小詞，應當是眞心懺悔舊業。此外，又舉項名達爲趙秋舲〈香消酒醒詞序〉云：

> 情與聲色，去道遠，而一變即可以至道。……故聲色者，道之材，而情者，道之蒂也。……由文字入，總持門出，生功德無量。則是詞也，小乘戒之曰綺語，大乘寶之則曰道種。

認爲詞於小乘或謂之「綺語」，然於大乘則可以爲「道種」，進一步「化綺語而歸於至道」。並引《西圃詞話》云：

> 詞之一道，縱橫入妙，能轉《法華》，則本來寂滅，不礙曇花。文字性靈，無非般若，頻呼小玉，亦可證入圓通矣。

認爲詞之一道，運用得宜，也可以證道。由此可見，文人雅士一面爲綺語而懺悔，一面也由詞中獲得悟入，發展出以詞入道的觀念。

　　總而言之，中國佛教向來好以大乘自許，於文字的應用也不例外，於是化掉悔爲道機，化詩魔爲空王，化綺語爲道種，也就使得僧俗雅士從文學、修道互相矛盾的困境中解脫出來，形成了「文道不二」的文學觀。以白居易爲例，〈蘇州南禪院白氏文集記〉云：

> 唐馮翊縣開國侯太原白居易，字樂天，有文集七袟，合六十七卷，凡三千四百八十七首，其間根源五常、枝派六義、恢王教而弘佛道者多矣。然寓興放言、緣情綺語者，亦往往有之。樂天，佛弟子也。備聞聖教，深信因果，懼結來業，悟知前非，……願以今生世俗文字、放言綺語之因，轉為將來世世讚佛、乘轉法輪之緣也。三寶在上，實聞斯言。開成四年（839）二月二日樂天記。[63]

〈六讚偈序〉亦云：

> 樂天常有願，願以今生世俗文筆之因，翻為來世讚佛、乘轉法輪之緣也。今年登七十，老矣病矣，與來世相去甚邇，故作六偈，跪唱於佛法僧前，欲以起因發緣，為來世張本也。[64]

雖然雅好詩文，卻不免畏懼落入文字業中，故於三寶之前發願，願轉綺語爲來世讚佛之緣。但是理論往往流於高談，眞正透過詩詞而悟道的人究竟是少數吧，因此許多禪師一再苦口婆心地勸誡，深怕時人因不察詩歌的創作目的而誤入歧途。例如詩僧齊己儘管平素雅好作詩，但其〈勉詩僧〉一詩

---

63) 《白氏長慶集》卷 70（收入《景印文淵閣四庫全書》第 1080 冊），頁 782。

64) 同前註，卷 71，頁 789。

則云：

> 莫把毛生刺，低佪謁李膺。須防知佛者，解笑愛名僧。道性宜如水，詩情合似冰。還同蓮社客，聯唱遶香燈。[65]

勉勵其他詩僧認清詩情必須合道，切勿因爲作詩而難以忘卻世俗名利之心。又如〈龍牙和尚偈頌序〉云：

> 禪門所傳偈頌，自二十八祖，止於六祖，已降則亡厥。後諸方老宿亦多為之，蓋以吟暢玄旨也，非格外之學，莫將以名句擬議矣！……雖體同於詩，厥旨非詩也。[66]

也就是說，禪門歌偈的體式雖然與詩歌相同，但主旨卻與詩歌不同，說明創作動機是以宗教目的爲主。唐．文益《法眼禪師十規論》第九條亦云：

> 宗門歌頌，格式多般，或短或長，或古或今。假聲色而顯用，或托事以伸機，或順理以談真，或逆事而矯俗。雖則趨向有異，其奈發興有殊，總揚一大事之因緣，共讚諸佛之三昧。……[67]

說明禪門歌偈的體裁、形式、手法雖有不同，但其目的不外

---

65) 《白蓮集》卷 3（收入《景印文淵閣四庫全書》第 1084 冊），頁 347。

66) 《新纂大日本續藏經》第 66 冊，頁 728 下。

67) 《禪宗全書》第 32 冊，頁 7 上。

是爲了隨機闡揚佛法，度化眾生出離生死，成無上道。[68] 明·道衍禪師〈蕉堅稿序〉也對當時的詩僧提出諸多的告誡：

> 詩必不離道。詩，攸關風俗、教化，可資以闡明此世治亂興亡之徵證，其中勸善懲惡之理亦可引為世人之戒。自漢魏六朝迄唐宋之世，知識人尚詩者益眾，然已失古詩之本質，多以風雲月露之吟、華竹丘園之詠為中心，傾心外界景色，甚少匡輔世教者，終流為無用之遊戲。古來佛教界多尚詩者，如晉之湯休，唐之靈徹、皎然、道標、齊己，宋之惠懃、道潛，皆堪稱詩僧代表。既於山林草澤之門，煙霞泉石之畔，以沈靜浩瀚之心，道為中而行樂，是以所用作詩言俱出自正情，未嘗墜入庸俗。獨誦其詩者，皆可藉以清靜耳目，舒暢其心。……不可迷於外界景色，取一時之快，如是，莫非離道，玩物喪志，何益？[69]

大致可以代表傳統佛教對於文學的省思，強調詩歌「必不離道」，詩言必需「出自正情」；其積極意義在於「匡輔世教」，而消極意義則可以「清靜耳目，舒暢其心」。

---

68) 參考蔡榮婷：〈唐五代禪宗牧牛詩初探〉（收入《「山鳥下聽事，簷花落酒中」——唐代文學論叢》，國立中正大學中文系主編，1998.6），頁297～364，特別是頁307。

69) 轉引自中村元《中國佛教發展史》（余萬居譯，天華出版事業，1984.5），頁470-473。

五、結　論

以上由漢譯佛典、譯經家和僧俗雅士三個方面對傳統佛教的文學觀進行了考察，綜合以上的論述，可以進一步推衍以下幾點結論：

1.漢譯佛典的文學觀偏向於「崇實尚用」，文學是爲宗教服務的，凡是無益修行的戲論文字皆應捨棄（小乘），凡有助於利益眾生的文藝讚詠皆應學習（大乘）。譯經家的文學觀偏向於「重質輕文」，認爲翻譯的重點在於保存經論的本旨，語言風格寧可質樸而不要太多的文巧修飾，注重文學的內容遠過於文學的形式。僧俗雅士的文學觀，主要是從小乘的觀點（詩魔、綺語皆爲掉悔，應當捨棄）中解放出來而邁向大乘的觀點（化掉悔爲道機，化詩魔爲空王，化綺語爲道種），致力於「文道合一」的文學觀，因此對文學內容的重視，依然勝過於形式。

2.由於佛教注重文學的實用性，因此舉凡佛經的翻譯，俗文學中變文、寶卷、勸世詩偈、俚曲小調、靈應小說等，都是爲了弘宣佛教的目的而盛極一時。佛教的散文包括論議、碑銘、懺文、願文……等等不同的文體，也是爲了護法弘教而創作的。佛教的詩歌不只是吟詠情志，而且是以詩作佛事，以詩詞來悟道的。

3.由於佛教偏重於文學的內容，因此佛經的文體，質樸而近本，不用綺詞儷句[70]；佛教的靈應小說，語言質直不

70）見梁啓超，前揭文。

文[71]；佛教的詩歌，勸世詩則近於俚俗口語，俾使村夫村婦皆能解；禪門悟道詩則尚乎清麗高逸，以「不立文字」之文字發揮禪理，正所謂「但見情性，不覩文字，蓋詣道之極也」。[72]

傳統佛教的文學觀是一個很大的題目，資料也相當瑣碎而繁多，原本應依時代順序、針對相關的作家和作品逐一進行細部的探研，才能得出全面而系統性的成果。由於筆者才疏學淺，囿於時力，只能先以宏觀的角度進行探索，至於其他後續的問題，留俟來日進一步地研究。

71） 唐臨〈冥報記序〉:「臨既慕其風旨，亦思以勸人，輒錄所聞集爲此記，仍具陳所受及聞見由緣，言不飾文，事專揚確，庶後人見者能留意焉。」見《大正藏》51，頁788上。

72） 皎然《詩式》卷1「重意詩例」條，收入《叢書集成新編》第80冊，頁2上。

禪與存有

王維輞川詩析論

蕭麗華
（臺灣大學中文系副教授）

一、前言：輞川鹿苑

據《舊唐書》卷一九〇下〈王維傳〉所載：「（王維）得宋之問藍田別墅，在輞口，輞水周於舍下，漲竹洲花塢，與道友裴迪浮舟往來，彈琴賦詩，嘯詠終日。嘗聚其田園所爲詩，別爲《輞川集》。」從這段資料，我們可以知道王維在輞口營構了一處輞川別業，且曾經寫了與裴迪唱酬的作品輯爲《輞川集》。文學史上曾有「終南別業」與「輞川別業」之辨[1] 但輞川

1）陳貽焮發表在 1958 年《文學遺產》增刊第 6 輯的一篇〈王維生平事跡初探〉，曾據《王右丞集》卷 3〈終南別業〉一詩推定王維應是先隱「終南別業」，後隱「輞川別業」。有關這方面的歧說，陳允吉《唐音佛教辨思錄》頁 67〈王維「終南別業」即「輞川別業」考〉一文已有詳細的析辨。上海古籍 1988 年版。

二十景及其二十首詩作的範疇殆無疑義。《全唐詩》卷一二八王維詩中有〈輞川集並序〉云：

> 余別業在輞川山谷，其游止有孟城坳、華子岡、文杏館、斤竹嶺、鹿柴、木蘭柴、茱萸沜、宮槐陌、臨湖亭、南垞、攲湖、柳浪、欒家瀨、金屑泉、白石灘、北垞、竹里館、辛夷塢、漆園、椒園等。與裴迪閒暇各賦絕句云爾。

這段序文同樣見於《王摩詰全集》中，清趙殿成注曾云：「唐書本傳稱維嘗聚其田園所爲詩號《輞川集》者，即此二十首，是蓋當時自爲一帙耳。」[2]

《輞川詩》的輯成與輞川別業的環境，在歷史上已極明確，但詩的精解及別業的旨義卻乏人深論。筆者以爲輞川詩的美感來源及輞川別業營構的目的都與佛教有極深的關係。王維自三十一歲皈依道光禪師[3] 後，精進佛理，詩文中也有不少論佛教名理的作品，輞川之作表面上雖只是自然山水的佈置與描繪，其內在實有王維清修的理想寓托。換言之，即輞川別業實際上如佛陀之鹿野苑，是王維心靈寓所，也是王維心中淨土，輞川詩的終極內涵，不只是山水自然形象，而是作者契道的心靈語言。本文之作，即希望借現象學的路徑幫助詮解出輞川詩的終極內涵，提供品讀這組詩的讀者，更深入的解讀方式。

---

2) 見趙殿成箋注《王摩詰全集》卷 13，頁 188。世界書局 1974 年版。

3) 依據楊文雄〈王維年譜新編〉，見《詩佛王維研究》頁 127。文史哲出版社 1988 年版。

王維的輞川，詩與畫雙絕，其實歷來都有不少評賞，但論者只作吉光片羽的語言。以詩來說，《而菴說唐詩》云：「摩詰精大雄氏之學，句句皆合聖教。」《空同子》云：「王維詩高者似禪，卑者似僧，奉佛之應哉。」[4] 二人雖能從王維受佛教影響的角度加以肯定，但所論不限於輞川詩。《瀛奎律髓》與《朱子語錄》則直接討論到輞川詩。方回《瀛奎律髓》云：

> 右丞終南別業有一唱三嘆，不可窮之妙。如輞川孟城坳、華子岡、茱萸沜、辛夷塢等詩，右丞唱，裴迪和，雖各不過五言四句，窮幽入元，學者當自細參則得之。

《朱子語錄》云：

> 摩詰輞川詩余深愛之，每以語人，輒無解於余意者。[5]

方回與朱子雖然識輞川之妙，但一云「窮幽入元」，一云「無解余意者」，二者都點到為止，不曾申其深意。其他評賞輞川詩或取其「詩法」，如李瑛《詩法易簡錄》云：「幽淡已極，卻饒遠韻。」或取其「詩境」如俞陛雲《詩境淺說續編》云：「世稱妙悟，亦即此詩之意境。」黃叔燦《唐詩箋注》云：「輞川諸詩，皆妙絕天成，不涉色相。」或只論畫境，如王鏊《雲澤長語》云：「摩詰以淳古淡泊之音，寫山林閒適之趣，如輞川諸詩，眞一片水墨不著色畫。」等等，即使能指出其名理深旨者，如胡應麟《詩藪》云：「右丞輞川諸作，卻是自出機

4) 轉引自《王摩詰全集》卷末附錄。頁388。
5) 同上，頁389～391。

軸，名言兩忘，色相俱泯。」俞陛雲《詩境淺說續編》云：「《輞川集》中如孟城坳、欒家瀨諸作，皆閒靜而有深湛之思。」等[6]，也都只提到一鱗半爪而已。

至於畫，只存目於「宣和畫譜」，多已散佚，但從輞川圖歷代題跋、品鑑的文字也可一窺輞川別業的風光。如「秦少游書輞川圖後」、「黃伯思跋輞川圖後」[7] 等，都有一番紙上神遊之趣。其中《容齋隨筆》記輞川圖軸云：「鹿苑即王右丞輞川之第也。」一段話最發人深思。洪邁與藍田縣鹿苑寺主僧的這番對話，令人聯想佛陀在波羅奈斯國，渡憍陳如等五比丘，說四聖諦法的鹿野苑，王維輞川二十景也有「鹿柴」之設，黃叔燦《唐詩箋注》還曾評析云：「反景照入，空山闃寂，眞麋鹿場也。」[8] 麋鹿在佛家是「眞性」的象徵[9]。王維輞川的營構，不論從詩、畫或山水本身，處處都有禪者的痕跡，應是可以肯定的。

筆者以爲，輞川詩山水空靈，意境幽淡渺漫，其美感不只是形象本身，而是經驗此美感的主體生命所經歷的抽象體驗（此即道）之呈現，這個抽象體驗即牟宗三論審美品鑑時所謂的「妙慧」概念。牟先生說：「審美品鑑只是這妙慧之靜觀，妙感之直感，美以及美之愉悅即在此妙感之靜觀直感中呈現。」這

6) 以上所引歷代評論見《千首唐人絕句》「集評」所附，上海古籍出版社 1985 年版，頁 217、218。

7) 轉引自《王摩詰全集》卷末附錄，頁 404～406。

8) 同註 6，頁 113。

9) 鹿苑爲佛始說法度五比丘之處，或做仙人住處，分見《大毘婆沙論》卷 182《西域記》卷 7、《智度論》卷 16 等經典中。

也就是牟先生所謂「無相原則」[10] 。牟先生其實已直接取用佛教術語來解釋文藝美學，本文詮解輞川二十首，也是基於這種理念的應用。

二、此在、世界與非世界

為了深入賞析輞川詩，本文藉現象學「此在」「世界」等術語，用以配合佛教世界觀來觀察王維輞川詩之世界。

在海德格爾的思想中，有與東方思維極近似的內涵[11] ，借以來詮解老莊或佛家是極為合適的。海德格爾的思想以「Sein」為根本，一般翻譯作「在」「存在」「存有」等，這個「存在」先於一切知識，先於主體與客體之分化。海氏自己曾說：「『存在』不是思想的產物，而『思想』反倒是『存在』的產物。」[12] 這種語言、經驗無以言說的「存在」境界，與佛教之「禪」的路徑有相似之趣。

在整個存在論的系統中，「人」是理解此「存在」的關鍵，海德格爾稱之為「Dasein」，一般譯為「親在」、「此在」等。「此在」是萬有中能意識到，發覺到自己的「有限性」、「時間性」的主體。海氏把「人」之「時間性」、「空間性」聯繫在一起，但時間與空間都不是科學知識度量萬物變化的尺

---

10) 見牟先生譯《判斷力之批判》一書頁 71～73。

11) 葉秀山《思・史・詩－現象學和存在哲學研究》頁 137 指出：海德格爾對『非概念性語言和思維』的偏好，以為在這種詩的語言中可以得到歸宿。因為葉氏認為他在「本源性思維的高度上」接近東方。人民出版社 1988 年。

12) 同上，頁 144～146。

標，而是與「人」俱在的一種「意識」。它們構成了 Dasein（此在）的 Welt（世界）。人生在世，時間性並不能分割人爲的過去、現在、未來。空間也一樣，世界對於「此在」本身並無間隔可言。「此在」就是「（我）在世界中」，既無「我」與「世界」二元分離，也無主體、客體分立現象。但是，海氏的「世界」觀卻是有限的，與禪定的唯一與永恆卻終究不同。

海德格爾提出「死」的哲學意義來眞正體驗「此在」與「世界」。這是遠古以來人類在詩歌與藝術中惆悵和沈思的一大重心。「死亡」是不能眞正體會的，卻又是不可避免的，因此人會產生一種特殊心境，海氏稱此爲「憂思」（Angst）「憂思」是「此在」的特殊狀態。「此在」不是知識所能掌握的，而是透過「憂思」「死亡」「時間」「空間」來體驗。

以上是海德格爾現象學的幾個重心。至於「詩」，也是海氏推崇的，他認爲「詩」中有「意象的世界」，只有通過這個世界，才能體驗到眞正的、曾存在過的世界。[13]

在海氏《存在與時間》一書中，幾個基本問題便是「此在」、「時間」、「空間」、「憂思」與「世界」，這是本文想要藉用的座標。然而海氏的「世界」觀與「存在」觀與佛家根本上是不同的。他定位「此在」向之超越存在著的那種東西爲「世界」[14]，基本上並不著重於非「此在」之物[15]，他是單

---

13) 同上，頁 172。

14) 見（美）約瑟夫・科克爾曼斯著《海德格爾的《存在與時間》》頁 20，北京・商務印書館 1996 年版。

15) 陳榮華〈海德格《存有與時間》的世界性概念〉，《哲學論評》10 期。

向地以「世界」來體驗「此在」。而禪則不落兩邊，《金剛經》說：「如來所說三千大千世界，即非世界，是名世界。」（一合理相分第三十）因此佛家的「世界」是海氏「世界」與「非世界」的整體相生相成，有其無限性，而海氏的「此在」、「世界」、「時間」等等，都屬有限性的，因此「此在」才有「死亡」等「憂思」，禪者則愉悅喜樂，「無有恐怖，遠離一切顛倒夢想」（《般若波羅密多心經》）。

觀察王維輞川詩的世界，僅僅以海氏的存在世界來看是不足的，我們仍需輔以佛家的世界觀來了解。

佛家最終境界是「無有一法可得」，《金剛經》說：「過去心不可得，未來心不可得。」（一體同觀分第十八）時間的過去、現在、未來，只是心念變易的產物，「如來者，無所從來，亦無所去，故名如來。」（《金剛經．威儀寂靜分第二十九》）在佛理中時間、空間及世界實一合相，不可說的，可說可得的，都是有限的。我們可以說，西方哲學的「存有論」到海德格爾已突破主、客分立的現象，但：「它們依然具有一種客觀性，而且也是目的論的，這意味著這些觀點依然具有某種形式，即不是完全無相的。」[16] 而禪卻是無住的、無相的。此外，海氏所揭示的是一種理論功夫，而禪則爲實踐工夫[17]，二者也不相同。

綜言之，海氏的「世界」說，在佛家充其量只是有情世界

16）阿部正雄《禪與西方思想》頁 127，桂冠 1992 年版。

17）項退結〈海德格眼中的死亡與屬己自我〉，《哲學與文化》月刊 6 卷 4 期。

與器世間，佛家的世界則爲華藏世界，是淨土宗所謂十八種圓滿報土，是華嚴經十說的毘盧遮那如來淨土。[18]《華嚴經》云：「二十佛剎微塵數。世界圍繞，純一清淨，佛號法界淨光明。」又云：「二十佛剎微塵數世界圍繞，純一清淨。佛號大變化光明網。」……「此一一世界中，一切世界，依種種莊嚴，遞相接連，成世界網。於華藏莊嚴世界海，種種差別，周遍建立。」（《大方廣佛華嚴經十》）華嚴淨土是「現象圓融的世界」，現象即本體，本體即現象，一即一切，一切即一，舉一塵而盡宇宙，舉一毫而盡法界[19]，所謂「青青翠竹盡是法身，鬱鬱黃花無非般若。」（《神會語錄殘卷》一三九頁）巧的是王維的輞川，「輞水淪漣，與月上下。」（《王摩詰全集》卷十八〈山中與裴秀才迪書〉）又佈置二十景，一一入詩，如「二十佛剎微塵數世界圍繞，純一清淨。」令人不禁興起禪佛世界的聯想。

三、輞川詩的世界建構

王維號稱「詩佛」，一生寫過不少以禪入詩的作品，但有些禪理詩只涉禪語名理，並非以自然景物展示眞如宇宙，中晚年定居輞川之後的作品才漸漸有「對境無心」，不生是非，不

---

18) 參看《佛經選要》頁 155～228，香港金剛乘學會 1961 年出版。

19) 李世傑〈華嚴的世界觀〉指出「現象世界」「本體世界」「現象本體相即的世界」「現象圓融的世界」等四種世界。見張曼濤主編之現在佛教學術叢刊 33《華嚴思想論集》頁 17～32，大乘文化出版社 1978 年版。

起憂樂，不染塵念的體現。王維早年奉佛，其母師事大照禪師三十餘年，禪宗是他主要學習的內涵，此外也兼修華嚴、淨土。[20]「中歲頗好道，晚家南山陲」（卷三〈終南別業〉）之後，大自然景物在他的詩中處處流露出許多似有若無的禪光佛影，構織成一處空靈、寂靜的世界。輞川二十景如華藏二十佛剎微塵世界，如佛國淨土般予人無限感悟。

輞川詩的創作時間約於唐玄宗開元中葉到天寶年間[21] 此時王維自宋之問遺族手中購置這份別業，重加修葺，作為母親崔氏持戒安禪的居所，「新家孟城口」（〈孟城坳〉）二十景中的孟城坳便是王維的新家所在，由時間的今昔，空間的遷移，與人事新舊的代謝，輞川二十景因而織入存在的許多思考與王

20） 王維濡染的佛學以南北禪為主，請參見筆者〈論王維宦隱與大乘般若空性的關係〉一文，收於《唐代詩歌與禪學》頁 73，東大圖書公司 1997 年版。也有認為王維受華嚴宗影響者，如陳允吉〈王維與華嚴宗詩僧道光〉一文，收於《唐音佛教辯思錄》頁 39，上海古籍出版社 1988 年版。至於淨土思想，或從卷 20〈西方變畫讚並序〉、〈給事中竇紹為亡弟故駙馬都尉于孝義寺浮圖畫西方阿彌陀變讚並序〉等知其略有關涉。

21） 陳允吉〈王維輞川集之孟城坳〉佛理發微認為輞川別業的購置不晚於唐玄宗開元中葉。見《王維研究》第 2 輯，頁 48，三秦出版社 1996 年版。但葉淑麗取張清華《詩佛王摩詰傳》之說，認為輞川別業於天寶三年開始營造。見氏著〈王維輞川集詩的禪趣〉，《嘉南學報》22 期。羅宗濤〈輞川集中王維、裴迪詩作異同之探討〉一文則認為必在安史亂前。約為天寶八、九年間。見 1996 年《中國文學史暨文學批評學術研討會》會議論文。本文綜採陳、羅二人之說，但如以藍田、輞川別業實一的角度為論，則當為開元中葉。

維得自於禪佛的獨特視野。表面的輞川山水實含融著王維對無常、無我、生滅世界的觀照。

㈠ 人之居也如詩

德國詩人賀德齡(Holderlin)嘗言:「人之居也如詩」(poetically man dwells)經由「詩一言說一探尋人類存在的本質」,這也正是海德格爾對「此在」闡說的方式。換句話說,人「居」於世界這個本質是可以透過詩而得到彰顯。海德格爾說:

> 「居(dwelling)」實為「寓」(to dwell)於天地之中,是人「在世存有」(being-in-the-wold)的實存本然性開顯。[22]「詩」的「語言」「召喚」出天、地、人、神四方聚集與自身的事物,使「此在」開顯成一統一的四重整體,這便是「世界」。

王維輞川詩以〈孟城坳〉爲第一首,這是王維結「居」的地方,詩云:

> 新家孟城口,古木餘衰柳,來者復為誰。空悲昔人有。

此中的「誰」(人)、「家」(居),正是「存在」的思考。王維借結廬孟城口,來認識「此在」的世界。物有古木、衰

---

22) Heidegger, 1971, Poetry, Language, Thought, Harper & Row Pubishers, P211~229 參看成窮等譯《海德格爾詩學文集》頁 135~150。華中師範大學出版社 1992 年版。

柳，人有昔人、來者，新與舊，今與昔的時間變動與人事代謝中，生命「居」於何處呢？此生命又是誰呢？

關於此詩，前人評述頗多，如明高棅《唐詩品匯》卷三十九引南宋劉辰翁評曰：「如此俯仰曠達不可得。」胡震亨《唐音癸籤》云：「非爲昔人悲，悲後人誰居此耳。總達者之言。」俞陛雲《詩境淺說續編》云：「孟城新宅，僅餘古柳，今雖暫爲己有，而人事變遷，片壤終歸來者。後之視今，猶今之視昔，摩詰誠能作達矣。」前人對此詩的評述多著一「達」字，顯然從魏晉美學的角度而來。其中徐增與沈德潛的說解較爲詳細。徐增《唐詩解讀》卷三云：

> 此達者之解。我新移家於孟城坳，前乎我，已有家於此者矣，池亭臺榭，必極一時之勝。今古木之外，惟餘衰柳幾株。吾安得保我身後，古木衰柳，尚有餘焉者否也。後我來者，不知為誰？後之視今，亦猶吾之視昔，空悲昔人所有而已。

沈德潛《唐詩別裁》卷十九則云：

> 言後我而來不知何人，又何必悲昔人之所有也。達人每作是想。

這些說法旨在體現達人境界，用莊子來解釋王維詩，但充其量只傳達了如海德格爾「存有」的體驗而已，忽略了「空悲」二字可能有更深的內蘊。王漁洋《蠶尾續文》曾說：「王裴輞川絕句，字字入禪。」即使表面不著一字，其實深通禪理。在其曠達的人生視域及存有世界的開拓之外，其實有超越存有的指向——即佛家之「空」。換句話說，王維此詩如以海氏的「世界」來作爲說明的憑藉，則王維已然超出海氏的「世界」界說而朝向融合「非世界」的探索。這是佛家「空」觀下不離眞俗二諦的引領。雖然我們不能論定王維是否達究竟空寂，但此詩中超離人居於世的「新家」內蘊就在「空悲」二字。我們可以從此詩看到其語言意涵滲透的方向：

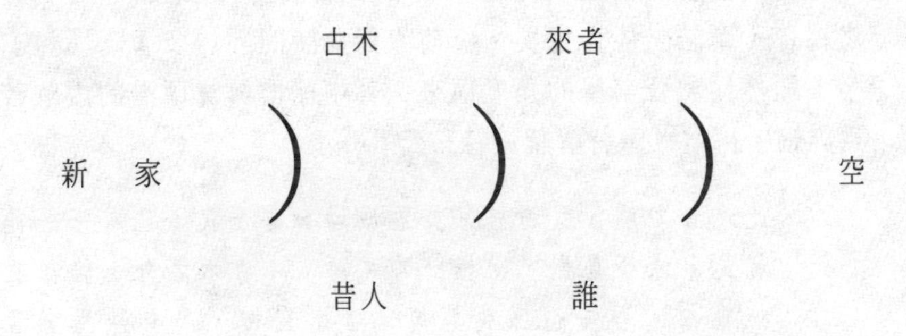

「此在」之悲，王維已知其「空」，而「新家」也朝向「空」的境地。王福耀選注王維此詩時曾注意到這個「空」字，他說：「(王維)這個悲是『空』的。」[23] 在因緣流轉的世間，王維深知「諸法無我」(三法印)，誰才是此間眞正的主人呢？所悲又具有什麼意義呢！

結「居」是現象學對生命存有思考的重心。Being in the world，人就是這樣生存於世界中，但王維早有反向思考，其〈戲贈張五諲之二〉云：

---

23) 王福耀《王維詩選》頁 4，遠流出版社 1988 年版。

秋風自蕭索，五柳高且疏。望此去人世，渡水向吾廬。

他曾經有「去人世」的反向探索，如今重新結宇，以輞川別業作爲新家，是否意味著他對「世界」與「非世界」的體驗有著更圓融的融合？輞川詩中的〈文杏館〉也傳達其如詩般的棲居：

文杏裁為梁，香茅結為宇，不知棟裏雲，去作人間雨。

以輞川的環境來看，這首詩居第三處，從「孟城坳」一路往上，經過「華子岡」，至此應爲山巔。李瑛《詩法易簡錄》云：「玩詩意，館應在山之最高處。…山上之雲自棟間出而降雨，而猶不知，則所居在山上之絕頂可知。」然而在細味詩旨，「文杏」「香茅」所結的廬舍，除了物質世界外，亦應統合著作者精神存在的領域，在文杏尊貴厚實的棟樑與瓊茅香味之中的世界，不正是王維〈過香積寺〉：「不知香積寺，數里入雲峰」中所曾經想望、追尋過的境地？而「棟裏雲」正是「此在」，王維入此世界，又思其出，於是「棟裏雲」化作「人間雨」，在這出與入的變化中，不能染有意念思量，刻意作爲，因而著「不知」二字。他應用高度的視覺與味覺之綜合(Synaesthesia)所形成的意象，不著痕跡地將「物質空間」(material continuum)變成「想像空間」(mental continuum)[24]，成其生命安頓的處所，其中有他的現實世界，也有他的理想世

24) 見陸潤棠〈從電影手法角度分析王維的自然詩〉，收於《中西比較文學論集》頁157。時報文化1980年版。

界。「此在」出入於「世界」與「非世界」中，一步步邁向佛教色空辯證的道路上。

前言中我曾指出王維輞川別業實如佛陀「鹿苑」，如果從其如詩地栖居上來看，在世界與非世界的辯證中的王維，也正是在禪修中體驗空寂萬有的王維，輞川閑居正是王維禪修生活的顯現。前引《舊唐書》載王維：「得宋之問藍田別墅在輞口，輞水周于舍下。……退朝之後，焚香獨坐，以禪誦爲事。」（〈王維本傳〉）日人入谷仙介曾據此結論輞川是王維信仰生活和藝術生活的根據地，他認爲王維在此田園山中「習靜」，過坐禪修行的生活，也是王維入聖域的努力場所。因此，他透過〈積雨輞川莊作〉、〈輞川別業〉和〈輞川閑居〉（卷四）等詩中的「習靜」「清齋」「白鷺」「白鳥」等等意象，認爲這些「語言」暗示著輞川自然環境與超自然世界的關係[25]。王維於輞川結「居」其世界也就昭然可知。

㈡ 憂懼心境的考驗

以禪修的角度來說，王維輞川詩所證境界如何，筆者無從定論，但以純粹經驗美學來說，輞川詩是「未經改造的自然或現象：沒有一點概念化的痕跡」，葉維廉說：「這種心境很像入定似的意識。」[26] 因此輞川二十首絕少有王維個人的喜怒哀樂。但王維畢竟是人，不可避免地仍留存著些如海德格爾所說

---

25) 見入谷仙介《王維研究》頁 589～590。日本・創文社昭和 56 年 2 版。

26) 見葉維廉〈王維與純粹經驗美學〉，《純文學》10 卷 3 期。

的「憂思」心境（Angst，或譯作憂懼），這也是「此在」（人）之顯現。袁保新曾詮釋海氏這種憂懼心境說的意涵：「唯有在憂懼心境中，此有之存在結構才能在整體的方式中呈現。」「一切了悟都伴隨著這一種心境。……在憂懼中，此有發現自己正面對著他存在底可能的不可能性——無（the nothing of the possible impossibility of the existence）」，這也就是「朝向死亡的存有本質上就是憂懼。」[27] 這種憂懼是存在的體驗中必然的。也正是前人「長恨此身非我有」，「此身雖在堪驚」之類的「恨」與「驚」。輞川詩之二〈華子岡〉一首，便傳達了這種心境：

飛鳥去不窮，連山復秋色，上下華子岡，惆悵情何極。

輞川二十首多純寫自然，不著情語，但此詩中尚留有「惆悵情何極」，惆悵者何？明顧起經註王維此詩「蕭然更欲無言」[28]，顯然王維此詩已點染出生命存在的某些難言的感受，這感受便是「憂思」（Angst）。鳥去不窮，生命隨因緣流轉，也是「去不窮」的，正是海氏所謂「朝向死亡的存有」，這樣的存在，我們並不明白生何以來，死何以去？正如 Hamlet 說的："to be or not to be"，這份迷惑、焦慮，形成的「惆悵」，正與「上下」華子岡的動作作了很好的對應。劉拜山《千首唐絕句》評解說：「『上下』字與『惆悵』字對應。如見其人徘徊於秋山

27) 見袁保新〈憂懼心境在海德格基本存有學中的地位〉《鵝湖》月刊 2 卷 7、8 期。

28) 明顧起經注《類箋王右丞全集》頁 717。學生書局 1970 年版。

暮色中也。」[29]

據海氏對憂思的解說，以「死亡」爲最根本，但生活中仍有大小不同的憂思，足以突顯「此在」。因此讀王維此詩，除了「朝向死亡的存有著」，這層根本的惆悵外，惆悵的現實性也有人作其他的聯想。例如日人原田憲雄認爲：「往昔登臨，曾有母親妻子攙扶，如今其人已去，『不窮』和『何極』首尾照應，籠罩在一片綿綿不盡的追慕之情中」[30]。羅宗濤評賞輞川詩時也曾表示：「在這揮別沈浸已久習染已深的塵世的時候，他的心情是複雜的，這種心情名之曰『惆悵』」[31]。不管爲複雜的塵俗而憂，或爲親人死去不返而憂，要把王維「惆悵」二字作現實事物指涉，其實相當困難，只有海氏指出的，面對生命根本存在所產生的憂懼心境最能恰切涵融。

輞川二十首中，〈欒家瀨〉一首也有較明顯的「憂懼心境」：

颯颯秋雨中，淺淺石溜瀉，跳波自相濺，白鷺驚復下。

這首詩可以純作自然寫景詩讀，如俞陛雲《詩境淺說續編》云：「秋雨與石溜相雜而下，驚起瀨邊棲鷺，迴翔少頃，旋復下集，惟臨水靜觀者，能寫出水禽之性也。」[32] 但在主客不

29) 見《千首唐人絕句》頁 111，上海古籍出版社 1985 年版。

30) 原田憲雄《王維》頁 311，日本集英社昭和 54 年版。

31) 羅宗濤〈輞川集中王維、裴迪詩作異同之探討〉發表於 1996 年 12 月《中國文學史暨文學批評學術研討會》。

32) 轉引自《千首唐人絕句》頁 115。

二，「物我相即相融」[33] 的「世界」之中，白鷺之存在，正是詩人之存在。因此白鷺之「驚」，也是詩人之「驚」。在颯颯秋雨中，任石上湍瀨急流沖激，跳波相濺，難免有危疑不安之「驚」。因爲現實生命是「有相」的，自不能圓滿，有其矛盾與衝突，而理想生命是「無相」的，能使「坎埳」復位[34]，得到圓滿寂靜。在白鷺之「驚」與「復下」的動作中，對生命存在的本質已有眞實的詮釋。

輞川詩多屬沖淡寧和，少有此「憂懼」心境的展現，即使只此一、二，也已傳達「此在」在「世界之中」的深味。而王維皈依於禪佛的修養，使他能從此「憂懼」之驚中，很快回復本位，以有限之憂寄於無限的理想世界中。

㈢ 時間與空間的體察

輞川詩中充滿時間與空間的體察，不管從現象學的「世界觀」或從佛學「三世」與「三千大世界」來看，都有深刻的滋味。

先以現象存有的世界來說。「世界是在時間與空間之中的」[35]，此世界(world)是人（此在）的世界，人不僅在軀體

---

33) 王國瓔《中國山水詩研究》指出王維詩能捕捉刹那間的自然現象，「也就是與物俱化，物我相即相融的體現。」頁 408，聯經出版社 1986 年版。

34) 見陶國璋《生命坎埳與現象世界》頁 5，陶氏透過現象學解釋生命存有的「坎埳」本質，並以中國傳統儒、道、釋思想之「無相境界」作爲生命復位之資。香港・中華書局 1995 年版。

35) 麥卡利原著，師仁譯〈存在與世界〉，《鵝湖》2 卷 5～12 期。

上，在精神上都佔有一定的「處所」(place)。在現象存有中，空間佔有的意義已包括在時間中。這也是海氏以《存在與時間》爲論的重心，「存在主義的時間被視作空間之三種向度之外的第四向度」，海氏更進一步解釋其「過去」「現在」「未來」互相含攝的時間性，他說：「『已是』的特徵是由『朝……來』而生，而且這『在已是中的朝……來』由其自身釋放出『使……在』來，這不可分的『在已是過去，且使……在（現在）的朝……來（未來）』的現象，我們名之爲時間性」[36]，對於「此在」的完全體驗必須透過「已是」「使……在」「朝……來」整體的體察才能了悟。換句話說，自己本身的存在意識需透過空間的「去一遠」(removing distances, Entfernung)，及帶到近旁（bring-close）的各種活動來確定[37]，也需透過每一個「不復存在的現在」（過去）或「尙未存在的現在」（未來）及現在的瞬時和綿延之間來確定。在現象學的角度裡，詩人的存在意識是透過時間性而彰顯，至於空間，在此也成爲「時間性」的情境(situation)。王建元論〈現象學的時間觀與中國山水詩〉曾說：

> 詩人將其空間經驗視為一個「情況」(situation)，其基本結構深植於時間之中。這種將重心從空間轉移到時間，

---

36) 見羅秉祥〈從「存有與時間」一書中看「時間」在海德格思想體系中所扮演之角色〉，《哲學與文化》第5卷7期。

37) 海德格《存有與時間》第 104～105 頁。見美・Joseph J. kockelmans "Heidegger's" "Being and Time"譯本，頁 151。上海商務印書館 1996 年版。

> 在詩作中大致有兩種現象：其一是具體時間意象的直接呈現，其二是時間意象退隱為詩中一種內在的時間性，是一種蘊藏在詩人的「意旨」(intentionality)，甚至身體行動(bodily motility)的綜合時間性。[38]

這種綜合的時間性，是詩人「此在」(Dasein)認知的基本結構，「我」是一「曾經一現今的我」，他以一回歸而又未來的方式存在。其中的「先」與「後」環環相生，無窮無盡。輞川二十首充滿這種時空遷移，流轉變化的虛實趣味。例如〈南垞〉：

> 輕舟南垞去，北垞淼難即，隔浦望人家，遙遙不相識。

南垞在空間上與北垞正好以輞口爲中心，成爲南北相反的兩個方向[39]，詩人以「去一遠」「近一即」的變化方式，在一去一即之間體驗「此在」存在的世界。時間上形成「現在」的淼難即與遙遠不相識的感受，每一個「現在」頓時成爲「過去」之遙與「未來」之淼的綜合性時間。這當下的存在體驗是眞純的，「此在」並不陷入人爲分割的過去、現在與未來的片斷世界，而得以整全的體驗到自己的生命。[40]

---

38) 收入鄭樹森編《現象學與文化批評》頁 175。東大圖書 1984 年版。

39) 見顧起經《類箋王右丞全集》頁 721，顧註云：「以輞口方隅所在名之。」

40) 現象學的存在體驗只「能通過一部份或片斷的方式來把握整體世界的奧祕，可是，信仰卻衝破了部份的或片段的，由此將信仰及皈依置於此奧祕本身之上。」見約翰 · 麥卡利〈存在與世界〉一文，《鵝湖》

王維是非常善於以時間、空間綜合性的方式來呈現世界。輞川詩中如前述〈孟城坳〉中的「新家—古木」「來者—昔人」，〈華子岡〉的「上下」，〈文杏館〉的「棟裏雲—人間雨」都是這種手法。再如〈斤竹嶺〉：

檀欒映空曲，青翠漾漣漪，暗入商山路，樵人不可知。

此詩中以「空曲」爲現在的時間與空間，詩人卻指向「商山路」之暗，在這幽秘的道路上，空間與時間頓時陷入無性，呈現「不可知」的狀態，造成與〈南垞〉相似的遙淼難即的情境，暗示著王維突破「此在」的有現世界，極力渡向更深邃的領域。這種無性，我姑且名之爲「不知此在」，其語言與美感我將在下節加以討論。但至此，我們瞭解王維對時間與空間的觀照不是體驗此有的存在而已，而是有禪佛超時空世界的引領。

在佛教圓融的世界裏，宇宙空寂而萬有，時間上無始終，空間上無際涯，諸法不能孤立獨存，互相之間相即相入，萬有一體。由空間上來看，一切現象同時同處，具足相應。現象世界有大小遠近之別的空間，在華藏世界則事事無礙，小能容大，廣狹相即。時間也一樣，時間的差別只是主觀的形式而已，《華嚴經・不思議法品》云：「一微塵中普現三世諸佛之事。」過去之中能容現在未來，現在之中能容過去未來，……，一剎那中能容永遠，所謂「一夕之夢，翱翔百年」

月刊2卷8期。

「一尺之鏡，見千里影」即此。[41] 這也就是華藏世界裏的超時空性。只有三界之內的存在生命才受此時空變異之苦。王維詩透過時間、空間變異下映顯出來的生命，正是他努力超越時間限制的痕跡。因此，他在〈孟城坳〉中很自覺地指出悲之「空」，在〈華子岡〉中提出鳥飛之「不窮」，在〈斤竹嶺〉〈木蘭柴〉〈南垞〉中寫到「不可知」「無所處」「不相識」。〈漆園〉中的莊子形象「非傲吏」，只是「偶寄一微官」而已。生命寄於一世只是偶然，只是暫寄而已，他應有他最終的趣向，箇中的出離感是相當強烈的，這也正是王維源於禪佛影響的世界觀。換句話說，在時間與空間的體察下，輞川詩一方面展現「此在」的世界生滅變異，一方面也保有一份超離有限生滅世界的引領。

(四) 色空世界的辯證

基本上王維受禪學的影響極深，「空寂」是他努力以趣的境界[42]，儘以現象學的觀念來觀察其「居」「憂懼」「時間」「空間」等尺標是不足的，輞川詩中尚有許多好詩，只有透過佛家色空辯證的角度才能欣賞到箇中滋味。

原始佛教三法印所謂「諸行無常」「諸法無我」「涅槃寂靜」，即已展開色空世界的精義，色塵世界中諸事物，必定要

---

41) 見李世傑〈華嚴的世界觀〉一文，同註 19。

42) 有關王維與禪的關係，請參考筆者〈論王維宦隱與大乘般若空性的關係〉一文，收於《唐代詩歌與禪學》頁 73，東大圖書公司，1997 年版。

經歷成、住、壞、空，剎那生滅的現象，一切均「如夢如幻如電如露」（《金剛經》偈）沒有眞我在其中，禪者均明白其爲幻心妄影之苦，只有涅槃寂靜才能眞正達到清涼、安樂。十二分教不論般若經、華嚴經都以這種色空辯證爲基礎，禪宗所謂「畢竟空」也是如此。

色塵世界是因緣生，因緣滅，「因緣所生法，我說即是空，亦爲是假名，亦是中道義。未曾有一法，不從因緣生，是故一切法，無不是空者。」（《中論．觀四諦品二十四》）王維在輞川詩中也充滿慧眼觀照下的色空對照，譬如〈文杏館〉之「文杏一梁」「香茅一宇」「棟裏雲一人間雨」，即是色塵世界物質變化的無常性。文杏異樹在因緣和合下被裁製成棟梁，香茅被結成屋宇，棟裏的雲化作世間的雨等等，就其物質的本質而言是一，但情境樣態卻已早經變化。〈茱萸沜〉同樣也寫出對色塵變異的觀察，詩云：

結實紅且綠，復如花更開，山中儻留客，置此茱萸杯。

據原田憲雄所考：「茱萸。……木高丈餘，皮青綠色。葉似椿而闊厚，紫色。三月開紅紫細花，七月八月結實似椒子。」[43] 王維寫茱萸花從「結實」（三月）到「花開」（七八月）到「茱萸杯」，冷眼看盡自然草木的生、住、異、滅。〈辛夷塢〉一首更是顯出如此的剎那生滅：

木末芙蓉花，山中發紅萼，澗户寂無人，紛紛開且落。

43）同註 30，頁 317。

這首詩中，芙蓉花曾「紅萼」燦發，詩人卻在瞬間從其「開」寫到「落」。時間在王維這些作品中似乎已不分三月或七八月，也不分朝夕春秋，彷彿只一剎那，這些草木卻已然瞬息萬變，歷剎那千劫。英國詩人布萊克說：「一沙一世界，一花一天堂」，王維早已在輞川詩中的草木，寄寓著「諸行無常」「諸法無我」的道理。

觀照色塵的變動除了看物質性的變異外，六塵中色、聲、香、味、觸法，都是絕佳材料，王維也早已剪裁入詩，譬如〈鹿柴〉一詩寫聲音、光影，〈木蘭柴〉一詩寫顏色，都有佳妙。〈鹿柴〉云：

> 空山不見人，但聞人語響，反景入深林，復照青苔上。

此詩從「空」入手，空山「無」人，卻「有」人語，深林「無」日光，卻「有」反影復照，都有極深的趣味。唐汝詢《唐詩解》云：「『空山不見人，但聞人語響』，幽中之喧也。如此變化，方入三昧法門。」李瑛《詩法易簡錄》云：「寫空山不從無聲無色處寫，偏從有聲有色處寫，而愈見其空。」[44] 這正是王維善用色空辯證的例子。本來本體空寂不離現象之喧，以耳根來說，王維曾說：「耳非住聲之地，聲無染耳之跡。」（卷十八〈與魏居士書〉）聲塵與耳根之間的細微體會，王維早已從禪佛得到深刻啓悟。色塵的陰蔭與光影也是如此，眼耳都是觀照的憑藉，只有從六根與六塵的對應加以觀照，方能細密覺知其中的喧寂或深碧、淺綠之素采。〈木蘭柴〉詩云：

---

44) 同註 29，頁 113。

秋山斂餘照，飛鳥逐前侶，彩翠時分明，夕嵐無處所。

鍾惺《唐詩歸》云：「此首殊勝諸詠，物論恐不然。」[45] 這首詩寫霎時所見，備極變幻，秋山殘照將斂那一刹那，山色瞬息萬變，光影、彩翠、山嵐，一片無以言說之境，因此鍾惺才說「物論恐不然」，在色塵世界精微的幻化中，不僅俗人眼不能見，即使如王維之能見，殆半也言語不能傳，只有高妙的詩人才能以有限寓無限，在刹那間寫永恆，展現色空世界的無盡藏。而此詩末句之「夕嵐無處所」更難以言詮，羅宗濤曾藉《金剛經》：「應無所住而生其心」[46] 來證此詩，正得其妙。

輞川二十首，處處是色空辯證下的世界，〈欹湖〉的「湖上一迴首，青山卷白雲」，〈欒家瀨〉的「白鷺驚復下」，〈北垞〉的「逶迤南川水，明滅青林端」都是藉生滅變化之「色」來詮釋「空」。人住於世其實不曾眞正居「住」，不曾實有，因爲此世界因緣生滅，非永恆之地。因此王維在〈柳浪〉中揭示「無住」的眞諦，他說：

分行接綺樹，倒影入清漪，不學御溝上，春風傷別離。

柳樹「住」於岸邊，分行綺麗，其影「住」於湖上，清漪動人，究竟那一邊最美最眞？岸上與湖面何爲眞實？如果執實就難免爲御溝之柳，灞橋傷別，詩人知道這顛倒的色與空全屬虛妄，因此說：「不學御溝上，春風傷別離。」這也是輞川二十

45) 同上 31，頁 114。

46) 同註 31。

首中，少有「存在」的「憂懼」，而多了一份清明與禪悅之因。

四、「不知此在」的語言與美感

輞川諸詩中王維引領我們通向「空寂」的體會，但其究竟滋味仍是如人飲水，很難言說。前代詩評家對王維輞川諸詩有極高的評價，如黃叔燦《唐詩箋注》云：「輞川諸詩皆妙絕天成，不涉色相。」胡應麟《詩藪》云：「右丞輞川諸作，卻是自出機軸，名言兩忘，色相具泯。」[47] 這些說法都用了佛教「色」與「空」的術語，而且一致肯定王維已離色去空（「不涉色相」「色相具泯」，筆者程度有限，不能知道王維趣空的境界如何，但可以肯定的是，他已突破了現象世界的困限，如上節所言「此在」之外，他不斷揭示「不知」「不可知」「不相識」「無處所」等「不知此在」的另一世界。正如藥山惟儼禪師所云：

> 老僧三十年前參禪時，見山是山，見水是水；及至後來親見知識，有箇入處，見山不是山，見水不是水；而今得箇體歇處，依然是見山只是山，見水只是水。（《傳燈錄》）

王維在山水中應已「有箇入處」，因此，他能入山水、出山水，在語言與美感上均有上乘的表現。葉維廉認爲山水美感意識中「感悟」與「外物」之間有三階段，其最高妙的第三階段

---

47) 同註 29，頁 117、118。

是「即物即眞」「摒棄語言和心智活動而歸回本樣的物象」，他認爲王維的詩「景物自然興發與演出，作者不以主觀的情緒或知性的邏輯介入去擾亂眼前景物內在生命的生長與變化的姿態。」[48] 葉氏這段話，已對王維在詩語言運用及美感捕捉上的成就作了貼切的說明。近人李淼曾用禪宗的視野指出王維山水詩中「大多見不到人，更沒有情語、俚語的些微跡痕」，是「自然本眞的呈現」，顯然詩人「用心若鏡，應而不藏。」[49] 問題是禪主張「說是一物即不中」，空寂之美如何言詮？王維的語言運用爲何能如明鏡般寫照自然山水的純然本眞，使它看來「沒有明確的情理意蘊，又不是沒有意蘊」（借李淼之語）？

海德格爾在〈賀德齡與詩之本質〉與〈詩、語言與思想〉中分別提到「語言」的意義，但他的「語言」不是指日常言說的工具，而是特指「詩」，他認爲「思想的聲音一定是詩性的，因爲詩是眞理的言說」[50]「詩人擁有最珍貴的語言，能脫離概念的假象，把原眞的事物重現」。[51] 至於如何達到脫離概念假象重現事物原眞，海氏並未提出。現象學文學批評的學者王建元曾指出：「山水詩應是一種表達『空間經驗』的藝術形式……中國山水詩的空間歷程，其藝術形式爲一獨特的『時間

48) 見葉維廉〈中國古典和英美詩中山水美感意識的演變〉收於《飲之太和》頁 128。時報文化 1980 年版。

49) 見李淼《禪宗與中國古代詩歌藝術》頁 142。麗文文化公司，1993 年版。

50) 見《海德格爾詩學論文集》頁 309，華中師範大學 1992 年版。

51) 葉維廉〈道家美學．山水詩．海德格〉參考鄭樹森《現象學與文學批評》頁 168～170，東大圖書公司 1984 年版。

化』(temporalization)的程序。藉此『時間化』的程序，詩人獲得其知識論與本體論的根據，從而臻致一種超越性的(transcendental)美感經驗」[52] 換句話說，王建元認爲中國山水詩的美感傳達來自於把空間時間化，如果這是詩語言的技巧的話，那麼我們在上節「時間與空間的體察」中已有所詮釋。

我認爲王維在表現山水本眞的空寂之美方面，有其得自禪宗的語言表達方式，使他能如司空圖所謂「不著一字，盡得風流」，嚴羽所謂「羚羊掛角，無跡可求」一般，表達出東坡所謂「空山無人，水流花開」的神韻[53] 。

禪的境界不是知識論，因此語言必須是「非分析性」「非邏輯性」的[54] ，一方面要「不立文字」，一方面又「不離文字」[55] ，使文字可以展現出「空寂」之美中的神妙、深邃、自由與萬有的生機。六祖在這方面有極佳的提示。《六祖壇經．付囑品第十》曾指出「三十六對法」，包括：「無情五對」

---

52) 王建元〈現象學的時間觀與中國山水詩〉，同上書頁 172。

53) 以上詩話分別見司空圖《二十四詩品》、嚴羽《滄浪詩話》等，但這些語言已反覆爲歷代詩評家取用，本文轉引自沈德潛《說詩晬語》卷下。

54) 見周裕鍇《中國禪宗與詩歌》，頁 302～314。上海人民出版社 1992 年版。

55) 佛教經典中有許多「不立文字」的主張，如《大方廣寶篋經》卷上云：「不著文字、不執文字。」《維摩詰經．入不二法門品》云：「無有文字語言，是入不二法門」等，但三藏教乘之法仍多載於經籍、燈錄之中，因此破文字之執，轉文字之用，便是其中巧妙處，李淼《禪宗與中國古代詩歌藝術》頁 19～26 對此有一番辯證。

「法相語言十二對」「自性起用十九對」，其中盡賅天地自然、萬法微塵之一切相對矛盾的概念與名相，六祖本身說法也善用這種「對比映襯」及「譬喻象徵」的方式[56]，對法顯出色空辯證，是針對世界之矛盾的根本呈現，譬喻象徵則對語言無法言說之境的「現量」或「比量」呈現。王維輞川詩就充分運用這種手法。

先以對法來說，輞川詩中從起始的〈孟城坳〉〈華子岡〉〈文杏館〉等，就已運用時間的各種相對性來表達。有些詩如〈斤竹嶺〉、〈鹿柴〉等則運用素彩靜喧的對比。我們可以將二十首中的對比表列如下：

詩	語言
〈孟城坳〉	「新一古」「來者一昔」
〈華子岡〉	「上一下」
〈文杏館〉	「棟裏一人間」
〈斤竹嶺〉	「清翠一暗」
〈鹿柴〉	「不見人一但聞人語」
〈木蘭柴〉	「斂餘照一彩翠分明」
〈茱萸沜〉	「結實一復如花開」
〈南垞〉	「南垞一北垞」
〈柳浪〉	「分行一倒影」
〈金屑泉〉	「少一千餘歲」

56） 詳見筆者〈《六祖壇經》的語言藝術與思考方法〉一文，元智大學《人文與管理學報》1卷1期。

〈白石灘〉	「東一西」
〈北垞〉	「湖水北—南川水」
〈辛夷塢〉	「開—落」
〈漆園〉	「官吏—闕經事務」

其他如〈竹里館〉〈欒家瀨〉雖無名相上的對比，但其實有動靜、幽喧、常與變的情境對比，在色與空的對照下，此世間本來就是矛盾相對的，這也正是六祖以三十六對法付囑門人的原因。王維詩本已充滿色空的辯證，因此自然會巧妙運用對比的語言來傳達箇中深味。

至於譬喻象徵，是詩語中常見的，是否必然源於禪說恐怕較難定論。近人研究王維詩也有此推敲，可以聊備一說。譬如葛兆光〈禪意的雲〉一文以爲「雲」的意象禪意化，正是南宗的澹泊無心取代北宗住心觀淨的結果[57]，周裕鍇便引來說王維詩中的「白雲」[58]。輞川詩中有「棟裏雲」（〈文杏館〉）和「山青卷白雲」（〈欹湖〉），筆者認爲不一定非要指陳其是否有象徵意不可。再如入谷仙介的《王維研究》用「白鳥」來象徵「與他界溝通的使者」，因此〈積雨輞川莊作〉中的「漠漠水田飛白鷺」、〈華子岡〉中的「飛鳥去不窮」、〈欒家瀨〉中的「白鷺驚復下」全成了王維與他界溝通的象徵[59]，這種說法恐怕有過度牽強之嫌，不如視

57）見《文學遺產》1990年第3期。

58）同註54，頁66。

59）入谷仙介《王維研究》頁589～616。日本創文社昭和56年2版。

爲山水景物自然呈現來得有味。

《心經》說：「色不異空，空不異色，色即是空，空即是色。」不論王維在語言上用對法、象徵法或空間時間等方式，主要的內蘊全來自於他對「空寂」的體認過程，因此輞川詩表現出「空寂」的美感，此空寂並非死寂或冷寂，而是活潑萬有、空靈自足的[60]，因此輞川詩中才不斷出現「空悲昔人有」（〈孟城坳〉）「檀欒映空曲」（〈斤竹嶺〉）「空山不見人」（〈鹿柴〉）等「空」字與「幽篁」「不窮」「何極」「不見人」「不可知」「無處所」「不相識」「寂無人」等語言相應成趣，予人從「此在」到「不知此在」，從「世界」到「非世界」的深層體會。清趙殿成評王維詩云：「右丞通於禪理，故語無背觸，甜徹中邊，空外之音也，水中之影也，香之於沉實也，果之於木瓜也，酒之於杜康也，使人索之於離即之間，驟欲去之而不可得。」[61] 此誠的評！

五、結　論

杜甫在〈解悶〉詩中曾稱王維爲「高人王右丞」，王維的族兄王昌齡、親弟王縉對王維也有一番相知的語言。王昌齡說他「人間出世心」，王縉說他「問義天人接，無心世界間」[62]，

---

60) 關於「空寂」之美請參看筆者〈從禪悟的角度看王維自然詩中空寂的美感經驗〉一文。收於《唐代詩歌與禪學》東大圖書公司 1997 年版。此外，邱瑞祥〈試論輞川集中的佛家色彩〉一文也有此說，見《王維研究》第 2 輯，頁 68～69。三秦出版社 1996 年版。

61) 見趙殿成《王摩詰全集箋注》頁 7。世界書局 1974 年版。

62) 王昌齡〈同王維集青龍寺曇壁上人兄院五韻〉詩云：「本來清靜所，竹

透過現象學與禪學的比較詮釋，從輞川詩中我們的確可以看出高人的形象，與其出入世界的意涵。輞川詩蘊載著王維在現實世界與超現實世界之間的游移痕跡，展現了禪者修行的生活面貌，本文前言以「輞川鹿苑」爲題，正是此意。我非常同意入谷仙介論輞川的基本看法，他說：「輞川山莊不管在時間或空間上都有向人間世界之外的變化」「時間從現實向非現實移動」「存在空間從有限向無限移動」，他認爲輞川是王維超現實的、平靜的、安寧的世界藍圖，換言之，也就是王維心中的淨土世界。[63] 王維在其母仙逝之後，捨宅爲寺，〈請施莊爲寺表〉中云：「臣亡母博陵縣君崔氏，師事大照禪師，三十餘載。褐衣蔬食，持戒安禪。樂住山林，志求寂靜。臣遂于藍田縣築山居一所。草堂精舍，竹林果園，並是亡親宴坐之餘，經行之所。臣往丈凶畔，當即發心:願爲伽藍，永劫追福。」（卷十七），可見他營構輞川的動機與其最終的目的。這更直接證明了這二十首詩的終極意涵。輞川是王母崔氏宴坐經行之所，同樣也是王維禪修求寂之所，輞川詩自然呈現存在與非存在的省思，這是在純粹的自然山水之外，首先應重視的內涵。

樹引幽陰，檐外含山翠，人間出世心。圓通無有象，聖境不能侵，眞是吾兄法，何妨友弟深，天香自然會，靈異識鐘音。」王縉〈同王昌齡裴迪遊青龍寺曇上人兄院和兄維〉詩云：「林中空寂會，階下終南山，高臥一床上，回看六合間，浮雲幾處滅，飛鳥何時還。問義天人接，無心世界間，誰知大隱者，兄弟自追攀。」二詩見《全唐詩》卷142、129。

63) 同註 59，頁 581～625。

敦煌佛教靈應故事綜論

鄭阿財
（中正大學中文系教授）

一、前 言

功德記、感應記、靈驗記、冥報記等一類作品，乃指向佛、菩薩，祈禱、懺悔；或念佛、誦經、造經、造像之後，出現感通、靈異等神異經驗的記述。六朝以來，此種深富志怪性質的故事與宣揚因果報應的說教合流，促使志怪小說的創作成果更加豐碩，甚至成爲教徒們宣揚宗教的利器。尤其虔誠的佛教徒眾，往往蒐羅有關宣揚教義及奉佛感應的故事，編纂成書，以爲「輔教之書」。如《世說新語》作者劉義慶的《宣驗記》就是較早的一種。其後蔚爲風氣，數量大增，如：朱君台《徵應傳》、王延秀《感應傳》、張演《續觀世音應驗記》、范晏《陰德傳》、王琰《冥祥記》、蕭子良《宣明驗》、陸杲《繫觀世音應驗記》、王曼穎《補續冥祥記》、劉泳《因果記》、顏之推《還冤記》、《集靈記》、釋亡名《驗善知識傳》及釋淨辯《感應傳》……等等均是。

唐代是中國佛教的全盛時期，此類故事作品逐漸發展而成爲唐人小說的另一特色。唐臨(601～661？)的《冥報記》即爲唐代著名的佛教小說。此書撰成於唐高祖永徽三年(653)。據他的自序說：

> 昔晉高士謝敷、尚書令傅亮、太子中書舍人張演、齊司徒從事中郎陸杲，或一時令望，或當代名家，並錄《觀世音應驗記》，及齊竟陵王蕭子良作《冥驗記》、王琰作《冥祥記》，皆所以徵明善惡，勸戒將來，實使聞者，深心感寤。臨既慕其風旨，亦思以勸人，輒聞所錄，集為此記，仍具陳所受及聞見緣由，言不飾文，事與揚曜，庶人見者能留意焉。[1]

可見此類宣傳佛教信仰的故事作品種類繁多，或以「記」稱，或以「傳」名；內容皆以佛教因果報應思想爲基礎，藉動人的神異故事以宣揚佛教的靈驗，期能誘導世人信奉受持。

由於靈應故事較之義理深奧、思想抽象的經論，更易爲一般庶民所接受。尤其故事情節曲折，內容豐富有趣，深具感染力與說服力；因而自來高僧大德每有留心集錄，如：唐、道世編有《法苑珠林》；道宣編有《集神州三寶感通錄》……等，正是此類作品的結集。

事實上，此類故事自隋唐以來，即普遍流傳於廣大民間，且跟著宗教信仰的傳播隨處孳生。故事內容雖或涉荒誕，然頗有深具文學特色者。就其寫作方法而論，當屬志怪小說之流。宋、李昉編的《太平廣記》，卷三七五至卷三八六「再生」類

---

1) 見唐臨《冥報記》,《大正藏》第 51 卷，頁 787～788。

中即收有「皇甫恂」、「裴齡」、「六合縣丞」、「薛濤」、「鄧成」、「張瑤」、「梁甲」、「楊師操」、「盧弁」、「崔紹」……等佛教靈應故事；宋、洪邁《夷堅志》中亦收錄不少同類的故事，足見感應記實具神怪小說之文學特質。1900 年敦煌莫高窟藏經洞發現大批唐五代寫本文書，其中亦存有爲數可觀的佛教感應故事，由於保存民間實際流傳的原貌，對於考察此類故事在文獻學、文學、佛學與民間信仰等方面的意義，頗具價值。本文擬於個人多年來對此類文獻個別微觀的研究基礎上，嘗試進行全面宏觀的綜合析論，宥於學養，疏漏罣誤之處，千祈 方家不吝賜正。

二、敦煌文獻中的佛教靈應故事

敦煌莫高窟發現的佛教靈應故事寫本，總數約有六、七十件。其中保存的靈應故事，有中原地區流傳至敦煌的，也有敦煌地區所產生的；有見存於佛教史傳感應記的，也有爲現存感應記諸書所未載的。就內容而言，有持誦佛經而感應的，有抄經造經而感應的，有造塔而感應的，有念佛而感應的、有鳴鐘而感應的……等。就主旨而言，有以還魂故事爲主題，鼓吹抄寫《普賢菩薩說此證明經》的感應故事〈黃仕強傳〉；有宣揚抄造《金光明經》的〈懺悔滅罪金光明經傳〉等。就形式而言，有多則抄撮一起的集錄；有抄錄單則零篇的；也有斷簡殘篇而僅存單則的。

茲就本人所普查庋藏在中、英、法、俄、日……等地敦煌文書中的佛教靈應故事條列如下：

(一) 靈應故事的集錄

1.《集神州三寶感通錄》

敦煌寫本計有：S.3728、P.3898 二件。按：《集神州三寶感通錄》原名《東夏二寶感通記》，後稱《集神州塔寺三寶感通錄》，簡稱《三寶感通錄》，三卷。唐麟德元年（664），西明寺沙門道宣撰，全書共收錄故事一百五十則，上自東漢，下至唐初。是現存靈應故事集錄諸書中較爲重要的一種，收入《大正藏》第五十二卷。敦煌寫本 S.3728 卷末「左街僧錄大師押座文」前，題有「《大藏經集神州三寶感應錄》上卷　中南山釋道宣撰」，後接抄「敕天下三十三州內建造舍利塔」等六行，文句與今傳本不盡相同。P.3898，殘存七十行，內容存《集神州三寶感通錄》卷下「孫敬德」至「釋曇韻」等十五則故事。

2.《持誦金剛經靈驗功德記》

敦煌寫本計有：P.2094、P.4025、S.4037、DX0514 等四件。是敦煌寫本中專持一經且內容較長的一種靈驗記集，計收錄十九則南朝蕭梁及隋、唐各代僧俗持誦、抄造《金剛經》而得延年益壽、死而復生、消災免厄的靈驗事蹟。

此外，S.4037 號，還錄有：李慶好畋獵，殺害無數。後卒亡，入冥因持《金剛經》功德而獲遣歸，經三日復生，年八十歲而終的故事。此故事不見於 P.2094 的十九則中。

3.《佛頂心觀世音菩薩救難神驗經》

敦煌寫本計有：P.3236 及 P.3916 二件。按：此爲《佛頂心觀世音菩薩大陀羅尼經》卷下。此卷雖名「經」，然內容則是四則感應故事的集錄。例如第四則是記敘一擬赴任縣令的官人，向泗州普光寺常住借錢，寺主乃命一沙彌隨官人取錢，途中官人欲謀害沙彌，然因彌沙持誦《佛頂心陀羅尼經》功德而得免難，並感化官人持經的故事。這是專爲宣揚鼓吹《佛頂心觀世音菩薩大陀羅尼經》而編的靈應故事。

4.《金剛壇廣大清淨陀羅尼經》感應記（擬題）

敦煌寫本 P.3918 係梵夾本，計抄有《佛說迴向輪經》、《佛說金剛壇廣大清淨陀羅尼經》等。其中《佛說金剛壇廣大清淨陀羅尼經》卷末抄有：大僕卿趙彥賓感夢，得老人指示書寫石經感應徵驗；被棄經夾，半夜放光，致感僧俗諷誦弘持……等幾則宣揚《金剛壇廣大清淨陀羅尼經》的靈應故事。

5.《阿彌陀經》感應記（擬題）

敦煌寫本北 178（秋九十七）號中，有唐、法照《淨土五會念佛誦經觀行儀》的一段文字，後有敘明念誦功德之文字，其中抄錄有廬山珍禪師持誦《阿彌陀經》獲善報等感應故事。

6.侵損常住僧物惡報感應記（擬題）

敦煌寫本 S.5257 號於「勒旨京城諸寺各寫示道俗侵損常住僧物，現報靈驗具列如後」句後，接抄有台州豐縣丞等四則靈應故事，內容均簡述侵損僧物造成死後轉生爲奴婢，或牲畜等。

(二) 單則感應故事

1.《黃仕強傳》

敦煌寫本計有：P.2186、P.2297、P.2136、北 8290（陽二十一）、北 8291（淡五十八）、上海圖書館藏 81253 號、L.2873

－DX 1672 號及日本大谷大學藏卷（大谷瑩誠氏購自李盛鐸）等八件。

《黃仕強傳》主要記敘黃仕強因與名為仕強的屠夫同名以致被冥吏誤抓，因其自報冤屈，得重行勘案。又因發願寫《普賢菩薩說此證明經》而還魂，後得以長壽的靈應故事。此故事抄於《普賢菩薩說此證明經》經首，係專為鼓吹《普賢菩薩說此證明經》而編的靈應故事。

2.懺悔滅罪《金光明經》冥報傳

《金光明經傳》，全稱《懺悔滅罪金光明經傳》，或稱《懺悔滅罪金光明經冥報傳》、《金光明經冥報驗傳記》。今所知見的抄本幾達三十件，分別庋藏於中、英、法、俄、日等地的圖書館及私人收藏。不但有敦煌漢文寫本，同時也有西夏文本。今所得見的敦煌寫卷分別是：題為〈金光明經傳〉的有S.364、S.1963、S.2981、S.3257、S.4984、S.6514、北1360（藏字62）、北1361（日字11）、北1362（為字69）、北1363（成字13）、北1365（昃字61）、北1369（河字66）、北1425（寒字77）；題為〈懺悔滅罪金光明經傳〉的有 S.3257、S.4487、P.2099、P.2203、北1426（玉字55）、北1424（海字69）、S.4155；殘缺無首尾題的有：S.462、S.6035、北1364（列字55）、北1367（生字99）、L.2691（Dx－2325）、L.735（Φ－260a）。

此外，陳寅恪〈懺悔滅罪金光明經冥報傳跋〉曾提及「合肥張氏藏敦煌寫本《金光明經》殘卷卷首有冥報傳載溫州治中張居道入冥事；日本人所藏敦煌寫經亦有之。」另房山雲居寺石經，第八洞唐刻《金光明最勝王經卷第一》正面亦刻有《金光明經懺悔滅罪傳》。北平圖書館亦藏西夏文《金光明經冥報傳》，足見其流行之廣遠。

內容記述張居道因殺生被帶往冥府，冥使示之以懺悔法——寫《金光明經》四卷，張居道因發願，使牲畜得生善道，因而得以復活。還魂後，不復殺生，並努力抄寫《金光明經》，同時大力勸化世人懺悔戒殺、抄寫《金光明經》的故事。敦煌本此一靈應故事皆冠於《金光明經》卷首，係專爲鼓吹《金光明經》而編的靈應故事。

3.〈龍興寺毗沙門天王靈驗記〉

敦煌寫本 S.381 有《龍興寺毗沙門天王靈驗記》一則，內容記述敦煌龍興寺圓滿因誤打毗沙門天王，乃遭天王惡報，後由於至心懺悔，復得毗沙門天王救護的靈應故事。

4.《劉薩訶和尚因緣記》

敦煌寫本計有：P.2680、P.3570、P.3727 等三件。內容敘述劉薩訶和尚早年性好游獵，因殺鹿過多，忽然被鬼使捉至冥間，變爲鹿身遭人射殺，又復爲人身，遍歷地獄。後受觀音菩薩感化，出家爲僧，四處起塔等故事。

5.《還魂記》「道明和尚入冥故事」（擬題）

敦煌寫本 S.3092 號引《還魂記》有「道明和尚入冥故事」，內容記敘唐開元寺道明爲冥吏誤爲龍興寺道明而被拘拿入冥府，因閻羅王見其相貌而疑有誤，使道明得蒙洗雪，並得親眼目睹新樣地藏菩薩尊像，還魂後圖寫丹青，繪列地藏眞容的故事。

6.唐京師大莊嚴寺僧釋智興鳴鐘感應記

敦煌寫本計有：S.381、S.1625 二件。故事記敘唐、道宣的師兄京師大莊嚴寺鐘頭釋智興，戒行精淳，慈悲爲懷，賴其精誠而神通廣大，以鳴鐘功德救護陰間受難眾生的靈應故事。主要宣揚鳴鐘可停毒、息惡、生善心、增正念、除重罪、解脫苦受……等功德。此故事當時即爲道宣載入《續高僧傳》，道世編入《法苑珠林》。

7.《法華經》感應記（擬題）

敦煌寫本 P.3023 抄錄有一則有關持誦《妙法蓮華經》的靈應故事。此故事爲其他有關的《法華經》靈驗記所未見。

8.〈羯諦眞言〉感應記（擬題）

敦煌寫本 P.3142 抄錄有一則唐大曆年間，有女春娘將獻祭於神魅，因誦「羯諦眞言」，得神佛救護，免難消災的靈應故事。此故事陳祚龍擬題爲「白龍廟記」[2]，茲依其內容擬題爲〈羯諦真言〉感應記。

9.懺悔設齋感應記（擬題）

敦煌寫本 S.6036，劉銘恕《敦煌遺書總目索引》〈斯坦因劫經錄〉中擬題作「落番貧女懺悔感應記」。依內容似當擬爲「落番貧女之子懺悔感應記」或「懺悔設齋感應記」較妥。

10.「普勸事佛文」靈應記(擬題)

敦煌寫本 S.2713，內容係咸亨元年揚州僧珍寶遇定光佛，得佛指示免災方法的靈應故事。寫本缺題，茲暫依陳祚龍《新集中世敦煌三寶感通錄》定名爲「普勸事佛文」。

---

2) 見陳祚龍《新集中世敦煌三寶感通錄》，收入《敦煌學海探珠》下，臺灣商務印書館，1977 年 4 月，頁 333～343。

三、敦煌佛教靈應故事的特質

敦煌寫本中所保留下來的佛教靈應故事，雖爲數不少；雖然與集錄靈應故事的專書如道宣的《集神州三寶感通錄》、唐臨的《冥報記》等相較，則無論篇數或篇幅均明顯不如。但敦煌寫本的靈應故事仍有其特質，茲舉其要者略述如下：

㈠ 每多冠經首流通

佛教靈應故事，主要爲念佛、誦經、造經、造像之後，出現感通、靈異等神異經驗的記述。其中有相當多具有專爲鼓吹抄造某經的靈應記，如《法華經》、《觀世音經》、《金剛經》、《金光明經》等。就宣傳目的而言，這些靈應故事理應附經流傳，然後世流傳藏經史傳部、目錄部所收錄隋唐五代的佛教靈應故事，不論是道宣的《集神州三寶感通錄》、《歷代眾經應感興教錄》或唐臨的《冥報記》等，僅集錄故事，而附經流傳均不得見。敦煌寫本所保存的靈應故事，則每見附經流傳，如《黃仕強傳》抄於《普賢菩薩說此證明經》經首；《懺悔滅罪金光明經傳》抄於《金光明經》經首。故事與經文字體相同，視爲一體。

㈡ 中原與敦煌並行

敦煌寫本的靈應故事，主要以中原地區所發生的居多，但同時也有發生於敦煌當地的，如 S.381 號的《龍興寺毗沙門天王靈驗記》，此寫本首題作《龍興寺毗沙門天王靈驗記》，知此靈驗事蹟當發生於「龍興寺」。《佛祖統紀・卷三十五》：

「玄宗敕天下諸郡建開元寺、龍興寺」而現存敦煌文獻中亦多提及「龍興寺」，據此觀之，可知「龍興寺」乃唐代敦煌地區著名的大寺院。又首題下署「本寺大德日進附口抄」，文中又云「故錄靈驗如前記」，可見此寫本爲龍興寺僧「日進」口述當時龍興寺的靈驗事蹟。且據敦煌其它資料如 S.2729 號〈吐蕃辰年三月沙州僧尼部落米淨辯牒〉等，知「日進」及文中提及的「僧智寂」均係龍興寺僧侶。

又〈龍興寺毗沙門天王靈驗記〉開頭有「大蕃歲次辛巳潤（閏）二月十五日，因寒食，在城官僚、百姓就龍興寺設樂。」按：既稱「大蕃」，則其事當在敦煌爲吐蕃統治時期。是此一靈驗故事當是唐德宗貞元十七年（801）敦煌龍興寺發生之事。

此外，又如 S.6036 號的「懺悔設齋感應記」，內容爲落番貧女之子懺悔的感應故事，雖寫卷殘缺不全，但仍可見其故事輪廓：

> 昔有貧女，兒子落在蕃，不知所在。設一小供，願見兒子。緣家貧乏，豪富者不肯赴齋。其女遂入伽藍，求（佛）懺悔，恨其貧賤。須臾之頃忽見一老僧問貧女：……。「願求何事？」貧女答曰：「家有小供養，請僧不得。」其老僧便隨貧女，受其供養。食訖，乃索一分齋食鞋靴一量：「將與汝兒去。」遂擎出門，便看不見。貧女入家中，不逾食頃，忽見（下缺）

可見此靈應故事發生的地點是在敦煌，時間也是吐蕃佔領敦煌的時期。

㈢ 故事與經變相應

敦煌寫卷《劉薩訶和尚因緣記》雖名爲「因緣記」，然內容實屬靈應故事。此故事流行於中原地區，同時也盛傳於敦煌地區，是敦煌寫本靈應故事中極具特色的一則。按：劉薩訶，法名慧達，南北朝時的著名高僧，有關他的故事主要有三：一爲吳越方面的活動與佛教感應的事情，見於王琰《冥祥記》、庾闡等《佛記》、慧皎《高僧傳》及姚思廉等《梁書·諸夷傳》的記載。二爲他在涼州番禾郡望御谷禮佛，預言瑞像的事情，見載於北周姚道安《制像碑》、唐初道宣《續高僧傳》等書及道世《法苑珠林》等。三爲敦煌地區流傳有關劉薩訶的靈應故事。敦煌地區流傳的故事尤具特色，不僅有敦煌寫卷《劉薩訶和尚因緣記》，同時更有壁畫瑞像相互輝映。在莫高窟第72窟南壁中央繪有《劉薩訶因緣變相》，並有榜題云：

聖容像初下無頭時
得聖容像本頭安置仍舊時
請得丹青巧匠邈（貌）聖容真身時
請工人巧匠等真身請聖容像時

又有：

劉薩河和坐禪入定時
薩河和尚見□師□以初化時
劉薩河和尚赴發修僧時
劉薩河和尚焚香啓願時

蕃人放火燒寺天降雷鳴時
以霹靂打煞時[3]

除此之外，該洞壁畫南披也全部用了關於劉薩訶的傳說[4]。可見劉薩訶故事在敦煌地區的普遍流行，更是其他靈應故事所罕見。

㈣ 內容深具史傳意義

湯用彤《隋唐佛教史稿》一書論及隋唐佛教史地撰述時，即將「感應因緣」等作品列於「僧傳類」之下，足見此類作品在作爲佛教史料方面的重要性。若從敦煌寫本靈應故事的內容進行考察，可以看出此類佛教見證式的作品，基本上各篇均清楚交待時間、人物、地點、故事原委，結構完整。既具有小說的要素，亦具有相當程度的事實反映。如《龍興寺毗沙門天王靈驗記》，首題《龍興寺毗沙門天王靈驗記》，知此靈驗事蹟當發生於「龍興寺」。唐人〈莫高窟記〉殘卷：「……每日每月造尊像而靡窮，或印或模，計俱胝而不極。龍興、大雲之寺，齋堂、梵宇之中；布千佛而咸周，禮六時而莫怠。……公顧謂諸官曰：萬里勝邑，地帶鳴沙，三危邊遠，境臨昌

---

3) 參見饒宗頤〈劉薩訶事蹟與瑞像圖〉《1987 敦煌石窟研究國際討論會文集》(石窟考古編)，遼寧美術出版社，1990 年 10 月，頁 336～349。

4) 參見魏普賢〈敦煌寫本和石窟中的劉薩訶傳說〉《法國學者敦煌學論文選萃》，中華書局，1993 年 12 月，頁 430～463。

海……」[5] 。《佛祖統紀》卷三十五：「玄宗敕天下諸郡建開元寺、龍興寺」，現存敦煌文獻中亦多提及「龍興寺」，如：S.1946、P.2008、P.2738、P.3004、P.3150……等，據此觀之，可知「龍興寺」乃唐代敦煌地區著名的大寺院。敦煌題記中署有「龍興寺」年代最早的寫本爲 S.2436《大乘起信論述略》卷上，其題記云：「寶應貳載玖月初，於沙州龍興寺寫記」。寶應爲唐代宗年號，寶應二年爲西元 763 年，似與《佛祖統紀》所載爲玄宗後所建吻合，而北宋時猶存。又首題下署「本寺大德日進附口抄」，文中又云「故錄靈驗如前記」，可見此寫本爲龍興寺僧「日進」口述當時龍興寺的靈驗事蹟。全篇內容對人物、地點、故事情節均交待清楚，結構亦稱完整，敘事力求具體有據，此正與唐臨《冥報記》一類靈驗小說強調眞人眞事的宗教經驗特色相同。凡此均說明敦煌靈應小說具有反映佛教歷史的特色。

四、敦煌佛教靈應故事研究的意義

靈應故事的流傳並非敦煌地區所獨有，且時代也早在六朝即產生。敦煌文獻中的佛教靈應故事，就量而言，遠不如藏經史傳部、目錄部所收錄及唐、唐臨《冥報記》，宋、李昉編《太平廣記》等載錄的多，然其特質，帶給整理者相當的研究意義，茲舉其犖犖大端如下：

5）見《敦煌吐魯番文物》，上海博物館、香港中文大學文物館，1987 年 6 月，頁 71。

(一) 可豐富唐五代佛教小說的內容

敦煌是唐代西陲的交通重鎮，中西文化交流的孔道，中土文物，快速傳播。然中唐以後，時爲土蕃佔領，後爲歸義軍治理，交通時隔，文物流傳不易。基於此一特殊的歷史、地理因素，敦煌文獻中所保存的靈應故事，也就有中原地區流傳去的，同時更有敦煌地區所產生的。中原傳去的大都見存於佛教史傳感應記的，當然也有爲現存感應記諸書所未載的。而敦煌當地所產生的則大抵爲未見於其他載錄。因此，敦煌寫本佛教靈應故事的整理與研究，由文獻的角度看，至少可豐富唐五代佛教小說的內容。如 P.2094《持誦金剛經靈驗功德記》十九則故事中，第八則「隋僧靈寂事」、第十三則「天水郡司法王綽事」、第十四則「朱士衡不敬三寶事」均未見於蕭瑀《金剛般若經靈驗記》、孟獻忠《金剛般若集驗記》……等書。其它如《黃仕強傳》、《還魂記》「道明和尚入冥故事」……等以及敦煌地區所產生的靈應故事，如《龍興寺毗沙門天王靈驗記》、「懺悔設齋感應記」等均爲後世所不傳，當可豐富唐五代佛教小說的內容。

即使故事見於其他載籍的，然因傳說記敘，故事多有詳略，情節亦見歧異，且文字亦多所異同，亦具校勘及比較研究之價值。

(二) 可覘靈驗故事並經流傳的原貌

專爲鼓吹抄造持誦某一經典的靈應記，後世流傳的相當多，不論《觀世音靈驗記》、《法華驗記》、《金剛經集驗記》……等佛教靈應故事的集錄，乃至《太平廣記》一類小說的編輯，大抵多是「輒聞所錄，集爲此記」。因此，靈應故事附經流傳的情形，後世則不易見。

敦煌寫本所保存的靈應故事，則每見附經流傳，如 P.2094《持誦金剛經靈驗功德記》十九故事抄撮在《金剛經》經文前；《黃仕強傳》抄錄在《普賢菩薩說此證明經》經文前；《懺悔滅罪金光明經傳》抄錄在《金光明經》經文前。且故事與經文字體相同，行款一致，似視故事與經文爲一體。其互爲表裏的作用極爲明顯。後世故事經文分立別行，而經文流行之因由與靈應故事的地位，遂不復如當時之重要。試看房山雲居寺石經第八洞有唐刻《金光明最勝王經卷第一》，其正面即刻有《金光明經懺悔滅罪傳》。故事首尾俱完，計 13 行，行約 112 字。首題：「《金光明經懺悔滅罪傳》」後有：〈大唐龍興三藏聖教敘〉，《金光明最勝王經卷第一》。可知此靈應故事當時受到重視的一斑。從敦煌寫此類並經流傳的靈應故事，可以窺見當時此類鼓吹抄造持誦專經的靈應故事並經流傳的原貌。

㈢ 可資考察佛教疑僞經形成的原因

佛教經典卷帙繁多，流傳過程每因爲求方便而有所抄撮節錄，或截取精華章品，以利諷誦修習。更有基於求取消災、解厄、救護、延壽等現世利益而專擇有關品第者。如《妙法蓮華經》之《觀世音菩薩普門品》，由大經中摘錄流傳，進而以單品改易篇題，形成另一經典，如《高王觀世音經》等後世所謂的僞經。

敦煌寫本 P.3916、P.3239 有《佛頂心觀世音菩薩救難神驗經卷下》，雖題爲「經」，然實乃靈應故事。

按：此經名《佛頂心觀世音菩薩大陀羅尼經》，分上中下三卷。上卷題爲《佛頂心觀世音菩薩大陀羅尼經卷上》，尾題省稱作《佛頂心觀世音菩薩經卷上》；卷中題爲《佛頂心觀世音菩薩療病催產方卷中》，卷中尾題省稱作《佛頂心觀世音菩薩經卷中》；卷下題爲《佛頂心觀世音菩薩救難神驗經卷下》。此經藏經未收，歷代史志目錄不載。然俄國科學院東方學研究所列寧格勒分所藏西夏文佛經則見有：《佛頂心陀羅尼經》、《佛頂心觀世音菩薩治病生□法經》、《佛頂心觀世音菩薩大陀羅尼經》；日本藏西夏文亦有《佛頂心觀世音菩薩陀羅尼經》。

又山西應縣木塔發現的遼代秘藏中見有完整的《佛頂心觀世音菩薩大陀羅尼經》[6]。此外，房山石經中，亦見有金代皇統三年（1143）七月十三日，由施主奉聖州住人李阿安爲生身父母及法界含靈施造的《佛頂心觀世音菩薩大陀羅經》三卷，共刻四石七紙。此經無撰譯者姓名，每紙經題之下亦無帙號，當不入藏。

晚近陳燕珠《房山石經中遼末與金代刻經之研究》一書中有云：

> 此經未載於各藏，應是古代僧人節錄智通譯《千眼千臂觀世音菩薩陀羅尼神咒經》，或菩提流志譯《千手千眼

6）見《應縣木塔遼代祕藏》，北京，文物出版社，1991年7月，頁457～459。

觀世音菩薩姥陀羅尼身經》之部分經文與部分陀羅尼、再行增潤而成，它是借經附會、用以治病或方便修持度化的疑偽經。[7]

《佛頂心觀世音菩薩救難神驗經》原爲《千眼千臂觀世音菩薩陀羅尼神咒經》的靈應故事，因附記在經後以爲見證，並宣揚鼓吹《千眼千臂觀世音菩薩陀羅尼神咒經》之神驗，後經增潤改易，形成另一三卷經典《佛頂心觀世音菩薩陀羅尼》。其卷中的「療病催產」，卷下的「救難神驗」，均屬與現世利益有關。此乃佛教中國化、民間化、世俗化的必然現象，也是中世疑僞經形成的主要原因。[8]

四 可藉以考察民間佛經流行的情況

敦煌寫卷《持誦金剛經靈驗功德記》等一類作品，記錄了受持、讀誦、講說《金剛經》而得到救護、復活、延壽或滅罪等神奇靈應功德的見證。將此類靈驗功德的見證，抄撮安置於經前以流通散布，其突顯現實的利益，極具勸誘作用，此種手法，在佛經流傳的初期經常被用來鼓吹抄寫、受持、讀誦的。如講溫州治中張居道還魂故事的《金光明經懺悔滅罪冥報傳》，抄在《金光明經》前[9]，視爲經文，一併流通；《黃仕強

7) 見陳燕珠，《房山石經中遼末與金代刻經之研究》，〈伍伍遼末單本刻經之探討〉，覺苑出版社，1995年6月，頁573。

8) 詳參拙文〈敦煌寫本《佛頂心觀世音菩薩救難神驗經》研究〉，《中正大學中文學術年刊》第2期，待刊。

9) 見拙文〈敦煌寫卷金光明經懺悔滅罪冥報傳研究〉，香港，第34屆北

傳》則抄在《普賢菩薩證明經》前[10]，一併流通等情形。對於此經的推廣，實具推波助瀾之功。唐、道宣《大唐內典錄》卷十〈歷代眾經應感興敎錄〉序文有云：

>……三聖敬重，藉顧復之劬勞；幽明荷恩，慶靜倒之良術。所以受持讀誦，必降徵祥；如說修行，無不通感。[11]

因此，經由靈應故事中受持、讀誦經典的考察，並參照譯經與講習的情況，將可掌握佛典的流傳與發展的歷史脈絡。試舉《持誦金剛經靈驗功德記》及《金光明經懺悔滅罪冥報傳》爲例，說明如下：

1.持誦《金剛經》靈驗功德記

《金剛經》的普及與抄本流通量之大，原因之一，即在於此經的持誦功德。所謂「持誦」，是反復念誦某種詞語，有持名念佛、持咒、誦經等。佛教徒誦經是屬於念誦入定法的一種。一般以爲佛經乃佛陀親口宣說，具有無限神力，大乘經典中尤多處宣說讀誦受持大乘經典的功德。因此，乃有專以誦經爲主要修持目的。他們往往限定遍數，長期甚或終身反復地讀誦一經，更在讀誦過程中不知不覺地進入靜定。在歷代佛教史傳中不乏由誦經而入定、開悟之事例。

在《金剛經》的經文中一再強調「若有善男子、善女人，

非及亞洲學術會議論文，1993年8月。

10) 參戴密微〈唐代入冥故事—黃仕強傳〉，收入，《敦煌譯叢》1，甘肅人民出版社，1985年4月，頁133～147。

11) 見《大正藏》第20卷，頁338。

能於此經受持、讀誦，皆得成就無量無邊功德。」從盛唐孟獻忠《金剛般若經集驗記》所引《金剛般若經靈驗記》亦包含有〈救護篇〉、〈延壽篇〉、〈滅罪篇〉、〈神力篇〉等故事的流傳，可見當時信徒對《金剛經》持誦功德的重視情形。

《金剛經》，全稱《金剛般若波羅蜜經》，或稱《金剛波羅經》，意謂以金剛不壞之志與大智慧之心乘渡彼岸。它是佛經中流行最廣的一部，也是大乘經典中最爲重要的一部。更是中國禪宗藉以弘揚的主要經典。

從五世紀至八世紀的三百年中，曾經八譯，不難看出此經流行之情況與佛學的發展趨勢。特別是禪宗自梁．菩提達摩於嵩山少林寺開創，始奉宋．求那跋陀譯的《楞伽經》爲印證，傳法慧可、僧燦，隋唐之際，四祖道信參以「般若」法門，其後五祖弘忍以《金剛經》授徒，時勸僧俗持誦。唐咸亨年間，惠能因鬻柴棄學，不識一字，由聞誦《金剛經》而感悟，乃投五祖門下，因得弘忍傳授法衣，遂爲禪宗「六祖」。惠能倡導頓悟，不專坐禪，對於《金剛經》更加推重，禪宗因之弘大熾盛，《金剛經》也因之更加普遍流傳[12]。此外，唐玄宗曾御注《金剛經》，這對《金剛經》的普遍流行是有絕對的作用，陳祚龍〈關於李唐玄宗御注金剛經〉中即云：「玄宗的御注和張九

12) 《六祖壇經》有云：「善知識！若欲入甚深法界，入般若三昧者，直修般若波羅蜜行，但持《金剛般若波羅蜜經》一卷，即得見性，入般若三昧。當知此人功德無量，經中分明讚嘆，不能具說。此是最上乘法，……若大乘者，聞說《金剛經》，心開悟解。故知本性自有般若之智，自用智慧觀照，不假文字。」

齡的請推行內外傳授，使《金剛經》的流行，在當時如日中天，佛門弟子競相讀誦傳抄，法師高僧們，登座敷演，以應聖舉，是很可能的事實。」[13]

從《高僧傳》中的〈誦經篇〉與《續高僧傳》、《宋高僧傳》的〈讀誦篇〉，對各高僧所讀誦的經典做一考查，亦可持與寫經流通的狀況相互映證。

經　名	高僧傳	續高僧傳	宋高僧傳	總　數
法華經	18	16	10	44
金剛經	1	2	13	15
維摩經	8	0	2	10
涅槃經	2	4	1	7
華嚴經	0	3	3	6
十地經	2	0	0	2
念阿彌陀佛	2	1	5	6

此三高僧傳所代表的時段，正是中國佛教發展的三個主要時期。第一期：西元五一九年以前，第二期則爲五一九到六六五年，第三期則是六六五到九八八年。就上表而言，《法華經》是各時期均流行的經典，《維摩經》盛於中期，《金剛經》的誦讀則特別盛行於後期，即唐高宗至宋眞宗這個時段。

13) 見陳祚龍〈關於李唐玄宗御注金剛經〉載《獅子吼》16 卷 8 期，1977 年 8 月，頁 13～16。

唐代《金剛經》盛行的情形，我們可從敦煌文獻中所保存的有關《金剛經》的資料，顯現著寫本多、注疏多、印本多，以及《金剛經》的俗講經文與有關《金剛經》的讚頌等文獻[14]，似乎可以得到相當的反映。《金剛般若波羅蜜經》在敦煌的佛教經典中也佔大多數，屬於最爲通行的五部大經之一。在敦煌遺書中，《金剛般若波羅蜜經》寫本數量之多，可說僅次於《妙法蓮華經》與《大般若經》，而八種譯本中，以後秦鳩摩羅什譯的《金剛般若波羅蜜經》最爲通行，其他譯本爲數甚微，爲數均不超過十件。

除了寫本多之外，《金剛經》的注疏，數量也相當可觀，僅依一般藏經目錄所載，即多至六、七十種[15]。此一現象，實非其他佛教經典所能比擬。敦煌寫卷所保存的《金剛經》的注疏一類寫卷，也多達八、九十號。不僅有各種不同譯本、寫本、注本的流傳，同時還保存有《金剛般若波羅蜜經》刻本。英藏有題記「咸通九年四月十五日王玠爲二親敬造普施」的刻本《金剛經》，爲今日印刷史上極爲寶貴的資料。此外，巴黎藏敦煌遺書中也有唐代書法名家柳公權書寫上石的拓本《金剛般若波羅蜜經》。另外，北京、倫敦、巴黎均藏有五代「西川過家眞印本」的《金剛經》。凡此種種，在在證明了唐五代敦煌僧

---

14) 敦煌變文有 P.2133 號《金剛般若波羅蜜經講經文》，係根據鳩摩羅什譯本演繹；《金剛經讚》又稱《開元皇帝讚金剛經功德》，敦煌寫卷有：S.5464、P.2094、P.2721、P.3645、北 7220、DX.296 等。

15) 參蔡運辰《二十五種藏經目錄對照考釋》，臺北，新文豐出版公司，1983 年 12 月。

俗競相抄寫讀誦此經的盛況。

今所知見敦煌寫本有關《金剛經》的題記，根據池田溫編的《中國古代寫本識語集錄》[16] 可以判斷抄寫年代的相關寫卷，計有九十件。唐以前僅有二件，均爲隋代。其分布的年代爲：七世紀 20 件；八世紀 26 件；九世紀 18 件；十世紀 27 件。又據現存敦煌莫高窟四百九十二洞所遺留下來的經變圖來看，有「金剛經變」的，計有十七鋪，屬於中唐的有八鋪，晚唐的有八鋪，一鋪爲中晚唐。此與題記抄寫年代的狀況與上述情形亦相吻合。

敦煌寫卷 P.2094《持誦金剛經靈驗功德記》後抄錄《金剛般若波羅蜜經》，在第四五二行有添寫的「遺漏分添六十字」：

> 爾時，慧命須菩提白佛言：世尊！頗有衆生於未來世說是經法，生信心不？佛言：須菩提！彼非衆生，非不衆生。何以故？須菩提！衆生者，如來說非衆生，是名衆生。

而在此經尾題下有題記：「布衣弟子翟奉達，依西川印出本內，抄得分數及眞言，於此經內添之，兼遺漏分也。」是知此六十字係翟奉達據西川印本添寫上去的。

在今所得見的五代西川印本中，《金剛經》的刻本或轉抄本最多，也顯示出當時人們持誦《金剛經》的風氣熾盛，經生

---

16) 池田溫《中國古代寫本識語集錄》，東京大學東洋文化研究所報告，東洋文化研究所叢刊第 11 輯，1990 年。

抄寫，已供不應求，於是乃有刻本、印本的產生。其受持、讀誦，神奇經驗見證的功德記，無疑具有相當大的鼓吹作用。[17]

2.《懺悔滅罪金光明經傳》

抄在《金光明經》卷首的〈懺悔滅罪《金光明經》冥報傳〉則為今所知見敦煌寫本佛經感應故事中數量最多，篇幅最長的一種；也是當時最為流行的佛教冥報故事之一。按：《懺悔滅罪金光明經傳》的性質，旨在宣揚懺悔戒殺的佛教思想，其故事內容頗類敦煌變文之押座文與後世宋元話本中之入話，其目的則是勸誘世人持誦、抄造《金光明經》。又由敦煌寫卷《懺悔滅罪金光明經傳》普及的現象，可考察《金光明經》在唐代流傳與信仰的情形，對於唐代佛教史研究實具參考價值。

《懺悔滅罪金光明經傳》是記述張居道因適女殺生宴客而受報應入冥，後發願造《金光明經》四卷，以求懺悔滅罪，還陽復生的故事。以小說手法記敘靈驗事跡，內容豐富有趣，情節曲折動人，實可視為一篇專為宣揚戒殺懺悔滅罪，勸誘世人抄造閱讀《金光明經》而創作相當成功的唐人小說。

《金光明經》，具名《金光明最勝王經》，在敦煌石室發現的遺書中，與《法華經》、《金剛經》、《大涅槃經》、《維摩經》……等，同屬六部大經之一。其雖曾一度被判為偽經，但其梵本已在尼泊爾發現，且被奉為九部大經之一，備受尊重，因此實不可斷定它為後世所偽。此經全譯本，最早有北涼曇無讖譯的《金光明經》四卷，十九品。其次為梁眞諦譯的七

17) 詳參拙文〈敦煌本《持誦金剛經靈驗功德記》綜論〉，《敦煌學》第 20 輯，1995 年 12 月，頁 119～146。

卷，二十二品本及北周武帝時耶舍屈多所譯的五卷本。而隋開皇年間大興善寺沙門寶貴綜合各家譯本，刪同補缺成《合部金光明經》八卷，二十四品。最後則爲武周長安三年義淨所譯《金光明最勝王經》十卷，三十一品。現行刊本爲曇無讖譯的《金光明經》、寶貴的《合部金光明經》及義淨的《金光明最勝王經》等三種。三本內容多寡不一文字亦有差異。自北涼曇無讖譯四卷本《金光明經》後，主要流行於中國南方，北方似乎不甚流行。直至天台智顗大師著《金光明經玄義》和《文句》，三論宗大師吉藏著《金光明經疏》，此經才獲得普遍流傳。而義淨新譯十卷本後，慧沼又據以注《金光明最勝王經疏》。其後義淨本流通，以致不同語文的各種譯本相繼出現，如法成譯的藏文本、西夏文、回鶻文、于闐文、蒙文、滿文……等[18]。

跟其他大經一樣，經典盛行的同時，經變壁畫也隨之出現。根據施萍亭〈金光明經變研究〉[19] 一文說：《金光明經變》僅見於敦煌莫高窟。唐以前，畫史不見記載。唐以後，長安淨土院東南角有吳道子弟子李生畫《金光明經變》，寶曆年間(825～826)蜀人左全曾於成都極樂院西廊下畫有《金光明經變》，二處壁畫均已蕩然無存。施女士依據榜書調查結果表明，莫高窟既有《金光明經變》，亦有《金光明最勝王經

18) 參見陳寅恪〈懺悔滅罪金光明經冥報傳跋〉及日人金剛秀友《金光明經の研究》，大東出版社，1980 年 2 月。

19) 見《1987 年敦煌石窟學術會議論集》，遼寧人民出版社，1990 年 10 月，頁 415～455。

變》，通稱《金光明經變》共十鋪。

敦煌石室遺書中，《金光明經》與《金光明最勝王經》的卷帙繁多，同時亦有《合部金光明經》。其中依寫本題記看，隋以前抄的有三件，唐以後則以義淨新譯的十卷本《金光明最勝王經》爲多。不過《懺悔滅罪金光明經傳》所提及抄寫之《金光明經》則均爲四卷本。唯房山雲居寺石經的唐刻《金光明最勝王經卷第一》正面刻的《金光明經懺悔滅罪傳》其內容則將「原造《金光明經》四卷」，「四卷」改爲「十卷」，以符合義淨譯的十卷本《金光明最勝王經》。

《懺悔滅罪金光明經傳》記錄的事蹟，主角張居道爲溫州治中，滄州景城縣人。按：《舊唐書・卷四十・地理志三》：上元二年置溫州，天寶元年改爲永嘉郡，乾元元年復爲溫州。漢渤海郡，隋因之。武德元年改爲滄州，天寶元年改爲景城郡。乾元元年復爲滄州。足見初唐四卷本《金光明經》盛行於南方。[20]

(五) 可資尋繹民間信仰發展的脈絡

小說家利用宗教來輔助教化，用善惡報應、因果輪回等佛教思想來宣傳忠孝節義，實施教化。同樣的，佛教徒也每每運用曲折動人的小說情節與筆法，描寫個人的宗教體驗，藉動人之神異故事以宣揚佛教之靈驗，期能誘導世人信奉受持。因此，經由此類故事的研究，可以一窺當時民間佛教發展的一

---

20) 詳參拙文〈敦煌寫卷金光明經懺悔滅罪冥報傳研究〉，香港，第 34 屆北非及亞洲學術會議論文，1993 年 8 月。

斑。如：S.3092《還魂記》道明和尚入冥故事及 S.381《龍興寺毗沙門天王靈驗記》等即是明顯的例子。

1.《還魂記》道明和尚入冥故事

敦煌寫本 S.3092《歸願文》，其後抄有「謹案《還魂記》」等一段故事，自來都將此二段文字視為不同性質，甚至不相干者。事實上，二者不但抄寫字體一致，係同一人所抄；同時內容亦是前後關連。「謹案《還魂記》」以下的文字係用來解釋《歸願文》中「夫欲念佛修行求生淨國者，先於淨處置此尊像」的「尊像」即「地藏菩薩像」，何以呈現與過去舊有形像不同的新模樣。不但如此，同時還透露出「地藏信仰」與淨土的關係。道明和尚還魂一類的靈應故事，是當時流行的佛教冥報故事之一，更是有關地藏菩薩形像改變的重要文獻。其作用在以具體的見證經驗，來勸誘大眾信奉受持，藉此鼓吹地藏菩薩的信仰。

淨土思想在唐代朝野上下甚為流行，而地藏與阿彌陀信仰，本屬互不相容的兩個宗派，但卻在敦煌洞窟龕中同時出現，此反映了地藏信仰與淨土思想之間，彼此相互補充的關係與現象，地藏菩薩尊像已為淨土信徒所兼容。敦煌寫卷《佛說地藏菩薩經》[21] 云：

> 若有善男子、善女人，造地藏菩薩像，寫地藏菩薩經，及念地藏菩薩名，此人定得往生西方極樂世界，從一佛

21) 敦煌寫本《佛說地藏菩薩經》有 S.2247、S.5458、S.5892、P.2873、P.3932、P.8276 等 17 卷；《大正藏》冊 85，頁 1455 下有錄文。

國至一佛國，從一天堂至一天堂。若有人造地藏菩薩像，寫地藏菩薩經，及念地藏菩薩名，此人定得往生西方極樂世界。此人捨命之日，地藏菩薩親自來迎，常得與地藏菩薩共同一處。

又 P.4514(8)「地藏菩薩像」，其右側題「大聖地藏菩薩」，左側題「普勸供養受持」。圖下有《地藏略儀》：

一心歸命禮一切如來平等性同體

大悲聖地藏菩薩摩訶薩

願共眾生咸歸命迴願往生安樂國　十禮

次冥心一境專注念誦

………………

普勸四眾志心念持迴願同生無量壽國

可見唐代地藏信仰的多樣化，同時也被當作往生西方淨土的途徑之一。

尤其，《還魂記》中記敘：道明和尚因同名之累，被閻羅王的使者誤捉，帶至冥府，因得以親眼目睹地藏菩薩眞容，還魂後圖寫新樣地藏眞容，流傳於世的故事。更關係著晚唐以後，地藏信仰的發展及以十王信仰興起的複合。唐玄奘譯《地藏十輪經》，地藏的信仰便隨之在中國各地流行。而地藏菩薩的形像，均作「聲聞形」，五代、北宋敦煌壁畫、絹畫中的地藏菩薩形像，與一般「聲聞」、「比丘」造形，剃髮、圓頂、不戴寶冠的形像有明顯的差異。更有些壁畫與絹畫，也出現了「道明和尚」和「金毛獅子」等畫面，這些新的形象正可從《還魂記》中道明入冥睹地藏菩薩眞容相契合得到解決。

晚唐五代，被帽地藏、十王、獅子、道明四者結合圖像的廣爲流傳，其內容正與《還魂記》道明入冥故事相互印證。也透露出地藏信仰的普及與地藏地位的提昇。[22]

2.《龍興寺毗沙門天王靈驗記》

S.381《龍興寺毗沙門天王靈驗記》反映毗沙門天王信仰在唐五代發展的情形，其信仰流行與《金光明經》的流傳及唐代密宗的興盛有著密切的關係。

毗沙門天，又稱多聞天，是佛教四大天王中之北方天王。原是印度古神話中北方的守護神，也是施福神。依佛典所載，他是天界諸神中對佛教徒最爲熱心護持的神衹之一，具有極大神威，可消災、除病、救人、施福。

在《毗沙門天王經》等專經尚未譯出前，各大、小乘經典中即有關於毗沙門天王的記載。隨著不空所譯的《毗沙門天王經》、《北方毗沙門天王隨軍護法儀軌》、《北方毗沙門天王隨軍護法眞言》、《毗沙門儀軌》……等的流行，有關毗沙門天畫像法、壇法、咒法等靈驗感應的事蹟也就時有所聞。最爲著稱的當推《毘沙門儀軌》所載唐玄宗天寶年間大石、康五國圍安西，玄宗詔令不空請毗沙門天王率領天兵出現城樓，擊敗敵軍事。可知唐、宋時中原普遍將毗沙門天王視爲護軍戰神。[23]

---

22) 詳參拙文〈敦煌寫本道明和尚還魂故事研究〉，隋唐五代文學研討會論文，中正大學中國文學系，1998 年 3 月。

23) 關於毗沙門天王的演變、轉化等問題，可參徐梵澄〈關於毗沙門天王等事〉，載《世界宗教研究》，1983 年第 3 期。

在西域的于闐更盛傳有毗沙門天王協助建國的傳說[24]，毗沙門信仰也隨之成為于闐地區佛教的主要內容之一。

敦煌地區毗沙門信仰流行甚早，從今所知見的敦煌文獻中即可窺知一二。特別是北魏東陽王元榮任瓜州刺史，治理敦煌期間，曾積極修建洞窟，命令大量抄造佛經捐獻當地寺院，其經典大多與毗沙門信仰有關。

在佛教盛行的敦煌地區，毗沙門不祗是大小乘經典中所曾記載的護法神，更是密教增法法門的重要本尊。加上于闐以毗沙門天王為其護國神祇，吐蕃視毗沙門天王為其財神，凡此影響，遂使毗沙門成為唐、五代敦煌地區最為普遍的信仰之一。

隨著不空譯《毗沙門天王經》等的流傳，祈求毗沙門天王法力加被，也蔚為一時風氣，其具體方法除了持誦《毗沙門天王經》、《毗沙門天王經心咒》外，主要為供奉毗沙門天王像。在今存的敦煌文獻中保有許多唐、五代時期毗沙門天王像的白描。如：P.4514(1)、(3)；P.4518(5)；P.5018 等。此外，英國倫敦不列顛博物館、印度德里中亞博物館、法國吉美博物館等亦藏有唐代敦煌絹本及紙本著色的毗沙門天王像多幅。[25]

四天王中則僅見有毗沙門天王像，足見毗沙門信仰在當時盛行的一斑。其後與唐將李靖捏合，漸脫離印度原有的形像而漢化，其於民間之影響則更加深廣[26]。而雕版印本的「大聖毗沙

24) 《大正藏》第 51 卷，No.2087，頁 943a～b。

25) 參見松本榮一《敦煌畫の研究》圖像篇，東方文化學院東方研究所，1937 年 3 月，頁 417～419。

26) 有關其他毗沙門天王漢化等問題，參見柳存仁先生〈毗沙門天王父子

門天王像」，更是與民間「賽天王」的活動息息相關。[27]

五、結　語

志怪小說之內容，以侈陳遠方異物、張皇鬼怪、稱道靈異等深具神怪色彩爲其特色。東晉以前，主要源於巫覡和方士的荒唐之言。東晉以後，佛教盛行，因果報應、輪回轉生等思想流行，乃至滲入志怪小說中，成爲此一時期的小說特色。

隋、唐、五代爲中國佛教的全盛時期，此種志怪與宣揚因果報應的說教合流，更使志怪小說的創作層出不窮，甚至成爲宣揚宗教的利器；尤其虔誠的佛教徒眾，往往蒐羅有關宣揚教義及靈驗、感應的故事，編纂成書，以爲「輔教之書」。

敦煌寫本中存有爲數可觀的唐、五代佛教靈應故事。就功用而言，此類作品乃爲輔教之具；然就其內容情趣與寫作手法而論，則當屬志怪小說之流。近代敦煌學研究者亦多將此類作品視爲小說。如周紹良先生在《敦煌文學》「小說」一節中，即多方論及此類作品；張先堂在《敦煌文學概論》第十章「敦煌小說」中，亦立「敦煌佛經感應記」一節以論述；柴劍虹〈敦煌古小說淺說〉[28] 亦論述此類小說特質。

與中國小說之關係〉，收入《和風堂文集》中，上海古籍出版社，1991 年，頁 1045～1094。

27) 詳參拙文〈敦煌本龍興寺毗沙門天王靈驗記與唐五代的毗沙門信仰〉，《第三屆中國唐代文化學術研討會論文集》，中國唐代學會、政治大學文學院，1997 年 6 月，頁 427～442。

28) 見顏廷亮主編《敦煌文學》，甘肅人民出版社，1989 年 8 月，頁 279～287；《敦煌文學概論》，甘肅人民出版社，1993 年 3 月，頁 336～

事實上，此類作品除在故事情節與記敘手法，極具小說文學的特質與意義外，其於佛教文獻學與佛教史學上亦深具意義，唯自來鮮有關注。

蓋近代中國佛學研究，主要特徵有三，即：史學的研究、哲學的研究及文獻學的研究。史學的研究是根據可靠的歷史資料，正確的反映歷史眞相；而中國佛學的來源與發展正是佛教史學的根本問題。按：中國佛學的來源，基本上是依靠傳譯和講習，而譯經的先後與經典思想發展關係的混淆，更是中國佛教史與印度佛學史的重大差別。[29] 中國佛教譯經的狀況，可據歷代經錄來考察；佛經的講習則可從歷代僧傳的〈誦經篇〉、〈讀誦篇〉獲得訊息。不過這些多屬於上層佛教的信仰活動，至於佛教在民間實際的發展概況及其弘揚信奉的經典與思想情形，則當從感應傳、靈驗記、功德記、冥報記等一類的作品，進行析論。

唐朝是中國佛教的黃金時期，十宗並起，蓬勃發展。同時也是佛教中國化、民間化、世俗化的關鍵時期。敦煌地處西陲，胡漢雜處，蕃漢互通。佛教盛行，顯密兼融，大小乘並施。寺院眾多，弘法活動頻仍，其經典與信仰的傳流傳也深受中亞高昌、于闐等國的影響，這些特質亦往往呈現在敦煌地區所流傳的靈應故事中。透過敦煌文獻所保存靈應故事的析論，

344；《1990 年敦煌學國際研討會文集》石窟史地・語文篇，遼寧美術出版社，1995 年 7 月，頁 272～285。

29) 見呂澂《中國佛學源流略講》，台北，里仁書局，1985 年 1 月，頁 1～5。

結合譯經、講習、信奉三者的相互參照，相信對於上承六朝，下啓宋元的中國佛學經典流通與民間信仰發展脈絡的掌握當有所助益。因此，佛教靈應故事的整理與研究當是中國佛教史不可忽視的一個課題。

狄瑾遜詩風中的禪

陳元音

（華梵大學東方人文思想研究所所長）

一

研究中國的禪文學觀其成果早已是花果纍纍，無論中國大陸或台灣研究這一方面的經典之作不勝枚舉，但研究外國的禪文學（除日本以外）只是起步，目前尚談不上有什麼成果。筆者基於以上事實，多年來利用主修英美文學之便，也注意研究其中的禪文學。

由於古今中外的人性具有許多共同的特徵，在跨文化，跨國度，跨時代的思想，哲理或宗教經驗之間，尋求共同的心路歷程是可能的，故筆者一向相信深入鑽研禪學與英美文學之間的因緣開拓一種新的媒介溝通華梵文化與英美文化之間的關係爲頗具意義之事。然而要研究禪學與英美文學之間的因緣必須採取平行比較研究或影響比較研究雙方面分開進行，因爲英美文學中的禪分爲未曾受到禪學影響者與曾深受影響者；前者必須以平行研究方法，互照，互對，互比，互識兩者之間在意境上可能的匯通之處，後者必須以影響研究方法探討作者之生平，宗教經驗，禪學之因緣，以及因而呈現在詩中之禪趣。

在禪學的領域中，筆者發現「文字般若」隱藏著無限開放的「觀照般若」，經此讀者能證得終極眞實的「實相般若」；此隱藏的「觀照般若」尤以天台宗的「以觀釋經」之法爲筆者應用於解讀任何文學作品上，從而挖掘出嶄新的涵義與眞正價值，這應該就是無論以平行研究或影響研究探討古今中外文學家的終極關懷的另一途徑。文學作品中的文字只是表相，並不代表眞相，而表相只是一種意符，眞相是意指，如以解構主義的解釋，表相與眞相之間有著意想不到的距離；同樣的，「文字般若」並不代表「實相般若」，「文字般若」只是符號，讀者必須懂得「以觀釋經」之法去「觀照」它，這樣才能證得其中「實相」。

筆者多年來研究發現美國文學中有頗多的禪文學[1] 但本文限於時間與篇幅，僅僅介紹美國的現代女詩人狄瑾遜爲例，探討她的詩風中的禪，以供讀者參考。

二

狄瑾遜（Emily Dickinson, 1830～1886）是美國超越主義女詩人。她的超越主義是以神秘宗教經驗爲基礎的，所謂神秘宗教經驗是一個人經過外在我潛入心內的內在我尋覓自己的心靈與神溝通，甚至成爲神的一部份的心靈之旅。這種神秘經驗必然是一神論者的唯一管道通往超越世俗的超然意境，能永浴神光，否定二元論，將宇宙萬物置於眼底，觀照現象之假象，顯

1）參照拙作《禪與美國文學》（台北東大圖書公司出版，1997.11）。

現其背後之眞相，於是小我消失於無形，大我呈現，心中產生博愛精神，愛神如愛自己，關懷別人，愛及萬物，以致心中有神所見皆神的境界。

狄瑾遜下面這一首詩傳達上述訊息：

一滴海水在海中扭鬥
以致忘了它自己的所在
好像我一走向你
妳知道自己像一柱香那麼小
然而雖小——她嘆著氣——如果一便是一切——
它該有多大（284）[2]

一滴海水當然指的是詩人自己，她消失了渺小的自我找到了眞正的自己，走向心目中的神。

狄瑾遜的神秘經驗與禪修的心路歷程有許多雷同之處。她的超越主義便是她的生活，恰如禪便是生活，出自內心回歸自性的又自然，又簡樸，又寧靜的生活方式。禪者的眼光能觀照萬象的實相，以反璞歸眞的意境觀賞世界，以平常心活在當下，把握此時此地，感覺如百丈禪師所說的「日日是好日」。禪者雖然孤獨的時間多，但他並不寂寞；他是自立的，知足的；他和超越主義者一樣主張自立的重要。但禪者了解自性之道往往依靠否定的心路，也就是類似道家哲學的「損之又損，

---

2) 狄瑾遜的詩引自 Thomas H. Johnson 所編的 *The Poems of Emily Dickinson,* 3 vols。(Cambridge: Belknap P. of Harvard U. P, 1958)。括弧中的號碼是依據此版，均由筆者中譯於本文中。

以至無爲」的方法；這是要把過去累積的執著，一個一個否決掉或忘掉，學習看開或去除各種煩惱與痛苦。認識人生的一切都是短暫而無常的，所以不值得執著於財富，聲望，熱情，各種物質慾望，雜念等。而將這些回歸於永遠的「道」。一切聽其自然，一切隨緣；如此禪者很容易與周圍的一切和諧。戒定慧三學是他一生的修行過程，悲智相生是目的。

讀者可依照以上說明的禪者的心路歷程之基礎來觀照與解讀狄瑾遜的詩，以深一層了解詩人之終極關懷。吾人可針對狄瑾遜詩中與禪學課題相符合的主題，逐項探討。

㈠ 滅苦之道

佛教的所謂「苦集滅道」四聖諦中的「苦」是人人生而必須承受的。當年悉達多王子就是因爲發現「生老病死」爲人生不可避免之苦，而離家尋覓解脫之道。由此可知「苦」是一種原動力，逼迫一個人去內省自性，換言之，「苦」強使一個人去追求眞理。「苦」有龐大的力量，沒有它就沒有生命，沒有它就沒有詩歌了。

在狄瑾遜詩中讀者可感受到詩人對於「苦」的看法。詩人勇敢面對「苦」，甚至認爲「苦」不但可忍受而且是可評價的；詩人不但不恨它，反而喜歡它，並且將它變成正面的力量。她的下面這一首詩可說明這一點：

因為我不能等死亡，
它為我親切停下來；
馬車只載我們二人

而接著來的是永恆。(712)

人生而走向死亡，不生則不死，而死亡是進入永恆的跳板，因此死亡不是生命的結束而是開始，吾人應勇敢的面對它。狄瑾遜的另一種死亡觀與禪學中的所謂「大死一番」相雷同，可做爲滅苦入道之最佳管道。她的下面這一首詩發人深省：

我為美而死——可是
剛被安葬於墳墓中
有一個為真而死的人
被埋在鄰接的房間裡——
他輕輕的問我「你是怎麼死的？」
「為美。」我答道——
「而我——為真——它們是一體的
——我們是兄弟了。」他說。

如親戚一般，晚上相見——
我們隔著房間開始聊天——
一直到苔蘚爬到我們的嘴唇——
將我們的名字蓋起來——(449)

一個人要求得眞善美必得「大死一番」，將一生累積的我執或因而帶來的雜念或煩惱或慾望全部淨化掉，所以眞善美是一體的三面，是兄弟。這一首詩如不以禪學的觀點去解讀它，便成一道很難懂，甚至很不合理的一首詩，難怪一般美國人會看不懂。下面兩首傳達的訊息更具禪趣：

剛失去，我就得救了！
覺得這世界跟往常一樣，
幫我準備往永恆出發，
當呼吸吹回，
在另一邊，
我聽到失望的潮流退下去！
所以當一個人回來了，我覺得
有奇妙的秘密可說！
…………………………（160）

對某些人對死亡的打擊便是生命的打擊
他們必得等死始能真活——
他們活了一輩子，但當他們死了的時候
生命的活力才開始。（816）

第一首中的「剛失去，我就得救了！」失去了什麼？當然是失去了我執，淨化了我心，如此一個人始能重生。得救以後的日子還是跟平常一樣，這世界沒有什麼兩樣。「失望的潮流」又是什麼呢？這是以凡人的觀點來看失去了那麼多我執當然很失望。「當一個人回來了」，是說明心見性回到自己的本來面目，發現「本地風光無限好」，當然有很奇妙的秘密要說，但實際上這種神秘經驗是無法言語的，所以詩中僅點到爲止，不加以任何說明。第二首的禪味更爲顯著。「死亡的打擊」是「大死一番」之後的感受。生命的活力來自「大死一番」，對於詩人或禪者而言，死亡是重生的轉機，生命意義之呈現。人生不可避免的苦與死爲尋覓眞理的心靈之旅鋪路。

(二)「活在當下」的觀念

禪是非常實際的東西。禪者對於形而上的思考或過去與未來沒有興趣；他們寧可思考當下的問題。如有人問「每個人都有出生地，你的出生地在那裡？」禪者會回答說「今天清晨我吃了一碗稀飯，現在我又餓了。」[3] 禪幫助我們回答我們自己的本來面目，活在當下，看到本地風光無限好。禪是平常心，無論終極眞實是什麼，它畢竟會在當下呈現。禪者的生命是數不盡的當下或現在的累積。禪者不做未來的計畫，因爲誰知道下一剎那會發生什麼事？一個人如果計畫太多，他會失去當下每一剎那的新鮮感，所以禪者會很自然的抓住每一時刻充實的好好活下去。狄瑾遜認同此種看法，所以她對於天堂的看法與一般基督徒有所不同：

天堂遠在天邊近在心裡
那便是溶解於心中——
它的位置——建築師——
無法再被證實——

它與我們的容納量一樣龐大——
與我們的想法一樣美好——
對祂而言是適當的慾望
它不比這裡更遠——（370）

---

3) Alan W. Watts, *The Way of Zen* (New York: Panthern, 1963), P.125。

一般人尤其是基督徒認爲天堂遠在天邊，是死後才能去的地方，可是狄瑾遜卻認爲天堂近在心中，它不比這裡更遠。這好比禪者認爲淨土在人間，就在自己心中一樣。天堂與地獄本來是心造，一個人一念之間可以在天堂亦可在地獄，天堂與地獄就在此地。下面這一首詩進一步說明狄瑾遜的天堂：

在下面找不到天堂的人——
在上面亦找不到啊！
因天使在我們隔壁租了房子，
無論我們搬到哪裡，祂們就跟著……（1544）

至於狄瑾遜將時間看成是永恆的現在是很特殊的。她的一封信中說「在永恆中根本沒有所謂的第一或最後，它是中心，永遠在那裡。」[4] 永恆是中心的延長，那就是現在。因此第一，最後，現在，未來，過去已不存在。它們均溶入永恆的現在中。下面這一首描寫一個夜晚：

一個夜晚——日子躺在中間——
前面的那一天
和後面的那一天——其實是一個——
而現在——那是夜晚——在此。

漫長的夜晚——被注視著經過——
好比岸上的穀物——

---

4) Thomas H. Johnson, *The Letters of Emily Dickinson* (Carnbridge: Belknap P. of Harvard M. P, 1958), no. 288。

成長的太慢，以至覺查不到——
一直到不再是夜晚——（471）

此時「夜晚」是中心，前面的那一天和後面的那一天溶在一起的一剎那。這一剎那便是詩人眞正活著的那一剎那——現在。這不是禪的精華嗎？對她而言，每一剎那都是新的，眞的，善的，美的。這種眼光始能時時刻刻看到眞善美。她又說「我每天有無上的喜悅／我以半淡然地觀察／一直感覺到它震動／當我跟蹤它成長。」（1057）

事情無論大小，都一樣地重要，一樣要用心去做，這些都是由於無分別心所使然；無分別心來自「八正道」中的「正見」的眼睛，只有「正見」始能看到眞善美。三祖僧璨在〈信心銘〉開宗明義說道：「至道無難，唯嫌揀擇。但莫憎愛，洞然明白。毫釐有差，天地懸隔。欲得現前，莫存順逆。違順相爭，是爲心病。」換言之，分別心是心病，心中有此病，眼睛永遠看不到眞善美。狄瑾遜和禪者一樣能在日常瑣碎事物中將無分別心呈現在行動中，而能感覺活得充實而愉快。其實這只是修禪者都知道的「看山又是山，看水又是水」的道理。

當狄瑾遜注意到活生生的事實，如「蟋蟀鳴叫／而太陽下山／然後工人一個個收工……。／草葉沾了露水／黃昏已降臨……。」（1104），她已在此個中默訊裡。這是她能「活在當下」的體會。她不是在那裡思考，而是在那裡看，感覺，經驗；當她完全溶入此禪趣時，她如禪者，感嘆而歌頌：

蒲公英的蒼白色小軟管
驚動了草坪！

冬天立刻變成
無限的「啊呀！」
小軟管舉起訊息花蕾
然後花朵怒放——
太陽上昇
畫面於是完成。（1519）

春天的來臨能讓詩人溶入於大自然中，全身投入，與之合而爲一；在此無心的意境中，詩人能和草一樣感覺，和花朵一樣怒放，和太陽一樣昇起，畫出一幅禪畫。「活在當下」讓她消失自我，溶入群體中，恰如一滴水掉入海中變成海一般。

(三) 無我，無心的境界

凡人常誤認身心爲自己所有，因而產生自我的觀念，由此觀念而有我執，我執導致貪瞋癡三毒，個個起煩惱，陷入痛苦中成爲小我，處處爲自己的利益著想。這種人活得毫無意義可言。人要活得有意義必須先想想如何將小我提升爲大我；爲了提升小我吾人必須先正確認識自己的身心是什麼？肉身本由風火水土四個要素所構成，但此四大要素都是無常，時時刻刻在變，是空的，所以才有四大皆空的說法。認爲肉身屬於自己是天大的錯誤。心是最善變的東西，它不斷地在變。這樣的身心怎麼能說是自己的呢？因爲裡面沒有一樣東西屬於「我」的；認爲是「我的」顯然只是妄想。這種錯誤的認識導致人成爲小我。在地球上滿地都是這種人，所以在俗世到處都是貪瞋癡三毒的氾濫，搶劫，殺人，貪污，欺騙，黑道，白道，色情等，應有盡有。

那麼，如何將「小我」提升爲「大我」呢？經上述的認識，先承認身心根本不是「我的」，爲能做這樣的承認，吾人要「大死一番」，換言之，要殺掉「我執」的自我意識，始能處處爲別人的利益著想，如此「小我」已被提升爲「大我」了。在基督教裡「大我」自然產生博愛心，不但愛神，愛自己，還愛鄰居，不但爲自己的利益還爲別人的利益著想；但在禪學裡「大我」中仍有「我」的存在，只要有「我」在免不了仍會有一點我執與私心，所以修禪時這一點「我執」也要殺掉，將「大我」提升爲「無我」，如此一來「我」完全不見了，進而證得「無心」的境界，一切歸於一的一也沒有了。這便是龍樹禪師所謂的「空觀」（Śūṇyata），在此妙空中所有分別心不見了。吾人如有此了解便不難理解六祖惠能當年如何因聽到《金剛經》中一句「應無所住而生其心」而大悟。心如「無所住」便是「無心」，如有所住就是有心了，有心產生我執，我執導致三毒氾濫，社會大亂，國家不安。「無心」中的「空觀」的「空」絕不是虛空而是妙空，它是正面的「空」給人帶來巨大的生命力。一個人以戒、定、慧三學消滅了貪瞋癡三毒之後體會空觀，悲智自然雙運，又有妙智慧（Prajña）又有慈悲心（Karuna），渡了自己還要渡眾生。這便是修禪的眞正意義，也是大乘佛教的眞髓所在。

讀者如能以上面的說明爲基礎來解讀狄瑾遜詩中的「無我」與「無心」的類似境界便不難觀照詩人的終極關懷了。讀者不妨先看看下面這一首：

萼片，花瓣和花刺

在一個普普通通的夏天清晨——
一杯露水——一隻或兩隻蜜蜂——
加上微風——一隻小鳥在樹上——
而我就是一朵薔薇！（19）

這簡直是一首禪詩，又好像是一幅禪畫。讀者不但可以看到各種植物和花，而且還可以感覺到微風和溫暖的陽光，也知道時間是夏天清晨；讀者更能感受到詩人「活在當下」溶入於其中，自我消失，「無我」呈現於整體中，「而我就是一朵薔薇！」薔薇無我而無心啊。狄瑾遜還寫了很多首類似的詩，例如，「我自己中的我——消失無蹤。」（642）「只有『無』的無限——／能看到無限遠——／看看大家的臉——／看看自己的——」（458）。否定「自我」便是確認「眞我的自性」，「隱藏於我們之中的我們」（670），這個隱藏於心中深處的我們便是無我的自性也是我們的本來面目，也是父母生我們之前的我們，這也是所謂的「佛性」。這種「回家」的主題在狄瑾遜的詩中常見，如下面這一首：

我的河流跑向你——
藍色的海啊！歡迎我嗎？
我的河流等著你回答——
啊，海啊！看起來那麼優雅——
我將帶給你小溪流
將充滿污點的隱祕處——
你說啊！海！請接納我！（162）

將自己比做河水流入海洋，這是提升「小我」爲「大我」進而爲「無我」的心路歷程，經此心靈之旅，詩人證得眞正無我的自由。

難能可貴的是狄瑾遜能「大死一番」進入空觀，了解身心之無常；此種神秘經驗絕不下於禪者的心靈之旅。讀者可以再看下面這一首：

> 這個我——又走路又工作的——必須死，
> 在一些好天氣或暴風雨的日子裡，
> 它可能是災難
> 或是野蠻似的幸運。（1588）

她完全接受肉體的無常，以冷靜的態度面對死亡以求往生。這一首可與下面這一首日本禪師所寫的禪詩共鳴其中禪趣：

> 今年就要六十四歲了，要素
> 快要在身內溶解——必經之路嘛！
> 奇蹟之奇蹟啊，然而
> 佛與祖師在那裡？不必
> 再剃我的頭了，也不必洗了。
> 只要放放木材燒燒——那就夠了。(*The Crane's Bill*, 23)[5]

狄瑾遜能回應愛默生成爲「透明的眼球，空無一物，但什麼都

---

5) Lucien Stryk, *Zen Poems of China and Japan: The Crane's Bill* (New York: Anchor p., 1973)。以下引自本書者，均以（*The Crane's Bill*, 頁數）表示。

看見」的神秘經驗。她是「空無一物（空觀）的支配者，／但能發揮威力」（637）。像蜘蛛在無中往返（605），自己變成妙空而「無爲」，無爲而無不爲，空而不空。這是因爲詩人能體會到像禪詩般的意境；此空便是生命活力的泉源。她說明這種感覺如下：

以樸素的禮物和尷尬的文字
說明人心
是空無一物的——
但是此空卻是一種力量
刷新這個世界——（1563）

「空」的力量不但能刷新一個人，它亦可刷新全世界的人。經刷新的世界必然是充分和諧的大同世界。在這空觀中已不再有二元論或多元論的觀念；一切歸於「不二元論」了。如愛默生〈波羅門〉（"Brahma"）中所說：

如果這位紅蕃殺人者認為他殺了人，
　或者如果被殺者認為他被殺了，
他們根本不知道絕妙之道
　我所堅持，經過，一再地重複者。

對我而言遠的或忘記的都是近的；
　蔭子和陽光是一樣的；
消失的神在我面前出現；
　其中之二是羞恥和聲望。

他們認為不好把我排除掉；
　當我飛向他們，我就是翅膀；
我是懷疑者也是懷疑本身，
　而我是波羅門所唱的聖詩。

強壯的神渴望我與祂們同居，
　然而七聖賢渴望無效，
但是你，懦弱的善事喜好者！
　來找我，轉回天堂吧。

詩中的「我」指的是波羅門的印度神，基本上祂的地位超然，不與凡人一般見識；祂根本沒有二元論的觀念，在祂的眼光中沒有殺人者也沒有被殺者，沒有勝利與失敗，祂是超越時空的；從祂的觀點來看，人間的俗世，各爲自己的利益吵吵鬧鬧多麼地無聊；爲貪瞋痴惹來無謂煩惱與痛苦多麼地無意義。這便是愛默生的另一種超越論， 狄瑾遜所能體會的。她說：「漣漪的戰爭已打了幾個季節了／戰爭中我們每一個人都是勝利者／而我們每一個人都被殺死了。」（1529）十三世紀日本一位禪師有下面一首禪詩：「打贏者和打輸者：／只是一場遊戲中的演員／短暫得像一場夢。」（*The Crane's Bill*, 115.）不同的詩人唱出一樣的聲音，是多麼的巧合。人人心中的佛性應該是一樣的呀。這是我們的「本來面目」。狄瑾遜在下面這一首又說到：「這個面目我畢竟會帶走──／當我的時間已到時──」（336），「這個面目將永遠是我的。」（336）

狄瑾遜心目中的面目指的是她的「內在我」，下面一首詩將此比做一顆珠寶，但要取得這一顆珠寶要付出生命的代價：

一顆珠寶——對我來講——是那麼一種暗示——
讓我想要立刻潛入——
雖然——我知道——要取得它——
要付出代價——整個生命的！

海是滿滿的——我知道！
但，它不會污髒我的珠寶！
它燃燒著——和所有划船不同——
完完整整的——在王冠裡！

生命是豐滿的——我知道！
但，沒有像人群那麼稠密——
但，元首們——是認得出——
在最多灰塵的路那一端！（270）

為要回歸自性而「大死一番」的功夫往往要花上一輩子的時間；狄瑾遜顯然也有同感。這個珠寶在第二節裡被比喻為明鏡不易被污髒；象徵自性的珠寶完完整整地永遠在心中最深處。第三節說明如此心靈之旅的路途艱難；灰塵指的是我執導致的三毒，要去除此三毒可沒有那麼容易。《六祖壇經》中的神秀作成的偈頌：「身是菩提樹，／心如明鏡臺／時時勤拂拭，／勿使惹塵埃。」神秀將心比喻為明鏡必須時時勤拂拭，這是修行，使之不惹上塵埃；這是所有修行者必須認眞做的首要工作；同樣地， 狄瑾遜必須走最多灰塵的路，為了要取得那一顆珠寶。下面兩首東方的禪詩都以珠寶比喻為自性的意符：

我生而具有一顆神聖的珠寶，

許久以來已惹上灰塵。
今晨拂拭乾淨，它反映如明鏡
河流與山脈，永不止。（*The Crane's Bill,* 7）

一直到今天那寶貴的珠寶被埋著，
現在它從地球上發光。
心終於清淨。
坐禪，一拄香點亮整個宇宙。
我像菩提達摩一樣。（*The Crane's Bill,* 11）

自性的本來面目不受外界五慾六塵的影響，穩坐於心中深處，固若金湯。下面狄瑾遜的詩認同這一點：「把我綁起來——我仍然能唱——／放逐我——我的曼陀林／仍能彈出原音——」（1005），「命運刺了他，但他不會掉下；／她倒下了但他不會倒——」（1031）。狄瑾遜更認爲自性是她的複本，是她的精神原動力，推動她走上心靈之旅，尋覓「思想某處——／住有另一生物／是天堂般的愛——被遺忘——」（532）。一般人常忘記隱藏在心中的自己本來面目。狄瑾遜與眾不同，她經常銘記在心。她始終想「回家」，心靈的家，於是以寫詩自勉：

所以啊，探查自己！
在那裡你自己會發現
「尚未被發現的大陸」——
沒有定居者曾有此心。（832）

自己的「家」本來在心中。有時她將此「家」比喻作海洋：「狂喜是——／內陸靈魂走向海洋。」（76）海洋總是向她招手。禪者的想法更爲自在：

> 一個人真的必須為
> 開悟而焦急嗎？
> 我無論走哪一條路，
> 我都在回家的路上啊！（*The Crane's Bill,* 7）

條條大路都是他「回家」的路；修行不限走那一條路啊。

(四) 直覺——開悟之路

無論是東方的或是西方的神秘經驗中，直覺是很緊要的關鍵導致一個人超越或開悟。但東西方對於直覺這個字的解釋不盡相同。哈普得（F. C. Happold）談及神秘主義時說了下面一段有關直覺的看法：

> 直覺的洞察力……常有被賦予的一種來自心外的某種東西的啓示。
>
> 心常在被動的情形下，突然跳起來。以前模糊的事情突然明朗起來。[6]

這當然是從基督教的觀點解釋的，但如從禪的觀點來看的話，啓示絕不是被賦予，絕不是來自心外的神。只是第二句的「心常在被動的情形下，突然跳起來。」與禪的頓悟有點類似。此時模糊的事情突然會明朗起來。根據鈴木大拙的說法：

6）*Mysticism: A Study and an Anthology* (New York: Penguin, 1963), P.28。

……直覺地洞察到事物的真象不能以分析或邏輯去了解它。實際上，開悟打開了新世界，此世界，因受過二元論訓練所帶來的混淆一直沒被發現。換言之，開悟後整個周圍呈現嶄新的面貌。無論是什麼樣的面貌，它與舊世界不再相同……[7]

對於西方的詩人而言，無論他有無宗教信仰，均有天賦的直覺洞察力，但在禪裡，無心或佛心必然是直覺的泉源。狄瑾遜的直覺比較接近禪的那一種，她說：

外在——從內在
引出其威嚴——
它是公爵或小矮人，要看
其中心情緒——

好端端，永不變的軸心
調節輪子——
雖然輻條轉動得——更耀眼
而不斷拋出灰塵。

內在的——油漆外在的——
不用手的刷子——
其畫呈現——準確地——
像內在的品牌。

---

7) *Zen Buddhism: Selected Writings of D. T. Suzuki,* ed., William Barrett（New York: Doubleday, 1956）, P.84。

在一幅好好的主畫布上——
一個面頰——偶然畫上眉毛——
星星的整個秘密——在湖中——
眼睛不是要來了解的。(451)

詩中的中心情緒是內心的心靈力量的來源，如無心是我們的創造力與活動力的泉源一般。輪子的輻條顯然指外在意識，我們必須一直拂拭灰塵以保持心中的鏡子乾淨。第三節談及直覺，以不用手的刷子刷乾淨外在的意識以求內在的自性呈現，這種直覺的作用是不必用眼睛來了解的。所以詩人又說：

我未曾看過荒野——
我未曾看過海——
然而我知道石南屬的植物長成什麼樣子
而巨浪像什麼樣子。(1052)

狄瑾遜似乎是說「我沒有看過佛性，但當我遇到它，我會知道」，當然靠她的直覺，因爲佛性在她心中。她下面一首更接近禪法：

聽白頭小鳥唱歌
也許是一件普通的事——
或那只是神性的。

不是同樣的鳥
唱同樣的歌，未經聽過，
如唱給群眾聽——

耳朵的造型
造成它能聽
無論在沙丘或趕集的地方——

所以無論是沙丘
或來自無處
全在心中。

那旋律來自樹上——
懷疑者——指給我看——
「不，先生！在你心中！」（526）

這首令人聯想到《六祖壇經》中的一則趣聞：

一日思惟：「時當弘法，不可終遯。」遂出至廣州法性寺；值印宗法師講《涅槃經》。時有風吹旛動，一僧曰：「風動」，一僧曰：「旛動」，議論不已。惠能進曰：「不是風動，不是旛動，仁者心動。」一眾駭然。（〈行由品〉）

日本亦有一則類似的趣聞：

指著前面的海，師父告訴他的弟子：「你說心勝過物質，好，你能不能將那些船隻停下來？」不說一句話，那位弟子走過去將紙壁關上。

「哈，」師父笑了一下，「可是你還得用你的手。」仍不說一句，弟子閉上了眼睛。（*The Crane's Bill,* 120）

狄瑾遜另外幾首延伸了此意：「油燈燃燒——當然在心中」（233），或「喜悅——在心中——／不可能有外來的酒／那麼堂皇地陶醉／像那種更神性的品牌。」（383）這都是因為詩人相信「莊嚴的東西在心靈中」（483）。這些想法都能導致直覺。

狄瑾遜自己對於直覺下了如下的定義：

透過直覺，——最偉大的東西——
自己露出鋒芒，而不依字眼——
「我是半夜」，半夜需要說嗎？
「我是日昇」，閣下需要說嗎？（420）

這個定義透露兩則訊息：純理性的推論和直覺的不可說性。有一首禪詩可為上述定義的註解：

我怎麼能告訴你我看到什麼？
倒下去，站起來，一看便知。
反穿我的僧衣，我照樣走路，還有新的。（*The Crane's Bill,* 50）

前兩行是純理性的看法，後兩行說明開悟之後的自由感，當然是不可言說的。一個人領悟之後的不可說性可在狄瑾遜的其他詩中看到，例如：

蜜蜂的喃喃低語
巫術——唬了我——
如果有人問我為什麼——
死比較容易——

比要我講出來。（155）

他解說「寬度」之事一直到它仍然狹窄
寬的太寬以致無法界說
至於「真理」終於宣告他說謊——
真理未曾炫耀一個符號。（1207）

肅靜是我們所害怕的
聲音有償金——
可是肅靜是永恆的。
它本身不是門面。（1251）

我知道他存在著。
在肅靜中——某處——
他將他稀罕的生命躲藏起來
從我們粗大的眼睛。（338）

上面每一首詩禪趣十足。空寂中寶藏無盡，但這些都是無以言說的，超越人類語言範圍。這是禪「不立文字」的道理。但說明禪爲何物，禪宗還得以「不離文字」之法詳細解說一番，同樣地，狄瑾遜明知這些意境不可言說，她還是寫了那麼多首詩來加以闡釋，深恐詩中傳達的訊息還不夠明白，她又以比喻的手法寫了如下幾首詩：「雄辯是當心中／沒有一個聲音挪出。」（1268）「全能的神——沒有舌頭——」（420），這簡直就是維摩詰居士的「靜默如雷」，雖然靜默無聲，但其無聲比打雷還大啊。雄辯不必靠語言文字；全能的神不必講話。如狄瑾遜的下面妙語也很傳神：「秘密一講出來／不再是秘密了——

那麼——／保守秘密——／可令人不寒而慄——」（381）。

談到直覺，詩人往往將此經驗以最少的字眼說明，點到為止，不加以解說；這一點，狄瑾遜寫詩的神來之筆很像日本的俳句。俳句在日本可說是字數最少的詩，每一首都是點到為止。這是禪詩的特色。直覺不乏來自聲音的例子。其實禪宗的棒喝也是聲音，它可以打醒半醒半睡中的心靈。日本俳句詩人芭蕉（Basho）的一首俳句中的青蛙跳入水中的聲音如何導致詩人開悟是家喻戶曉的趣聞。這首俳句譯成中文是這樣的：

古老一池塘，
青蛙跳入水中央，
撲通一聲響。

一般受過西方文學理論與批評的人會將此詩看成是一首富有象徵意義的詩。古老象徵超越時間，池塘是永恆，青蛙跳入水中可能象徵基督教式洗禮，水的聲音可能聽成神的聲音了。於是這一首俳句被賦予基督教神秘主義的意義。實際上，這首俳句是典型的東方禪詩，以點到為止的手法，說明詩人的直覺被聲音打動證入不生心而開悟的過程。此水聲確也有棒喝的作用。一個正在修行中禪者，本來隨時都可能開悟，可能因機緣未到，只期待著漸悟，突然證入自性。就好像一隻手不小心觸到電，突然縮回去的那一剎那，是不經大腦而經直覺的。其速度之快是出乎意料之外的。下面這首狄瑾遜的詩回應這一點：

心靈與永恆的
顯著聯繫

最易於顯露在危險
或突如其來的災難——

如風景中的閃電
照亮遍地——
來不及懷疑它是什麼——只是一閃——
卡搭一響——冷不防。(974)

下面這一首狄瑾遜的詩可以做爲芭蕉那一首俳句的註解：

我聽到，好像我沒有耳朵
一直到一個致命的字
從生命傳到我這裡
那時，我才知道我聽到了。(1039)

這一個致命的字和那隻青蛙跳入水中的聲音觸到直覺導致無心，詩人可是眞聽到了。

神秘經驗能否將神秘主義帶入最高意境完全要看因緣是否已成熟。狄瑾遜下面這一首也談到心靈之旅之是否順利，因緣要成熟：

心靈中嚴肅的東西
要感覺它是否成熟——
黃金般的竅門——一直往上爬——
造物者的階梯停止——
而在果園那一邊——
你聽到有個東西——掉下——(483)

因緣之成熟要靠長期的苦修。對於禪者而言，他不斷地坐禪一直到坐禪成爲生活的一部份。坐禪時五官與外界斷絕，心裡只有平靜：

只有禪者知道什麼是平靜；
大地之火燃不及此山谷。
在蔭涼的枝幹下，
肉體之窗關得緊緊的，
我做夢，我醒來，我做夢。[8]

有趣的是，狄瑾遜也有一首具有類似的禪趣：

一個可憐的破碎心——一個粉碎的心——
它坐下來休息——
沒有注意到潮退的日子——
銀色流向西方——
也沒有注意到星座燒了——
只專心注視著——
未知的緯度。（78）

悟境是非知性的，不能以理性或邏輯或科學來推論的。所以吾人要靠感覺來領悟它。狄瑾遜有下面一首說明這一點：

光線存在於春天
一年當中只此一時

8) Lucien Stryk, *Zen Poems, Prayers, Sermons, Anecdotes, Interviews* (New York: Doubleday, 1965), P.15。

在任何其他季節——
當三月幾乎還沒有到

顏色遍佈於
孤零零的荒野
科學不能追過它
只靠人性來感覺。

它等在草地上，反映出遠遠的一棵樹
在最遠的斜坡上——你知道
它幾乎在向你講話。

然後如水平線般
或一個下午一個下午地報失
沒有聲音的公式
它只是經過而我們仍然留下——(812)

一個人開悟之後的人生觀是正面而積極的，他能以平常心看新的世界（看山又是山，看水又是水的世界）。狄瑾遜亦不例外，她說：

「自然」是我們所看到的——
山——下午——
松鼠——月蝕——蜜蜂的嗡嗡聲——
不——自然就是天堂——
自然是我們所聽到的——
食米鳥——海——

雷聲——蟋蟀——

不——自然是和諧——(668)

注意詩中的「不」出現兩次之後「自然」完全變成「看山又是山，看水又是水了」。

雖然有濃厚的基督教背景，狄瑾遜的神秘經驗完全是自己心中直覺的經驗，內省的心得，不一定與神溝通有關，她說：

心靈有時也有逃脫的時刻——

當它從所有門口迸裂——

它跳得像炸彈，炸得遠遠的，

然後搖動個幾小時，

好比蜜蜂——興奮無比——

牢浸於薔薇中許久許久——

觸及自由——然後什麼也不知道了，

只有中午，和樂園——(512)

這是超越的狂喜，自己心靈的無限膨脹，完全開放的自由意識，解脫了世俗或傳統的束縛，於是狄瑾遜又歌頌：

我的頭腦——開始大笑——

我咀嚼得——像個傻瓜——

雖然那是幾年前的事——那天——

我的頭腦不斷地吃吃笑。

而有個奇妙的東西——在裡面——

我便是那個人——

而這個人——現在感覺不同——
這算是瘋狂嗎？——這——(410)

微風有時也可刺激詩人成爲狂喜的比喻：

興奮是微風
它把我們從地上抬起
然後把我們放在別的地方
其陳述一向也找不著——(1118)

這種喜悅不可言說，所以其文字說明永遠也只是點到爲止。有一首日本禪詩正好可做回應：

終於我解開了一則公案！
出口處無所不在——東，南，西，北
早晨任何時候，傍晚任何時刻；也不是主人
也不是客人。
我的每一個腳步激起微風。[9]

微風是很恰當的意象傳達開悟的喜悅；禪詩如此，狄瑾遜的小詩亦如此。以上所舉的狄瑾遜的詩給讀者的感覺是她的超越經驗比較接近禪宗的頓悟那一種。尤其是其突然性與短暫性。這種超然的經驗以小詩點到爲止是再恰當不過了。一輩子有過豐富的片段式神秘經驗，難怪，她不寫散文，也不寫小說。如果她以散文或小說闡述她的心靈經驗，她便無法留下很大的空

9) 同上，P.5。

白，以傳達個中禪趣啊。禪詩與禪畫之所以要留白，點到爲止就是這個道理，所以如果稱狄瑾遜是禪師，她應該當之無愧。只是她願意擔任禪師嗎？絕不，因爲下面這一首詩告訴我們爲什麼：

我是沒沒無聞的人！你是誰？
你——也是沒沒無聞的人——嗎？
那麼，我們兩是一對？
不要告訴別人！他們會廣告——你知道嗎！

那是多麼可怕——要成為——有名的人！
多麼公開——像青蛙——
告訴自己的名字——整個六月裡——
給羡慕你的泥沼聽！——(288)

她寧願沒沒無聞，她和惠特曼一樣沒有教席，不希望有跟蹤她的人，她要孤獨走自己的路，她不要因寫詩而出名；她當然不會收徒弟像禪師一般。換言之，她比較像小乘的禪師以度自己爲一生的聖業。她想沒沒無聞的念頭令她成爲比愛默生的個人主義還要徹底，比愛氏的自立哲學還要自立。這種自立的個性可從下面三首詩看出：

千萬不要為社會
他將尋覓不著——
他自己的認知
要靠自己培育——(746)

一個人——就是人口——
夠多了——
尋找令人喜悅的國度
那是你自己。（1354）

有客人在心靈中
很少出國——
更神性的人群在家呀——
刪除這個需要——（674）

下面的禪詩可歸納上面的小詩所傳達的自立哲學：

一個人要站起來，自己會站起來，
一個人要倒下來，自己會倒下來。
秋天的露水，春天的微風——
沒有一樣東西能干擾啊。（*The Crane's Bill*, 12）

狄瑾遜甚至將自己比做小石頭，自由自在，自滿自足：

小石頭多麼快樂
孤孤單單在路上逍遙，
而不管事業
在危急關頭從來不怕
穿著基本的棕色衣
經過的宇宙將它穿上，
而和太陽一樣獨立
獨自發光普照，

執行著絕對的天意
在隨時天真純樸中——(1510)

石頭般的孤獨絕不是寂寞，而是自滿的孤獨；這便是狄瑾遜的自立哲學，也是禪宗教外別傳的自立精神。[10]

三

研究外國文學中的禪，筆者所採取的方式要看此外國禪有否受到佛教或禪學之影響，如無，便必須以平行比較研究方法觀照該文學作品中之主題與意境和禪學中的課題能匯通之處；本文研究狄瑾遜的詩風便以此法進行。外國文學中的禪如有明顯受到佛教或禪學影響，筆者便以影響比較研究方法探討作者與佛教或禪學的因緣，如其生平，宗教經驗（尤其日本，中國和印度），禪學造詣，以及因而呈現於作品中的禪趣。

其實，今日佛教文學已不僅僅含蓋佛教經論中本身的文學性，佛教對於中國文學的影響，它亦可包含佛教對外國文學的影響。今日國內外禪文學的意義已不只是它的文學價值；它的作用已不只是家喻戶曉的「詩爲禪客添花錦，禪是詩家切玉刀」，而在它高超意境上督促讀者提升宗教情操，以拯救人們的心靈，崩潰的道德意識，帶來更圓滿的人生，促進世界的和諧。

10）以上這一節節錄自拙作《禪與美國文學》第6章。

藏戲源於佛教述略

王　堯

（北京中央民族大學藏學系教授）

一

藏戲是以歌舞形式反映社會生活、以曲折的故事情節表現人們喜怒哀樂感情世界的綜合藝術。藏語稱之爲「阿佳拉木」（a-ce lha-mo），演員稱爲「拉木哇」（lha-mo-ba）。本來，「拉木」（lha-mo）的意思是仙女，可能是由於藏戲演出正戲之前，往往有仙女出場，表演一些歌舞，一方面借以集攏觀眾，一方面介紹劇團、演員跟觀眾見面（這都是爲了適應廣場演出的需要）。所以，產生這樣的稱謂。至於「阿佳拉木」，直譯應當是「仙女大姐」，那就更帶有某種程度的親昵意味，表示出演員跟群眾有著親和、融熙的關系。[1]

藏戲演出的劇本稱爲「尺布雄」（khrab-gzhung），意思是「表演的內容」，相當於人們習慣上叫作「本事」的本。絕大部

1) 請參看《藏族文學史》（四川民族出版社，1985 年，成都）第 3 編。藏戲／第 354～371 頁，系筆者承擔撰稿者。

分的劇本都以「本事」的形式傳抄行世，也有各地方以本刻印本流傳。

藏戲在西藏自治區和四川、雲南、甘肅、青海等省的藏族聚居地區普遍流行、家喻戶曉，成爲婦孺皆知的、最喜聞樂見的藝術形式。

在漫長的農奴制社會裏，廣大農奴生活在殘酷的經濟剝削和政治桎梏的重壓之下，輾轉掙扎在死亡線上。但是，人們用文學、藝術的各種形式來團結、教育自己，來撫慰苦難中的兄弟。這時，宗教，尤其是佛教就成爲人民群眾最好的慰安所。佛經的故事，佛寺的鐘鼓成爲人民大眾汲取精神力量的所在。藏戲，也自然地在佛教文化的土壤中滋生、成長起來，成爲人民大眾親密的朋友。各地組成業餘劇團（有些是寺院的僧人組成），形成不同的流派，各自有拿手的劇目，有著名的演員。其中，最爲人們熟悉的劇團如下頁表：（1964 年統計，近些年來有很大的發展，待補）

這些劇團嚴格說來都是一些戲劇愛好者的組織，有的就是一種差投負擔——戲差，另一些劇團是寺院中的青年僧侶組織起來的業餘俱樂部，而且有一些老年有經驗的僧人做指導。一般是在藏歷十、八月間，寺院中的僧人剛剛過完清苦的「夏安居」（dbyar-gnas）三個月比較枯寂、單調、辛苦的生活。[2] 於是組織一個「雪頓節」（zho-ston），又有譯作「酸奶子節」。該節日演出藏戲演出發其端，讓僧人有一個明朗歡快、賞心悅

2) 根據佛教傳統，夏季三個月雨水充沛，蟲蟻滋生，爲了不殺生，僧人在寺內舉行，「自恣」——自我檢查戒行，不准外出，稱「夏安居」。

名　稱	地　點	主要演出劇目	現　狀
扎西雪巴 bkra-shis zhol pa	山南	蘇吉尼瑪、文成公主	成爲山南藏戲閫主力
江噶爾 rgyal-mkhar-ba	江孜	朗薩姑娘、卓瓦桑姆	參加日喀則地區藏戲團
迥巴 gcung-pa	後藏拉孜境內	頓月頓珠	保持農村演出業餘性質
覺木隆 skyo-mo-lung	垃薩尼木境	蘇吉尼瑪、諾桑王子等	加入藏戲團，成爲國營事業單位
賓頓巴 spun-bdun-pa	山南乃東	諾桑王子、文成公主	保持民間、業餘的性質
薩迦巴 sa-skya-pa	後藏薩迦	文成公主、卓瓦桑姆	縣藏戲團的主力
巴塘娃 vbar-thang-ba	四川、巴塘	諾桑王子、卓瓦桑姆	在文化局領導下組團
結古朵巴 skye-dgu-mdo-ba	青海玉樹	卓瓦桑姆	業餘民間團體
拉卜楞 bla-brang-ba	甘南夏河	赤美滾登	寺院業餘團體

目的公共活動，抒發一下身心。在拉薩，到「諾布林卡」（nor-bu gling-ka）達賴的夏宮去公演，市民蜂擁而至，萬人空巷，可算作第一個高潮。各地劇團也差不多同一時間在當地中心城市、中心地點聚眾演出。近若干年，許多劇團利用這一機會，組織起大規模的「會演」，帶有比賽和交流的意味，更能滿足廣大群眾的看戲的心願。一些以唱腔、演技著名的演員到處受

到歡迎，成為人民群眾心目中的好朋友。演員們隨著季節的轉換，逐漸從城市轉入農村，到各地去表演。有的還遠行到國外，到印度、尼泊爾等喜瑪垃雅山的南麓的藏語區演出。他們拖家帶口，生活形同流民一樣，極為清苦。但是，為了藝術事業，為了滿足群眾的娛樂要求，他們不怕辛苦、勞累，翻山越嶺，走鄉串鎮，隨時作一些廣場演出。有時，他們也幫助當地群眾做些家庭的農業勞動，諸如收割、打場、脫粒等，做這事，他們也是行家里手。這是藏戲團的一個基本特點：植根於人民，來自人民，服務人民。[3]

由於歷史的條件所限，演員都沒有進過專門的藝術學校，沒有類似的「科班」培養，往往是世襲的、家族的傳授，父子、夫妻組成班子，世代祖傳、子繼父業（或婿繼翁業）。這樣，流派的形成與家庭的師承幾乎是一致的。導演，藏語稱之為「勞本」（slob-dpon）或尊稱為「根拉」（rgan-lags），是最受尊敬的師父。他熟悉戲劇故事，熟悉情節和劇中人物，往往由他口述故事，劃分場次，分配人物，組成一出出戲劇排演到演出。[4]

既然是家庭世襲的班子，或者是師徒傳授的流派、相互之間協作極好，很少鬧糾紛和意見，也很少有人爭名次、待遇，眞正做到情同骨肉、有福同享、有難同當的境界。而演員上場

---

3) 第一個國營劇團——西藏藏戲團，五十年代組建，以「覺木隆」劇團為基干，吸收各地演員參力，才有了固定的專業劇團。

4) 已故的羅桑多吉先生長期擔任導演，而且自充演員，是一位多才多藝的藝術家，於 1993 年病故於拉薩，令人懷念。

時又是非常認眞、絲毫不苟、相互配合、默契、令人感動、佩服。這些劇團走街串鎭，歷經風雨，顚沛流離而不後悔，完全靠的佛教的「利他」教義和爲藝術獻身的精神，相互鼓舞和支持。直到今天人們還可以從藏戲團體身上發現這樣的優良傳統。

二

從劇本、舞蹈、唱腔、服裝和面具等方面來考察，藏戲是在佛教文化、民間歌舞、說唱藝術、宗教酬神謝鬼等幾個不同的藝術土壤上共同組合而成的。幾百年來，有無數的藝人、藝術家、劇作家（都是高檔次的高僧大德）和戲劇愛好者不斷的努力豐富、提高、充實匯成今天獨具風格的、有濃鬱民族特點的劇種。過去，長時期是以廣場演出爲主（舞臺的、室內演出是近若干年的新的變化），它要求演員「唱」、「做」連合廣場的演出需要，一般是音量宏大，舞姿流動。由於廣場空曠，聲音散失較快，演員必須以高亢的嗓音、起落幅度較大的動作，用以引起觀眾的注意。這也就是藏戲具有的粗獷、雄勁格調的特點的原因。[5]

根據幾種劇目的演出底本上所標明的唱腔來統計，至少有二十種以上，男女老幼、音樂悲哀、激越回蕩，各各不同，可劃分為四大類：

---

5) 據察珠活佛的口述，許多劇本由悶喇嘛（mon-bla-ma）在本世紀初改編定型，可惜這位作家身世無考。

藏戲曲調名	在劇中所表現的情緒
達任 brda-ring	表現歡樂、舒暢的心情。
教魯 skyo-glu	表現愁苦、悲痛的心情。
達通 brda-thung	一般性的敘事。
當羅 vdang-lo	感情變化、起伏迭宕。

演出時，演員根據劇情的變化，時時更換唱腔，細致地表達劇中人物的感情，刻劃其內心世界。如《朗薩姑娘》一劇中，在劇本上標明幾種不同的唱腔來表明人物的環境變化和心情的起伏。《諾桑王子》一劇中，王子出征所用的唱腔與回宮時所用的唱腔迴然不同，這一點說明藏戲的唱腔設計是很有講究的。還應該說明藏戲的唱腔沿用《諾桑王子》、《卓瓦桑姆）等幾個傳統的劇本中人物的唱腔作爲曲牌的定名，如：「諾桑北征調」、「諾桑回宮調」、「噶拉旺保調」、「色瑪壤高調」等等。還必須了解寺院中的梵唄和禮贊　佛曲對藏戲唱腔也有借鑑作用。

演唱時，有打擊樂器伴奏，伴隨者劇情的發展，演員邊演邊唱，另有一位專門旁白演員，藏語稱爲「雄桑肯」（gzhung-sangs-mkhan），意爲「劇情述說者」，由他交代劇情的進展，一般採用「快板」和「數板」的形式，而劇中人物則專心致志地玩腔吟調，唱得字正腔圓，有時能把字音拖得很高很長，形成藏戲特有的拖腔。聽到這種唱腔，能使人不由自主地聯想起風雪高原、遼闊大地、峽谷險灘、激流、奔馬、鷹擊長空、魚翔淺底等壯美的場面和自然景觀。

藏戲的唱腔和舞蹈動作也是相互配合的。舞蹈的基本動作與內地許多地方劇種相似，都是以模擬和誇張手法來表演故事內容。以藏戲的舞蹈語匯來說，有它自己的特點。如騎馬、行船、爬山、登樓、馬馳原野、鷹翔天際、上天入地、擒魔降怪、禮佛拜祖……都形成一套格式，人們一眼就可知道舞蹈所表現的內容。由於藏戲的舞蹈動作一般都是從現實生活的動作提煉和加以誇張而來，給人以和諧、壯觀、實在的美感。有些動作如揖拜、敬禮等還體現了早期藏戲所殘留的直接來自宗教儀式的遺跡。

舞蹈按姿勢、節拍和動作可以分為六類，每一種舞蹈節拍、圖形、手和是的要求不同。

列表如下：

舞　名	樣　式	表演內容
頓達 stong-dar	由慢而快，跳動	出場時用
切仁 phye-ring	轉半圈先右後左，曲線進行	行進中用
恰白 phyag-dpal	手作致敬、揖禮	敬禮時用
格切 gar-che	轉整圈、環行	用於長途跋涉
德東 der-stong	慢步	靜場、休息時用
波爾欽 phor-chen	轉大圈、雙臂平伸地面成 60% 角、旋舞	武功、按藝

舞蹈動作是演員的基本功夫，由於造詣不同，功夫深淺，因人而異，許多特技演員的表演並不是每一個演員都能達到

的。某些演員的「旋子功」輕如飛燕、迅若驚鴻，成爲人們口頭傳頌的美談。

面具（vbag）也是藏戲的一大特點。在早期藏戲的歷史上，面具不可缺少，每一角色人物在戲中都戴上不同的面具。到了近代，人們追求現實感，在劇中除了仙人、魔怪的角色以外，都已很少沿用傳統的面具，而採用現實了妝粉了。因爲面具有其局限性，面部表情無法表現出變化，而演員在誦唱時也受到面具的影響（有時，面具被推到頭頂上，以便誦唱）。但，面具有時與京劇的臉譜相近、各種面具也表現出群眾的欣賞趣味，象征性的面具也是藝術歷史的積澱，引起人們的注意。布達拉宮的壁畫上，藏戲演出的場景維妙維肖。可以見到面具被演員頂在頭上，或者戴在面上都是當時寫時的紀錄。目前人們常見的面具是丑角、仙翁、武士，以及動物的形象，很少有新的內容。藏戲面具曾於 1987 年在日本舉行的「國際面具藝術研究討論會」上展覽，受到與會者的普遍注意。

藏戲的服裝歷來是採用古裝，如國王、宮員採用蒙古緞袍，極其華麗莊重；無論是衣、帽、靴、佩飾都以清代的官服爲主。衙役、差人之類隨員的服飾也是隨著官服而檔次稍低；婦女服飾則頗爲艷麗，珠寶滿頭，纓絡垂胸。貴族峨冠博帶，顯得雍容華貴。勞動者的衣著極爲馬虎，幾乎都是就地取材，不加選擇，近於寫實。由於高原氣候早晚與午間溫差較大；演員的服裝不能脫離實際，一般都是寬袍大袖，厚重凝斂，在舞蹈動作中，略加扎束而已。武士、將官在官服外，裙袍之上加一層繩珠網絡，使他們在動作時搖曳多姿、生動活潑。近若干年來，演出時人演員服裝大有改革，基本上採用了時裝，只是在色彩和質料上講究一些而已。個別劇團採用了京劇的服裝上場，只是一種嘗試，效果如何還爲要了解、觀察和研究。

三

藏戲的演出，除了折子戲以外，一般有三個部分：

第一部分：「頓」（don）或稱「溫巴頓」（rngon-pa-don）是演出的序幕。目的是介紹全體演員跟觀眾見面，同時平整場地。也表演一些歌舞和詼諧的、滑稽的小節目，用以集攏觀眾，爲正戲演出做好準備工作。根據我們從《諾桑王子》一劇的序幕來考定：「溫巴頓」原是該劇中「獵人出行」的情節，逐漸成爲固定的程式，不管演甚麼戲，都以「溫巴頓」做爲序幕、引子。反過來也可以說明《諾桑王子》確實是最古老的劇目。

第二部分：「雄」（gzhung），意思是正文、正戲，也就是演出的主要內容。大的戲碼子上，一出戲要演兩三天，至少也要演一整天。好在一般觀眾早已熟悉這些戲劇故事、情節，人們在這裏再來看（聽）戲不過是一種娛樂和享受，一種文化生活的調劑。人們可以閉著眼欣賞某一演員的唱腔，可以順著舞姿欣賞其基本技藝和功夫。筆者見過一種劇本，是在演出時提供達賴喇嘛看藏戲對照翻閱的腳本。文詞特別講究典雅、唱腔曲牌都一一注明，可以想像當時在演出高潮時產生的文化、情感的激蕩與交流。也說明了藏戲的唱、做、表演都已經有相當程度的規範化了。

第三部分：「扎西」（bkra-shis）意思是「吉祥」是在正戲演完之後，舉行的全體演員爲觀眾、爲地方祝福迎祥的儀式，也伴有歌舞。同時，接受觀眾和地方頭人、富戶的捐贈，形式是莊重的，心情是歡快的，觀眾和演員的心聯成一片。

四

藏戲的起源是人們普遍關心的問題。有一份手抄本的藏戲《雲乘王子》（rgyal-po sprin bzhon）的演出本，是雄頓多爾杰改編的，這位頗有名氣的作者，在序言中說：

> ……往昔，我雪域之最勝成就自在唐東杰伯赤列尊者，以舞蹈教化俗民，用奇妙之歌音及舞蹈、如傘蠹復蓋所有部民，復以聖潔教法及偉人之傳記，（演出）來扭轉人心所內，而軌儀殊妙之「阿佳拉木」遂發其端焉。……（原手抄本第五頁下，中央民族大學圖書館藏本）

這一段話與民間傳說基本一致：

1.藏戲是由唐東杰伯發明創造的。

2.藏戲是以聖潔教法（佛教）和偉人傳記爲主要內容的。

3.藏戲是用以歌、舞、故事來扭轉人心所向——教化人民的。

也可以說，這一段話是關於藏戲起源的重要論述。按唐東杰伯其人，是噶舉派（白教）的一位聖者，據《正法白琉璃大事年表》所載，生於藏歷第六饒迴（rab-byung）的陰木牛年（乙丑），即公元1385年。那麼，藏戲既是他發明創造的，不會早於十四至十五世紀。

在另一部《薩迦世系史》中，也有一段關於早期形態的描寫：

……昆寶王生於陽木犬年（甲戌）（公元 1034 年），幼聆父兄之教，盡悉之，對新舊密法意竊向往。時，卓（vbro）地有大廟會，往觀焉，百技雜藝之中，有巫師多人，自在女輩二十八人，戴面具，手持兵器，另有長辮女郎擊鼓，眾人隨之而舞，至為奇觀。……

這一段文字說明，遠在十一世紀時，即有啞劇形式的表演，並且能吸引爲數不少的觀眾。這可能就是藏戲的最初形態。筆者曾在薩迦寺附近作過調查，藏戲老演員旺階先生以兩個夜晚時間，口述一齣名爲《巴空木》（dpav-khums）的藏戲啞劇表演形式，可以作爲旁證。而藏族著名學者江洛金先生、察珠活佛和藏戲團著名導演扎西頓珠先生都曾講述過同樣的傳說：

當初，雅魯藏布江河水洶湧，來往旅人過河時，都靠牛皮船划船過渡，經常發生危險，人畜傷亡，甚是可慘。唐東杰伯尊者悲天憫人，發下宏誓大願，要在雅魯藏布江上下興建十三座鐵索橋，以便利過渡行人。他的悲憫心願得到山南賓頓村七姐妹的支持。於是，由她們組成劇團，表演神仙救人、善有善報的故事，用以化導群眾，募化鐵料和資金。經過長時期的努力，終於建成十三座鐵索橋。橋成後，唐東杰伯被稱為「甲桑巴」（lcags-zam-pa），意思是『鐵橋師』。而藏戲從此就流傳於藏區各地。

這三位先生都已先後作古。但，他們的睿智的語言，動人的傳說給人們留下了極爲美好的印記。這一傳說說明藏戲作爲藝術的品種，它產生於勞動，產生於人民群眾的創造，產生於佛教文化的氛圍之中。

在藏區，另有一種說唱藝術，稱爲「喇嘛嘛呢」（bla-ma-mani），意思是「蜻蜓」。原來是因爲西藏的這種說唱藝人，身背著經書（也許就是「變文」形式的佛經故事書），橫著於背拴在身上，在城鄉巡回，遠遠看去，就活像一只蜻蜓。於是，人們稱之爲「喇嘛嘛呢」——蜻蜓。

這種藝人，在城市或者鄉鎮，人煙稠密處，掛起一幅「佛本生唐卡」（skye-rabs thang-ka），然後就用木棍指著「唐卡」畫面，邊說故事，邊唱唄贊，說說唱唱，圍坐在他面前的的群眾，隨著故事時節，感情起伏，時而哄堂大笑，時而蹙眉愁苦，時而流淚悲傷。藝人在這時，成爲觀眾的中心，他一人擔任劇中的幾個角色。有時成爲威嚴凜凜的國王，就以國王的口氣發號施令；有時成爲慈祥愷悌的母親，用慈和溫順的口氣撫慰兒女；有時則用嬌憨玲瓏的少女口吻，笑聲朗朗；有時又以英武豪邁的口氣摹擬王子、英雄；時而摹擬奸詐狡猾的奸臣，獰獰恐怖的妖婦，無辜受害的百姓，流離播遷的受害者……都隨故事情節的發展而變化。這時，圍觀的群眾則隨著藝人的「獨角戲」而喜、怒、悲、歡，儼然收到戲劇的效果。

藝人往往是還俗的僧侶，粗通文墨，知識淵博，走村串鎮，見多識廣，能記得若干佛經故事，出口成文，頗受群眾歡迎。簅們不需要很大的場地、不需要更多的演員，不需要演劇時的道具、樂器、服裝等等條件，只是由藝人獨自一人承擔，簡單易行，所以受到群眾的歡迎。

藝人所說唱的本子往往就是戲劇的本事，而綴以長行——「講」和「唱」，配在一起。經常演唱的故事（也就是藏戲的腳本）有以下幾種：

《赤美滾登》（dri-med kun-ldan）

《朗薩姑娘》（snang-sa vod-vbum）

《諾桑王子》（chos-rgyal nor-bzang）

《蘇吉尼瑪》（gzugs-kyi nyi-ma）

可以準確無疑地斷言，這些說唱的故事正是藏戲經常演出的劇目，無一例外。我們是否可以引申一步：「喇嘛嘛呢」這種說唱藝術，是藏戲的姊妹品種？或者說：「喇嘛嘛呢」，這種說唱藝術爲藏戲的發展準備了客觀上的、硬體條件？假若，我們從漢地的「變文」到「雜劇」的發展歷史來推斷：「喇嘛嘛呢」這種說唱藝術是藏戲發展史上的一個重要的階段。而且，藏戲發展了，流行了，在城市普遍演出了，「喇嘛嘛呢」這種單人獨騎，走闖江湖的獨行俠並未被淘汰，他們仍然以其方便易行的形式，在社會上流行不衰，與藏戲並行不悖，相輔相成。

我們知道，佛教是擁有廣大信眾的宗教，在民間有深厚的基礎，佛陀本人就很喜歡接近群眾，一貫主張把自己的認識、道理向群眾宣傳。同時，在與群眾接觸中，也得到支持和精神鼓舞，得到感情上的交流。在佛陀涅槃以後，佛弟子們又將這一傳統發揚光大。舉凡詩歌朗頌、故事講述，都被佛教師父們用來宣諭佛陀的偉大理想和教義的方便形式。佛陀所主張的道德原則和行爲規範與人民大眾的日常生活結合起來，成爲人們生活中的精神支柱。《毗尼母經》卷八所記佛陀的主張：「我法中不貴浮華之言語，品德樸實不失其義，令人受解爲要。」在巴利文佛經中，佛駝說：「我允許你們，比丘呀！用（你們）自己的語言來學習佛所說的話。」

從藏戲上演的劇目中已經考知直接來自佛經或佛經故事的有：

《赤美滾登》（dri-med kun-ldan），這是根據《大藏經·方等部》的（佛說太子須大拏經》直接改編而成。在人物、情節和主旨上與原來佛經完全相同。祗是在藏文譯文《聖者義成太子經》（《甘珠爾·諸經部》東大目錄 No.351. vphags-pa rgyal-bu don-grub-kyi-mdo）增加了一些內容，而宣講六度之首——布施（sbyin-pa）一度的功德，淋漓盡致，成爲「喇嘛嘛呢」和藏戲經常上演的節目。

《敬巴欽保）（sbyin-pa chen-po），是《賢愚因緣經》（mdo-mdzangs-blun）的「大施抒海緣品」（漢文，在第三十九品；藏文，在第三十品 sbyin-pa chen-po rgya-mtshor zhugs-pavi levu）故事的直接改編。

《絮貝旺秋》（bzod-pavi dbang-phyug）是《賢愚因緣經》的「羼提波羅因緣品」（漢文，第十二品，藏文，第十一品 bzod-pavi levu）的故事衍化而成。

《岱巴登巴》（dad-pa brtan-pa）是《賢愚因緣經》的「善事太子入海緣品」（漢文，第三十三品；藏文，第五十品 rgyal-bu dge-don gyi-levu）的故事改編；而且僅僅把主人公的名字由 dge-don 換成 dad-pa brtan-pa（堅定信仰）而已。

《雲乘王子》（rgyal-po sprin-bzhon），這是根據梵劇《龍喜記》（藏文譯本作 klu-kun-tu dgav-bavi zlos-gar 丹珠爾經·本

生部，No.4154，雄頓譯師譯。）改編。而《龍喜說》是佛本生故事之一，雲乘王子是佛陀的一次轉生，他悲憫龍的無辜被大鵬鳥的啄食，以自身血肉之軀，供大鵬呑噬，終於感化了大鵬，斷除了噬食龍種的習性。雄頓講師，名多爾杰，是八思巴（vphags-pa, 1235～1280）的弟子，隨侍八思巴在大都弘法，受到都城雜劇的薰染，改編《雲乘王子》，對藏戲的形成和發展起過重要作用。可以視爲藏戲發展史上一個重要里程碑。

《蘇吉尼瑪》（gzugs-kyi nyi-ma）一劇的前半部是佛經《大智度論》中「一角仙人」的故事翻版。蘇吉尼瑪名爲隱士之女，實爲牝鹿飮仙人精液受孕而生。也可以說是根據另一個佛本生故事改編而成（一角仙人也是佛的一次轉生）；後半都作爲王妃所受的恩寵與苦難，又納入了梵劇的基本形式。

根據藏戲劇目，可以確信，以佛經或佛經故事、佛本生故事改編而成的劇本占據重要地位。

簡單的幾句結論：

藏戲是在寺院中的宗教舞蹈、民間歌謠、佛經故事三者結合而形成，經過說唱藝人的琢磨、改編，又吸收了元大都的勾欄雜劇而形成的藏族的民族藝術。也可以說是在佛教文化的土壤中生根、發芽、孕育成長的民族藝術。

後記：筆者在西藏各地生活過十三個年頭，最喜愛觀看藏戲，曾將藏戲故事譯爲漢文發表；出版過《藏戲故事集》的漢文本和英文本；撰寫過「藏戲和藏戲故事」、「敦煌本《賢愚因緣經》及其譯者」、「談談藏戲故事」等數篇論文，並在《藏族文學史》一書中，撰寫藏戲專章。近幾年來，反覆思考，覺得藏戲的產生、發展中，使佛教文化起了主導作用，從而感覺到佛教對藏族文化的發展有不可磨滅的功勞。今乘「佛教文學與藝術」討論會之機，草成此篇，請　方家不吝賜教。

戊寅春節於北京

六朝小說中的觀音信仰

孫昌武

（天津南開大學中文系教授）

一

在中國佛教史、文化史以至中華民族精神史上，觀音信仰是一個十分重要、複雜而又涉及廣泛的課題。這位大乘佛教的菩薩，來歷不明，所體現的教義單薄並帶有濃厚的異端色彩，一經傳入中土，就贏得了各階層民眾的熱烈、持久的信仰。有的學者曾指出，晉、宋時期盛行起來的玄學化的佛教（這即是一般佛教史注重研究的佛教），乃是當時佛教僧團上層和皈依佛教的貴族士大夫耽於哲理思辨、被當做學問教養的佛教。在整個佛教發展中，這只是冰山的一角；水下的、少見於文字記載、至今人們尚無所知的部份或有千倍的廣大[1]。這一時期盛行

1）塚本善隆說：「在東晉貴族玄學清談社會中興盛起來的佛教，雖然頗爲興旺，畢竟只是營建貴族生活所必要的教養知識的佛教，是爲貴族文化生活提供娛樂的佛教……而沒有發展成與國民大眾共同實踐、享受的佛教。」(《塚本善隆著作集》第 3 卷《中國中世佛教史論考》，第

起來的觀音信仰正屬於那水下的一部份。所幸在當時的傳說故事集裏保存著不少相關材料，再參照其他文獻記載和出土文物等，可供我們初步明瞭早期觀音信仰的實態，這也是佛教歷史發展中的重要潮流。

引人深思的是，在南北朝佛典注疏和僧俗護法著述中，觀音信仰很少被提及；論及之處也多是做爲佛陀的權引方便的顯化來解說的[2]。而對比之下，自西晉太康七年（286）竺法護出《正法華》（其中的《光世音普門品》本是在該經主體結集完成後被附入的，所宣教義又是多與全經相悖的），觀音信仰即迅速地流傳開來；《普門品》則脫離《法華》而以《普門品經》、《觀世音經》的名目做爲單經流行。而更值得注意的是，在南北朝時期，由於國土分裂的形勢，再由於地域等諸多客觀條件，不但南、北的佛教發展形勢不同，地域間也往往有所不同。但觀音信仰卻是無所阻隔地迅速弘傳南、北，普及到社會各階層。從中可以看到宗教信仰心的威力，也可以體認觀音這位菩薩及其所體現的教義是如何地適應時代和民眾的需

31頁，大東出版社，1975年）Erich Zürcher 把這種佛教稱爲「縉紳佛教」，並認爲這只是當時整個佛教潮流突出於水面的水山的一角，參閱 The Buddhism Conquest of China-The Spread and Adaptation of Buddhism in Early Medieral China, 2 Vols, Leiden, 1959，田中純南等日譯《傳教の中國傳來》·《日譯本序》，めりか書房，1995。

2) 如竺道生《妙法蓮花經疏》卷下《觀世音品》:「夫聖人懸燭，權引無方，或託神奇，或寄名號，良由機有參差，取捨不同耳。所以偏美觀音名者，欲使眾生歸馮情一，致敬心濃。」（新文豐版《續藏經》第150冊831頁上）

要。

如前所述，有關南北朝時期觀音信仰的實態的材料大量保存在當時民眾間流傳的傳說故事中。這些故事被記錄在僧史、僧傳等佛家著述裏，有些更被義學大師引述到著作裏[3]，更多則被記載、結集爲「釋氏輔教之書」[4]，或記錄在一般的搜羅奇事逸聞的故事集如劉義慶《宣驗記》、王琰《冥祥記》、侯白《旌異記》等書裏。這後一類書今人主要是當做「志怪小說」看待，被納入文學史進行研究。但究其實際情況，當時人傳說那些故事，從主導傾向看並不是有意識地進行藝術創作，而是虔誠的信仰心的一種表現形式，又是宣揚、弘傳這種信仰的有效方式。宗教的核心內容是信仰；宗教的生命力在廣大民眾的信仰實踐活動中。從這個基點看，那些觀音傳說無論是所反映的信仰內容，還是所表現的信仰實態，都顯示了當時佛教發展的重要的、本質的側面。

然而，這些以「釋氏輔教」爲主要功能的觀音傳說，一經被著錄爲文字，加上文士的辭采形容，就被賦與了一定的審美價值。就是說，它們被當作小說是有一定道理的。特別由于草創階段的六朝小說本來就沒有和逸聞瑣記、神話傳說區分開來。因此，這些觀音傳說和當時流行的另外許多佛、道二教的傳說一樣，理所當然地被看成是六朝小說的一部份。而從文化發展史的角度看，這正顯示了佛教對於小說的影響。這樣，六

3) 如天臺智顗在《觀音義疏》裏就引用了許多這類故事。

4) 魯迅《中國小說史略》第 6 篇《六朝之鬼神志怪書（下）》，《魯迅全集》第 9 卷 54 頁，人民文學出版社，1981 年版。

朝時期形成的一大批觀音傳說，既是佛教影響文人和文學的產物，它們本身又是宗教意識的表現形態。這些小說流傳廣遠，一部份在宋代被錄入《太平廣記》，以至清代以後仍憑籍《觀音慈林集》之類的宣教通俗讀物流通，它們長期深刻地作用於歷代民眾的精神生活，對整個佛教的長遠發展也產生了重大影響。

從唐宋時期的佛教造像和其它有關資料可以看出，在當時的民眾信仰中，觀音這位體現「它力救濟」、「現世利益」的菩薩，已取得了凌駕以至超越佛陀的地位。而六朝觀音傳說在造成這種潮流方面正起了決定性的推動作用，以至終於形成了明、清以後「家家阿彌陀，戶戶觀世音」的局面。所以，無論是研究佛教史還是文學史，特別是研究佛教與文學關係史，這些觀音傳說都是很重要的。

二

六朝僧俗著作中記錄的觀音傳說，主要的具有典型性的是那些流傳民間、被文人搜集、整理的靈驗故事。這也是早期觀音信仰流行的直接產物。後來的例如慧皎《高僧傳》所記載的觀音傳說，多是抄攝這些故事而已。所以，這是當時佛教信仰實態的直截的表現。

這些文人所集錄的傳說，除了《宣驗記》、《冥祥記》等書中保存一批外，更集中形成爲在我國久佚、被存留在日本寺廟裏的三個故事集，即宋傅亮《光世音應驗集》、宋張演《續光世音應驗記》和齊陸杲《繫觀光世音應驗記》[5]。其中前二者形成很早：傅亮書是根據謝敷的《光觀音應驗》寫成的，而謝書完成於隆安三年（399）以前。即距《正法華》出經百年；在文學史上，則在干寶《搜神記》之後，《世說新語》以前。張演續傅書；而陸書近七十條，可以看做是一代觀音傳說的「總集」。所以這三種著作可做爲研究六朝觀音傳說的基本材料。

三種書前都有序言，不僅明著了編撰動機與經過，而且其自身即是反映當時信仰實情的好資料。傅亮《光世音應驗記序》說[6]：

> 右七條。謝慶緒往撰《光世音應驗》一卷十餘事，送與先君。余昔居會土，遇兵亂失之。頃還此境，尋求其文，遂不復存。其中七條具識，餘不能復記其事。故以所憶者更為此記，以悅同信之士云。

這裏所說的可能是最早結集觀音傳說的謝慶緒，「性澄靖寡欲，入太平山十餘年，鎭軍郗愔召爲主簿，臺徵博士，皆不就」[7]。據《高僧傳》卷五《竺法曠傳》，著名居士、早期護法名篇《奉法要》作者「郗超、謝慶緒並結交塵外」。又據同書

---

5) 參閱塚本善隆《古逸六朝觀世音應驗記の研究——晉謝敷、宋傅亮〈觀世音應驗記〉》，《京都大學人文科學研究所創立二十五週年記念論文集》，京都大學人文科學研究所，1954 年；牧田諦亮《六朝古逸觀世音應驗記の研究》，平樂寺書店，1970 年。

6) 《觀世音應驗記三種》由筆者校點出版，中華書局，1994 年。以下所引三書均據拙校。

7) 《晉書》卷 94《隱逸傳》。

卷四《于道邃傳》，道邃「後與蘭公俱過江，謝慶緒大相推重」。則謝是宗教心頗爲誠篤的人。他廣泛結交法侶，是信佛士大夫的典型。他把所著《光世音應驗》傳給傅瑗，瑗又傳給其子亮。傅瑗也「與郗超善」，而「亮以佐命功，封建成縣公」，「布衣儒生，僥倖際會，既居宰輔，兼總垂權，少帝失德，內懷優懼」，「自知傾覆，求退無由」[8]，終於在元嘉三年（426）被誅。則他的信佛也是與所處境遇相關的。

張演《續光世音應驗記序》說：

右十條。演少因門訓，獲奉大法，每欽服靈異，用兼緬慨。竊懷記拾，久而未就。曾見傅氏所錄，有契乃心。即撰所聞，繼其篇末，傳諸同好云。

張演出身的吳郡張氏，也是著名的奉佛世家。其家族中幾輩人，如叔父邵、兄弟永、辯、從兄弟暢、敷、子緒、再從侄融、淹等，都禮佛敬僧，以奉法著名。特別是張融，是護法名文《門律》的作者，其中有「吾門世奉佛」的話。他遺囑死後殯葬要左手執《孝經》、《老子》，右手執《小品》、《法華》[9]，更是代表了六朝士大夫信仰實情的具有典型性的逸話。

陸杲《繫觀世音應驗記序》寫得更詳細：

陸杲曰：昔晉高士謝字慶緒記光世音應驗事十有餘條，以與安成太守傅瑗字叔玉。傅家在會稽，經孫恩亂，失

8) 《宋書》卷 43《傅亮傳》。

9) 《南齊書》卷 41《張融傳》。

> 之。其子宋尚書令亮字季友猶憶其七條，更追撰為記。杲祖舅太子中舍人張演字景玄又別記十條，以續傳所撰。合十七條，今傳於世。杲幸邀釋迦遺法，幼便信受。見經中說光世音，尤生恭敬。又睹近世書牒及智識永傳，其言威神諸事，蓋不可數。益悟聖靈極近，但自感激。信人人心有能感之誠，聖理謂有必起之力。以能感而求必起，且何緣不如影響也。善男善女人，可不勗哉！今以齊中興元年，敬撰此卷六十九條，以繫傅、張之作。故連之相從，使覽者并見。若來哲續聞，亦即綴我後。神奇世傳，庶廣飧信。此中詳略，皆即所聞知。如其究定，請俟飧識。

從文中知道，張演是陸杲的「祖舅」。吳郡陸氏和張氏同屬吳中四大姓，陸杲母為張暢女，這種士族間的聯姻也有著信仰方面的基礎。陸杲「素信佛法，持戒甚精，著《沙門傳》三十卷」[10]。釋法通「憩定林上寺……吳郡陸杲……並策步山門，稟其戒法」[11]。則他也是一位虔誠的奉法實踐者。

從以上三篇序，可以知道當時觀音傳說流傳，也即是觀音信仰的以下特點。

首先，這些觀音傳說不是創作，而是做為實際見聞在流傳中形成的。張演是「即撰所聞」；後來的陸杲又加上文字記載：「睹近世書牒及智識永傳」。這又可以從故事被不斷相互

10）《梁書》卷 26《陸杲傳》。

11）慧皎《高僧傳》卷 8《釋法通傳》。

抄攝所證明：傅亮的書是追憶謝慶緒的記載而成的；而他的書七條中有五條被王琰錄入《冥祥記》。劉義慶《宣驗記》裏也有一批觀音故事，其中《毛德祖》條被張演所轉錄；《高荀》、《郭宣》、《李儒》三條被陸杲轉錄。《冥祥記》集中了一批觀音傳說，在魯迅輯本裏即保存三十四條之多，其中大半內容同於陸書[12]。這裏顯然沒有「創作權」的問題。許多傳說在被記錄時還專門著明流傳途徑。特別是早出的傅、張二書更是如此。這其中僧侶的作用值得注意。他們的特殊身份決定他們是觀音信仰熱心的傳播者。例如傅書第二條帛法橋事，其人沙門多有識之者，竺僧扶爲橋沙彌，故事傳出當與此人有關；第三條鄴西三胡道人事，則是僧道壹在鄴所聞見；第四條竇傅事，爲道山自江北到江南對謝慶緒說；第六條徐榮事，爲沙門支道蘊所述；張書第一條是徐義爲「惠嚴法師說其事」；第九條義熙中士人事是毛德祖向「法宋法師說其事」；陸書第十三條彭城北一人事爲「德藏尼親聞本師釋慧期所記」；第二十七條王葵事「是道聰所說」；第四十九條張崇事爲「智生道人自所親見」，等等。這表現僧侶在宣揚這些傳說中所起的突出作用。當然甚或有他們特意涅造的部份。但從總的情況看，故事是在民間流傳中形成的。

其次，謝、傅、張、陸以至劉義慶、王琰等上層士大夫做爲觀音傳說的記錄者，同時大抵又是這些靈驗傳聞的信仰者。

---

12) 關於陸杲《繫觀世音應驗記》與王琰《冥祥記》的成書先後尚待考證，因此同樣內容的傳說誰抄襲誰亦有問題，有些故事或許均有另外的來源。

在上引序文中已明確表示了「欽服靈異」、「益悟聖靈極近」的心態。他們更積極參與、推動了觀音信仰的弘傳。前面提到傅書竇傅事是謝慶緒傳出；第六條徐榮事是「榮後爲會稽府都護，謝慶緒聞其自說如此」；第七條竺法義事是「余先君少與遊處。義每說事，輒懔然增肅」；第五條呂竦事是「竦後與郗嘉賓周旋。郗口所說」；陸書第三十四條寫到張暢本人以誦《觀音經》得脫牢獄之驗；第三十八條唐永祖事則是張融與張緒「同聞其說」。從謝慶緒、傅瑗與傅亮、張演、陸杲集成三書的過程，可以清楚看出當時士族親友、特別是家族間傳播觀音信仰的情形。就是說，在當時，除了個人接觸佛教，誘發信受之外，家族內的影響和因襲已是維繫、發展信仰的重要因素。而另一方面分析觀音傳說的流傳途徑還可以發現，許多故事是描述下層民眾中事，由北來的僧俗流傳南方。這樣，這些傳說既衝破了地域的限制，又破除了社會階層的限制，這充份顯示了信仰的力量。

第三，由於上層士大夫的特殊地位，特別是他們有把口頭傳說筆之於書的能力，也就有力地推動了觀音信仰的弘傳。而如傅、張、陸著書，也是明確地「以悅同信之士」、「傳諸同好」、「庶廣飡信」爲目的，即在有意識地宣揚信仰。值得注意的是，東晉流行玄學化的佛教；宋、齊以後繁榮起來的佛教義學一直側重名理思辨，義學沙門和貴族士大夫間的講學註疏淡化了信仰的內容。而與此同時，卻存在著把握並震憾著社會上下的信仰的潮流。如謝慶緒、傅瑗、郗超本是研習義學的法侶，在《出三藏記集》卷十二所載陸澄《法論目錄》裏即保存著三個人討論佛義的書論目錄；張演出身的張氏一門也對佛典多有研究。但同時他們又保持著如觀音信仰這樣的樸素、低俗的信仰心。在六朝士大夫間這也是相當典型的現象。如東晉時的名相王導即廣交僧侶，晉室南渡後佛教在士族間的勃興他是起了一定作用的。傳書中寫到的竺法義「尤善《法華》」，是觀音信仰的早期傳播者，就是他所「承風敬友」[13] 的。元嘉年間王玄謨為長沙王劉義欣鎮軍，北閥魏，滑台兵敗，輔國將軍蕭斌將斬之，傳說他「始將見殺，夢人告曰：『誦《觀音經》千遍則免。』既覺，誦之得千遍。明日將刑，誦之不輟，忽傳呼停刑」[14] 。又北魏盧景裕事和王玄謨事相似，並傳說所誦經即是《高王觀世音經》[15] ，有關故事又是做為偽經《高王經》的經證而形成的。梁劉霽「母明氏寢疾，霽年已五十，衣不解帶者七旬。誦《觀世音經》，數至萬遍，夜因成夢，見一僧謂曰：『夫人算盡，君精誠篤至，當相為申延。』後六十餘日乃亡」[16] 。王琰的《冥祥記》集中宣揚觀音信仰，記述寫作緣起說：「琰稚年在交趾，彼土有賢法師者，道德僧也，見授五戒，以觀世音金像一軀見與供養」。後至江都，再還京師，多有靈異，「自常供養，庶必永作津梁。循復其事，有感深懷，沿此徵覿，綴成斯記」。[17] 則王琰本人即是觀音「靈異」的直

13) 《高僧傳》卷 4《竺法義傳》。

14) 《宋書》卷 76《王玄謨傳》。

15) 《魏書》卷 84《盧景裕傳》。關於《高王觀世音經》，參閱牧田諦亮《疑經研究》，京都大學人文科學研究所，1976 年；又周一良《魏晉南北朝史札記》「觀世音經」條，中華書局，1985 年。

16) 《梁書》卷 47《劉霽傳》。

17) 《冥祥記序》，魯迅《古小說鉤沉》輯本，人民文學出版社，1954年。

接感受者。這些實例都表明了當時貴族士大夫間信仰心的牢固，和他們熱衷宣揚這種信仰的努力。研究中國文化史、中國學術史，自然要大講六朝義學的貢獻。但不應忽略，正是觀音信仰這種低俗、看似粗陋的信仰心賦與佛教在中土弘傳的根本動力和生命力。

第四，比較上引三篇序，除了繁簡不同，可以看出作者態度上也有所差異。如果說早出的傅、張兩書立意在記述見聞，「以悅同信之士」，「傳諸同好」的話，那麼到了陸杲，就更側重「神奇世傳」，已注意到「以能感而求必起」的感染力量。一般從功利的角度講，宗教宣傳要利用藝術形象。但這衹說出了宗教與文藝關係的一面，而且僅是表面的、粗淺的一面。從更深刻的角度看，宗教本是人的心靈的活動，是人生踐履的一種。如果說藝術是人生的反映的話，那麼宗教也就必然表現爲藝術。在文化史上，藝術起源於宗教或藝術與宗教同源論是長期爭論不休的課題。但各種宗教均與文藝結下了不解之緣，則是不爭的事實。觀音傳說本是信仰的產物，記載它們是爲了宣教：但既採取了傳說的形式，就帶上了文藝的性質。而前述陸杲和早期的傅、張在著述態度上的不同，一方面固然是出于宣教目的，後出者必然「踵事增華」；另一方面也在自覺、不自覺間流露出藝術創作的傾向。這一點從陸書在藝術表現上更爲精緻，也可以得到證明。這種變化，也是和六朝小說發展的大勢相一致的。而正是那種突出「神奇」、「靈異」，追求「以能感而求必起」的努力，提高了傳說的水平，也爲小說史的發展做出了貢獻。

三

考察六朝時期流傳的觀音傳說，從表面上看它們故事簡單，結構公式化，文字少修飾；但深入一步研究，就會發現其相當深刻的思想價値，在藝術表現上也有一定特色。這也是它們弘傳廣遠、影響巨大的根本原因。

從思想內容看，這些作品相當充份地發揮了大乘佛教的普遍、平等的救濟精神，而且是以適應中土思維特徵和一般民眾需求的形式加以表現的。從另一個角度說，它們則又是相當深刻地反映了當時的社會現實和民眾的精神的。

據三種《觀世音應驗記》統計，全部八十六個故事中，以僧侶爲主人公的二十八個，其它都是以平人爲主人公的。那些僧侶中有竺法義、竺法純、道汪那樣的活躍在社會上層的名僧，但大多數則是一般僧人甚至是無名道人。平人中有大臣、將軍、官僚、士人，而更多的是小吏、平民，包括饑民、商販、漁夫、獵師、俘虜、罪囚、劫賊等，特別還有貧苦無告的寡婦等婦人。就是說，沉淪在社會下層的一般百姓與社會上層的顯貴們被等列，成了故事的主人公，成了被救濟的對象。秦、漢以來主要活動在帝王宮廷和貴族間的方士們所宣揚的神仙術，把救濟對象局限於少數特選的人物[18]。而晉、宋以後

---

18) 晉、宋以後形成的神仙傳記也在宣揚普通人可以成仙，還有如《漢武帝內傳》那樣諷喻帝王求仙的愚妄的，但總是強調「苟不受神仙之命，則必無好仙之心，未有心不好之而求其事者也」(《抱朴子內篇·辨問》)，即成仙只限於少數「命定」的、特選的人。參閱小南一郎

佛、道二教在發展中，隨著與世俗權力愈益密切的結合，也顯示了日益明顯的「貴族化」的傾向。而這些觀音傳說卻在眾生平等的觀念之下，肯定普通人同樣可以得救，這是眞正體現了大乘等慈、普度的精神的。不過這些故事裏「人人可以成佛」的大乘佛性說被改造爲在現實中「人人可以得救」的信仰，則是佛教教義與中土意識相交流、融合的結果。這種在中土思想土壤上被改造、發揮了的大乘佛教精神，體現了對平凡眾生的關愛和對於他們由本性決定的得救前途的信心，眞正顯示了大乘的精義，發展了中土傳統的仁愛觀念，在當時是十分難能可貴的思想意識。以這種思想意識爲核心建立起來的觀音信仰，帶著宗教的執著和狂熱，形成爲民眾間巨大的精神力量。這種洶湧於社會上下的信仰潮流，其直接的、間接的作用和影響是遠較一般的估計更爲巨大、深遠的。就小說史的發展看，大體算是與觀音傳說流行同時期出現的《搜神記》，著重寫「古今神祇、靈異、人物變化」[19]；而稍後的《世說新語》乃是所謂「名士玄談的百科全書」。總之，當時的志怪、志人小說表現的主要還是特選階層的人物與生活。而這些觀音傳說卻把苦難民眾當做表現的主體，民眾成了作品的主人公。這在文學史上也是一個具有重大意義的現象。這也是佛教促成文學演變的表現之一。

單純從佛教自身的發展看，觀音傳說所體現的信仰內容與

《中國の神話と物語り》「《漢武帝內傳》の形成」，岩波書店，1984年；孫昌武中譯《中國的神話傳說與古小說》，中華書局，1993年。

19) 《晉書》卷82《干寶傳》。

形態也不可忽視。三種書裏八十六個故事背景在北方的五十個，南方的三十個，外國的三個，另有三個地點不明。記錄這些故事的是南方士人，而故事大部份卻產生在北方，這表明了當時觀音信仰普及南、北的情形。特別顯示了北方在少數族政權紛爭劫奪之下，民眾的苦難更為深重，對救濟的渴求更為急切，更富實踐性的觀音信仰也易於流行。這些觀音傳說都是表現解救現實危難的「靈驗」的，即是依據《法華經．普門品》所宣揚的所謂「救苦觀音」信仰。在當時，不僅後來極為興盛的「淨土觀音」信仰還沒有廣泛發展，就是《普門品》宣揚的「濟七難」（水、火、羅刹、刀杖、惡鬼、枷鎖、怨賊，或加上「風」為「八難」）、「離三毒」（貪、瞋、痴）、「滿二求」（求男得男，求女得女）之中，也主要著重在「濟七難」。就是說，這些傳說所表現的，也是傳說者們所希求的，主要不是擺脫貪、瞋、痴「三毒」等心靈上的災難，而是解救現世人生所面臨的患難。如果再將患難的內容加以具體分析，在自然災害和人為禍患中，人們更為關注的是後者。以《繫觀世音應驗記》的六十九個故事為例，表現解救自然災害（大火、大水、大病、惡獸、羅刹）的僅占十五個，其餘的五十三個都描寫解脫人為的災禍（被害、檢繫、怨賊、路徑、接還本土）。這表明在當時人的觀音信仰中，主要關注的是如何解救人為的禍患。這也反映了在當時人的觀念裏，已經（儘管不會很明確、也缺乏理論上的自覺）意識到人生苦難的根源在於現實社會，造成災難的是統治者。不過當時人沒有從這種意識前進一步，形成反抗現實統治的理論與行動，而耽溺於對虛幻的觀音的虛幻救濟力量的迷信。但是，這種信仰確實代表著佛教發展中的新潮流。按佛教的根本教義，信仰者所追求的終極目標在解脫，實現這一目標的關鍵在覺悟。覺悟到人生是苦，不僅災難禍患是苦，「五慾之樂」同樣是苦。這種教義從基本上說是厭世的，修證方式則著重在精神。但觀音傳說則宣揚解救現世苦難，離苦得樂，所得是現世人生的福樂。這是佛教在中土重人生、重現世的傳統意識影響下發展出的新觀念。這種信仰帶有明顯的「三教調和」的色彩；觀音被賦與了道教神仙的某些性格。後來觀音終於被變化為中土俗神，列入神仙譜系，早期有關傳說已開其端倪。從佛教發展史看，佛教初傳中土，西來的外族僧侶被等同於術士，佛、菩薩被看做是異域尊神、祠禱祈願的對象，這是所謂「道教化的佛教」。魏、晉以後發展出「玄學的佛教」、「格義佛教」，這是高級沙門和貴族士大夫的哲學的佛教。至道安、羅什、慧遠之後，隨著佛典的大量、準確的傳譯，中國人才能夠把握佛教精義，並結合本土的意識加以發展，形成了義學研究的一時之盛，導致中土佛教學派、宗派的形成。而在這種形勢下，觀音傳說所表現的實踐的信仰潮流發展起來，這信仰逐漸札根在民眾的心靈之中，形成了和重學理、重思辨的義學相互並行又相互影響的潮流，其在佛教史上的地位和意義是十分重要的。

做為歷史資料和文學作品來分析觀音傳說的內容，其現實性是其它作品少有比擬的。如《光世音應驗記》第三條，寫到「石虎死後，冉閔殺胡，無少長，悉坑滅之」，揭露了冉閔殺後趙主自立後濫殺「胡人」的血腥事件。《續光世音應驗記》第四條，寫「昔孫賊擾亂海陲，士庶多離其災」，是指討平孫恩之亂時，官府誣民為賊，濫殺無辜，一些士大夫階層的人也不能免。《繫觀世音應驗記》第十五條，寫到高荀以「吏政不平，乃殺長官，又射二千石。因被坎，輒鎖頸，內土硎中」，這是民眾以武力反抗暴政及其被殘酷鎮壓的實例。第四十六條寫到「道人釋開達，以晉隆安二年北上壟掘甘草。時羌中大餓，皆捕生口食之。開達爲羌所得，閉置柵裏，以擇食等伴肥者，次當見及」，這是饑民被軍人捕食的慘狀。如此等等，都是通過記述事實對社會罪惡進行揭露。三部書特別突出表現民眾被殺害、被囚繫、逢怨賊這些社會暴力的題材，實際是控訴了統治者強加於民眾的武力的、政治的侵奪蹂躪。

人們在不可抗拒的暴力面前，只好求救於觀音的佑護。這當然是軟弱的、虛幻的幻想，但卻不是絲毫沒有實踐意義的。人們面對現實的殘暴不公，並不安於命運，而是設法改變命運，並堅信有一種拯濟力量可以改變命運，從而激發起對抗和擺脫苦難的信心。這種信仰心顯然包含著反「天命」的意味。它雖然不會得到直接的實踐效果，但卻給苦難民眾以巨大的精神支持。還有一點值得注意，就是在觀音傳說中所宣揚的拯濟力量面前，儒家的傳統倫理往往是不起作用的。中土傳統的報應觀是「積善之家必有餘慶，積不善之家必有餘殃」，報應的善惡有著倫理的標準。可是在觀音傳說裏卻基本上看不到傳統倫理的標準，起決定作用的主要是信仰心。這當然是宗教宣傳的必要，但也體現了佛教的獨特的倫理觀。例如前面說到的高荀，本是殺害長官起來反叛的人，但他同樣能得到觀音的救濟。《繫觀世音應驗記》第十九條裏的蓋護「繫獄應死」，後來得救了，傳述者並不管他爲什麼得罪，爲人又如何。第三十八條唐祖丞「作大市令，爲藏盜，被收」，是個藏匿盜賊（或解釋爲盜取庫藏）的罪人，同樣也得救了。如這些例子，一方面是表現觀音威力無邊，它的慈悲是無限的，不論什麼人祇要虔誠地迴向它都會得到它的救濟；另一方面也表明這種救濟是與傳統的倫理標準無關、甚至是相悖的。這反映了當時民眾間的意識動向；即在傳統秩序被破壞之後，人們對傳統倫理已失去了信心，所以觀音信仰是到傳統倫理之外去尋求另一種倫理。這種背離傳統的傾向顯示一種批判現實的姿態，拓展了人們的精神探求。這也顯示了如觀音信仰這樣的佛教觀念的精神史的價值，並成爲佛教在中土存續的根據之一。隋唐之後，情勢就變化了，後出的觀音傳說所表現的救濟觀念已和中土倫理結合起來，這些傳說從而也失去了思想觀念中內在的批判精神及其尖銳性。

四

宗教傳說的弘傳和寫作以宣揚，啓發信仰爲目的，做爲文學作品，其重要特徵就是要「徵實」，讓讀者相信實有其事，從而帶來了寫作上的一系列特點。這反映了當時這一類小說作品的特徵，對後來小說的發展也造成了長遠影響。

爲了得到「徵實」的效果，這些觀音傳說在結構上都沒有脫離事實的框架。就是說，故事是被當做眞人實事來敘述的。這當然也反映了傳說和記錄故事的人還沒有自覺地進行藝術創作的觀念。這種情況也是當時小說發展的實際水平決定的。魯迅說唐人「始有意爲小說」[20]，在那以前，志怪小說還沒有和

20) 《中國小說史略》第8篇《唐之傳奇文(上)》，《魯迅全集》第9卷70頁。

神話傳說相脫離，對於佛、道二教的作品來說，更沒有和宗教宣傳的功利目的相脫離。在這種狀況下，宣揚觀音靈驗的故事，本是宗教幻想甚或是爲宣教而涅造的產物，卻也要當做事實來敘述。因爲信仰是靠對所宣揚的一切的堅定信心來樹立和維護的，只有讓人們相信爲事實才能吸引他們，使他們相信。而這又與中土人士的思維特點密切相關。中華民族在傳統上即不耽于玄想，不易接受超經驗的事物，是重實際、重經驗的。中土的宗教，無論是本土的，還是傳入的，都體現這樣的思維特徵。因而宗教傳說採用事實的框架，不僅是宣教的需要，也是宗教幻想表現於中土思維的結果。而從小說創作角度看，這則成爲六朝宗教傳說的獨特的構思方式。這種構思方式向更爲複雜的方向發展，成爲以後小說的重要創作方法之一。例如，後來興盛發達的歷史小說，雖是出於藝術創作，也被當做眞實歷史來描寫；就是許多一般的作品也往往要構擬一個事實的背景。那些觀音傳說的「事實框架」，又不衹是某時、某地、某人的眞實的背景，而且把靈驗的「事」也表現爲眞實的。即是說，除了「靈驗」本身之外，整個事件的前因後果都被描述爲實事。（就是「靈驗」本身，在非信仰者看來，是虛構或謊言；但當事者和傳說者也應是信以爲眞的。這裏有宗教心理學、宗教社會學的許多問題，值得探討。）這樣一來，傳說者、記錄者們也就十分注意描繪現實生活的眞實；爲了突出救濟的急需，則要著力表現危難的嚴重，他們也就要從現實中提煉出觸目驚心的情節，力求打動人心。例如上引釋開達於東晉隆安二年北出魏境掘甘草，被羌人做爲「生口」捕獲、險被吃掉一事。隆安二年（398）是北魏道武帝天興元年，時當魏立國之初，史稱其時「制定京邑……其外四方四維置八部帥以監之。勸課農耕，量校收入，以爲殿最。又躬耕籍田，率先百姓，自後比歲大熟」[21]，這正是北魏發展生產，安定民生的興盛時期。而傳說中卻描繪了饑饉嚴重的慘絕人寰：軍人捕食掘野草充饑的難民。這個具體事實，可補歷史資料的不足；而做出如此記錄，則出於傳說者力求徵實的立場。同樣《繫觀世音應驗記》張崇事，寫到「晉太元中，符堅敗，時關中千餘家歸晉。中路爲方鎭所錄，盡殺，虜女」。這是被古今史家盛贊的「淝水之戰」大捷後的一個「事實」：心向南朝的漢族民眾在被「解救」後歸附東晉的途中被慘殺了，婦女則被掠奪，勝利的南朝方鎭軍人比少數族軍隊更殘暴。同書僧洪事，寫晉義熙十二年（416）大禁鑄銅，此事關係經濟史和佛教史，爲史籍所未載。這表明當時佛教造像已相當普及，已影響到國家的經濟；也從一個側面表現了東晉政權對佛教的態度。又南公子敖事，寫到佛佛虜兒長樂公（即夏主赫連勃勃）破新平城（今陝西彬縣），「城中數萬人一時被殺」。史書記載赫連勃勃嗜殺成性，殺戮動輒萬人，這裏提供了一個具體例證。如此等等，都十分眞切、深刻地揭露和抨擊了在南北朝各族統治者紛爭劫奪之下，民眾在死亡線上掙扎的慘痛情景。作爲宗教宣傳，當然是越爲眞切，越是能得到人們的信服。因而這種徵實的努力，在有意無意之間造成了作品的突出的現實性，並且形成了藝術表現上的獨特的方式和技巧。

傳說既被當做事實來敘述，又以「起信」的宣傳爲目的，

---

21) 《魏書》卷 110。

傳說者的藝術創作的自覺也就很淡薄了。這就是前面已提到的無所謂「著作權」，相互抄攝的問題。但既然爲了取得「徵實」的效果，就要記錄傳說來源及其過程，往往要說到靈驗故事發生在某時、某地，爲某人親歷或親聞，又某人所傳等等；還有時傳說者就是當事人。這樣一來，敘述的主體又或隱或顯地存在著。就是說，做爲文藝創作的特徵的主觀審美評價也就流露了出來。就宗教宣傳來說，這可以減少傳說與接受者、讀者的距離；做爲小說，則是作者主觀表現的一個方式。這種情況與同一時期編成的其它小說如《西京雜記》相似，在後書裏也同樣明確記述了事件的傳說者如鞠道龍「說古時事」，或賈佩蘭「說在宮內時事」等[22]。這樣的說明從傳說者主觀上講主要是要表明傳承有據，但同時也清楚地透露出他們的堅定的信仰心，並在力圖把信仰傳達給接受者。

由於「徵實」的要求，這些作品留給傳說者、記述者發揮創作才能的天地是狹小的，作品的創作個性也必然很淡薄。但宗教作品又確實需要那種震攝心神的感染力。越是到後來，這樣的自覺也越加明晰。例如陸杲，在他記述故事時就經常對劉義慶的《宣驗記》提出批評。如《釋法純道人》條最後說：「臨川康王《宣驗記》又載竺慧慶、釋道聽、康茲、顧邁、俞久（魯迅《古小說鈎沉》所輯《宣驗記》作「俞文」）、徐廣等遭風，杲謂事不及此，故不取。」類似的說明還有幾處。所謂「事不及此」，即是說所述事件缺乏那種足以打動人心的神奇

22) 關於《西京雜記》的作者，形成年代及其表現上的特徵，參閱前引小南書第1篇。

感。這也就表明，當時的傳說者、記述者所追求的不在藝術上的修飾，而主要著重於「事」的奇異驚人，即是要求有不同凡響的情節，構造出神奇的故事。這樣，今天來分析這些傳說，一方面會認爲它們相當簡單和公式化，因爲全部故事都限制在災難——皈心——得救的框子裏；但另一方面，在這情節的呆板的框架裏，傳說者爲了造成強烈的效果，又要在構造細節上發揮想像力，在簡單、公式化的結構中努力創造出不一般的故事。這其中，關鍵的「靈驗」情節本來就是出於虛構的，全部結構中的這一部份特別留下了充份的想像空間。例如前已述及的《高荀》事：

> 高荀，滎陽人也，居北譙中，惟自橫忿。荀年五十，□吏政不平，乃殺官長，又射二千石。因被坎，輒鎖頸，內土硎中。同繫有數人，共語曰：「當何計免死？」或曰：「汝不聞西方有無量佛國，有觀世音菩薩，救人有急難歸依者，無不解脫。」荀即悚惕，起誠念，一心精至，晝夜不息。因發願曰：「我若得脫，當起五層塔供養眾僧。」經三、四日，便鉗鎖自脫。至後日，出市殺之，都不見有鉗鎖。監司問故，荀其以事對。監司罵曰：「若神能助汝，破頸不斷則好。」及至斬之，刀下即折。一市大驚，所聚共視。於是須令絞殺，繩又等斷。監司方信神力，具以事啓，得原。荀竟起塔供僧，果其誓願。

這個傳說起源很早，流傳亦廣，已見劉義慶《宣驗記》。陸書亦有注曰：

> 郭緣生《述征記》云：高荀寺在京縣，晉太元中造。荀乃自賣身及妻子以起之。戴祚記亦道如此之。

從這個注可知，傳說裏還有「賣身」等情節，但爲陸杲所未取；而陸書所述「無量佛國」等淨土教義內容，則應是傳說過程中摻入的。這都表明故事在傳說中不斷被改造。陸書中的情節著力於突出得救的神奇：不但枷鎖自落，而且斫則刀折，絞則繩斷，這是把靈驗故事的幾個典型情節集中到一起了。陸書中的這種選擇、組合情節的辦法藝術上如何評價該當別論，這裏典型地顯示了觀音傳說的一個特點，就是在徵實的基礎上追求情節的神奇不凡。雖然這些故事大都十分簡單，從今天看表現上也相當幼稚，那神奇的情節對當時的民眾一定是有巨大感染力的。而從小說發展史上看，如此追求情節的神奇也顯現爲這些傳說的突出特點，對小說史的發展也是影響深遠的。

五

觀音傳說從藝術表現的角度看也有值得注意的地方，這些作品的水平不一。大體說來，越是後出的越多表現形式上的修飾。比較三種故事集會發現，有關具體傳出過程的記述陸書中是較少的，這表明這一時期故事和傳出者的關係不那麼緊要了。傳說故事在逐漸脫離傳說它們的具體人，表明進行藝術創作的意識在增強了。這也反映了小說發展上的演進。

傅書和張書條目不多，在組織安排上看不出什麼次序。陸書共有六十九條，是明確以《普門品》和《請觀音經》區分出部份的，並且在每個部份後面注明是驗證了哪一條經文。如前三條之後寫道：「右三條。《普門品》云：『大水所漂。』」以下，「羅刹之難」一條，「臨當被害」八條，如此依次排列。到五十六條以下是關係《請觀音經》的，如「示其路徑」、「接還本土」等。這樣書的安排是緊密依傍經文的。就是說，開始時是個別的、分散流傳的故事，在達到一定數量後，就被有意識地當作宣演經文的材料。在當時宣講觀音經的法會上，在以譬喻故事開導眾生的唱導中，這些故事被當做「經證」來使用。從天台大師智顗直到晚近的淨土教大師印宗等，都是這樣使用具體、生動的觀音傳說來宣傳教義的。從發揮藝術創造能力方面講，這種將作品納入爲經典的附庸的辦法造成了教條的、程式化的傾向，從而在創作上造成了限制。但有意識地、有目的地利用作品宣揚教義，卻又符合中土傳統上重倫理、重訓喻的思路；而這種把經典解說和文藝創作相結合的作法，更直接導致了俗講的發展。俗講這一形式對以後小說、曲藝的發展更造成了巨大影響。

這些傳說要宣揚觀音的不可思議的救濟威力，要構造驚心動魄的情節，就要發揮宗教玄想。六朝一般的志怪、志人小說雖然多寫奇聞異事，但體現了中土人士重現實的習性，又延續著古代敘事文學的傳統，想像力的發揮還是有限的。這些觀音靈驗傳說雖然也使用了當時流行的史傳筆法，如寫何時、某地、什麼人遇到了什麼事，但在描寫災難時則要極力誇飾，寫到解脫災難時更要發揮想像，這就突出表現了大膽懸想的特徵。如張書的《釋僧融》一條：

道人釋僧融，篤志泛愛，勸江陵一家，令合門奉佛。其先有神寺數間，亦與之，充給僧用。融便毀撤，大小悉取，因留設福七日。還寺之後，主人母忽見一鬼，持赤索，欲縛之。母其憂懼，乃使請沙門轉經，鬼怪遂自無。融後還廬山，道獨宿逆旅。時天雨雪，中夜始眠。忽見鬼五五甚眾。其一大者帶甲挾刃，形甚壯偉。有舉胡床者，大鬼對己前據之。乃揚聲厲色曰：「君何謂鬼神無靈邪？」便使曳融下地。左右未及加手，融意大不憙，稱念光世音。聲未及絕，即見所住床後，有一人，狀若將帥者，可長丈餘，著黃染皮袴褶，手提金杵以擬鬼。鬼便驚懼散走，甲冑之卒忽然粉碎。經云：「或現將軍身，隨方接濟。」其斯之謂與？

這個故事是所謂「羅刹之災」的變形，寫的是觀音及其信仰者對抗中土的鬼怪的。其宗教史上的意味且擱置不論，從表現形式和手法上講，情節已相當複雜、曲折，而在描寫上，無論是環境、場面，還是「人物」、語言，也都相當鮮明、生動，而這些大體出於想像。從這樣的例子，可以看出宗教玄想促進藝術想像所起的作用。又如陸書中《彭子喬》一條，寫他爲郡主簿，忤太守沈文龍，見執擬殺，他「判無復冀，唯至心誦經，得百有餘遍。既大疲極，暫晝得眠。固繫者有十餘人，亦復睡臥。有湘西縣吏杜道榮亦在獄中。時如眠非眠，不甚得熟。因恍惚中見有兩白鶴集子喬屛風上。須臾，一鶴下子喬邊，或復如似是人，形容至好。道榮心怪之。起視子喬，見其雙械脫在腳後，戒雍猶尚著腳……」。這裏寫得似夢非夢，如幻如化，表現觀音救濟的神秘莫測，從傳說創作看也是發揮了想像的產物。宗教自身就帶有懸想的特徵，宗教心理中包含著眾多想像的成份，想像力的神秘與超越是宗教思惟所特有的。觀音傳說普遍表現出的奇特、豐富的想像，是它們的突出的藝術成就。

觀音傳說在表現手法方面的另一個突出之處，是發展了心理描寫。在中國古代的敘事文學傳統中，重視事件的敘述，以具體的事件、言行表現人，而很少對人物內心的直接描寫。但宗教信仰建立在信仰者的內心中，所謂「起信」實即心理變化的過程。許多觀音故事也就是表現這一過程。它們發展心理描寫的技法與宗教思惟的特殊規律直接相關。這些故事多寫由迷而信、由疑而信的心理上的演變，在當時一般的志怪作品中是少見的。有些篇章已經能把微妙、複雜的心態寫得相當生動。爲陸書中朱石齡事，朱被繫獄，以念觀音鎖械自脫，時獄吏報告給審理其事的張崇：

> ……獄吏驚怪，以故白崇。崇疑是愁苦形瘦，故鎖械得脫。試使還著，永不復入。猶謂偶爾，更釘著之。又經少日，已得如前。凡三過。崇即啓以為異。

這裏是表現主角之外的另一個人物，他不是簡單地接受靈驗。寫他內心裏固執的懷疑，終於相信了，這才更顯出靈驗的「眞實」。又如同書彭城嫗的傳說：

> 彭城嫗者，家世事佛。嫗唯精進，親屬並亡。唯有一子，甫能教訓。兒甚有孝敬，母子慈愛，大為無倫。元嘉七年，兒隨劉道產伐虜。嫗銜涕追送，唯屬戒歸依觀世音。家本極貧，無以設福。母但常在觀世音像前燃燈

> 乞，即兒於軍中出取獲，為虜所得。虜其叛亡，遂遠送北堺。及劉軍復還，而嫗子不及。唯歸心燈像，猶欲一望感激。兒在北亦恒長在念，日夜積心。後夜，忽見一燈，顯其白光。誠往觀之，至輕，失去。因即更見在前，已復如向，疑是神異，為自走逐。比至天曉，已百餘里。懼有見追，藏住草中。至暝日沒，還復見燈。遂晝停村乞食，夜乘燈去。經歷山險，恒若行平。輾轉數千里，遂還鄉。初至，正見母在像前，伏燈火下。因悟前所見燈即是像前燈也……。

這一條與劉義慶《宣驗記》裏車母故事的情節略同。表現母子之愛感得觀音的救濟，反映了中土的倫理與佛教救濟兩種不同觀念的結合，顯示了當時中土民眾接受佛教的具體形態，是宗教史上值得深刻玩味的。這個故事敘述得相當曲折、生動，燈火引路的想像很奇特，慈毋跪伏燈下的場面也很逼真、動人，而母親的愛心、虔誠之心和兒子的孝心、疑似之心都表現得相當細微。這種心理描寫增強了故事的感人力量，也是佛教作品的獨特表現手法。

從當時敘事文學的整體發展情況看，這些觀音傳說的藝術技巧也是較高的。如情節的曲折複雜程度，人物、事件細節的刻劃，環境氣氛的烘托等手法，在當時都算達到了較高水平。

此外，這些作品在文體和語言方面的特點也不可忽視。這些作品形成的時期，正是文壇上駢儷化逐漸嚴重的時候。就是當時佛家的作品（如著名的慧遠、僧肇的文字）也要趨附這一潮流。而觀音傳說基本是在民眾間產生，長期通過口耳相傳流通，後來被士大夫所記錄當然會有文飾，但爲了「傳信」又必然保持相當程度的流傳原貌。它們用的是和文壇流行的駢體不同的散體，而且保留了不少通俗的口語。這使它們成爲後來白話小說的一個源頭。它們顯示了民間傳說語言上的優長，也給漢語史的研究提供了寶貴材料。

總之，以三部觀音應驗故事集爲代表的六朝觀音傳說在佛教史、文學史以至一般文化史上都具有重大價值。從佛教史看，這些傳說顯示了當時佛教信仰中的一個重要潮流，這是不同於「玄學化的佛教」、「義學佛教」的更具實踐性格、更表現大乘佛教精神本質的潮流。它對以後佛教的發展造成了極其深遠的影響。從文學史看，這些傳說本是佛教影響於文學的產物，顯示了佛教發展對文學所產生的作用。而這些作品既經流傳，被文壇所接受，其整個思想與表現上的特徵又成爲文學上的特殊成就。實際上這類宗教作品（包括道教的神仙傳說）應看做是六朝小說中志怪、志人之外的另外一類而肯定其在文學史上的地位。這些作品限於其產生時期的藝術水平，在今天看表達上是幼稚、粗陋的；由於其直接宣教的目的，教條化、程式化的傾向又十分嚴重，但宗教的背景卻又賦與它們特殊的藝術與思想力量。如小南一郎分析說：

> 當時的佛教信仰的內容十分真摯，所以它具有向信徒們賦予對待社會和生活的視點的能力。用這樣的視點來記錄外界事實時，雖然常常為了保護佛教而有意無意地歪曲事實，但在被歪曲了的事實背後仍然存在著真正的真實。所以只要透視到佛教性故事的背後，我們就會接觸

> 到當時社會的生動情景。這種特點，比起其它由惰性因襲產生的志怪小說來，佛教性小說是絕無僅有的。[23]

只要我們擺脫陳寅恪所批評的宋明以來士大夫普遍的對於宗教的鄙陋態度，能夠從民眾精神史的角度來考察這些觀音傳說，我們就會發現它們多方面的「絕無僅有」的價值和意義。

23）《觀世音應驗記排印本跋》，拙校《觀世音應驗記三種》第 84 頁。

弘宣佛法與記錄人生

略説藏傳佛教傳記文學作品

陳慶英

（北京中國藏學研究中心歷史宗教研究所教授）

藏族的佛教文學作品中，人物傳記占有相當大的比重。此等描寫藏傳佛教高僧大德的生平事跡的傳記文學作品。總數有多少，至今尚難估計。類似於漢文名僧傳、高僧傳的人物合傳，在藏文中多以教法史、教派史、寺院志、家族史的形式出現，如第巴桑結嘉措編著的《格魯派教法史－黃琉璃》一書，在講述格魯派各寺院的歷史時，記載了各個寺院和扎倉的歷任住持和堪布，有的附有簡略事跡，亦可以看作是格魯派高僧的一部合傳[1]，又如阿旺貢噶索南所著《薩迦世系史》，記載了薩迦款氏家族的數十個人物的事跡，其中多數是薩迦派的宗教首領，所以也可以看作是薩迦派高僧的一部合傳[2]，而阿芒班智達

1) 第悉桑結嘉措編著《格魯派教法史－黃琉璃》，中國藏學出版社 1989 年 11 月藏文版。

2) 阿旺貢噶索南著《薩迦世系史》，民族出版社 1986 年 2 月藏文版，此

所著的《拉卜楞寺志》，記載了拉卜楞寺的歷任法台和密宗、時輪、曼巴等扎倉的歷任堪布的事跡，色多羅桑崔臣嘉措所著的《塔爾寺志》，記載了塔爾寺的歷任法台和顯宗、密宗、時輪、曼巴等各個扎倉的歷任堪布的事跡，所以也可以看作是拉卜楞寺和塔爾寺的高僧的合傳[3]，篇幅更爲巨大的智觀巴·貢卻乎丹巴繞吉所著的《安多政教史》，記載了甘肅、青海，川西北藏族地區的主要寺院的歷任法台和堪布的主要事跡，涉及的人物達數百名，所以也可以著作是安多地區的格魯派高僧的一部合傳[4]。近年出版的藏學圖書中，在北京的民族圖書館從1984 年起，出版其館藏書目《藏文典籍目錄·文集類子目》，至 1997 年已出齊上中下三冊，該目錄收入有文集傳世的學者183 人，除個別人如第巴桑結嘉措爲在家俗人以及有少數人爲用藏文寫作的蒙古僧人外，絕大多數都是藏族高僧。該目錄對這183 人均附有一簡略的小傳，而這些簡略小傳大多是依據他們的藏文傳記編寫的。1990 年 5 月，西藏人民出版社出版了八世達賴喇嘛堅白嘉措的經師益西堅贊於藏歷第十三饒迥火羊年（1787 年）遵照八世達賴喇嘛的指示編寫的《道次師承傳》（藏

書有陳慶英、周潤年、高禾夫漢譯本，西藏人民出版社 1989 年 9 月出版。

3) 阿芒班智達著、毛蘭木嘉措校訂《拉卜楞寺志》，甘肅民族出版社 1987 年 7 月藏文版；色多羅桑崔臣嘉措著《塔爾寺志》，青海民族出版社 1982 年 2 月藏文版，此書有郭和卿漢譯本，青海人民出版社 1986 年 1 月版。

4) 馬學良、恰白·次旦平措、佟錦華主編《藏族文學史》，四川民族出版社 1994 年 9 月修訂再版，下冊，515 頁。

文版），收集有噶當派和格魯派的重要高僧約 70 人的小傳。這些目錄類書籍收集的只是藏族社會上廣有名聲的著名人物的傳記，其他散布在各個寺院和私家藏書中的高僧傳記，其數量應該更多，有的著作稱藏文的高僧大德的傳記「就目前已見著錄的便不下千種之多」[5]。

如果只就已知的高僧合傳中立傳的人數來說，漢文高僧傳有南梁釋慧皎撰《高僧傳》十四卷，收入高僧 257 人，附見者又 200 餘人，唐釋道宣所撰《續高僧傳》。收入高僧 485 人，附見者又 219 人，宋釋贊寧撰《宋高僧傳》，收入高僧 532 人，附見者又 125 人，明如惺撰《明高僧傳），收入高僧 138 人，附見者又 71 人，總數幾近 2000 人之多，本世紀又有嚴修撰《新續高僧傳四集》，接《宋高僧傳》，收入 1500 多人[6]，使有傳的漢僧總數達 3300 人以上。藏文高僧傳立傳之高僧數可能不及漢文之多，但也相差不是很多。而且漢文史籍中爲高僧單獨寫傳者則十分罕見，唯玄奘有十卷本之傳記，而藏文史籍中爲高僧單獨寫傳者，則爲數甚多，而且此種高僧個人的傳記又品種繁多，有弟子爲上師寫傳，有師父爲弟子寫傳，有數代之後的弟子爲先祖師寫傳，有高僧爲自己寫的自傳，有純用偈頌體寫的傳記，有偈頌體與散文體結合的傳記，還有純用散文體寫的傳記，此外還有高僧記述修習密法經過和體驗的秘傳，有弟子記述上師奇異事跡的秘傳等。漢文高僧傳自釋慧皎開

5）陳垣《中國佛教史籍概論》，中華書局 1962 學 11 月版。

6）毛雙民《研究中國佛教史的重要資料—三朝高僧傳》，文史知識編輯部編《佛教與中國文化》，中華書局 1988 年 10 月版 168 頁。

始，分爲譯經、義解，神異、習禪、明律、亡身、誦經、興福、經師、唱導等十門，對傳主的家世、經歷。社會活動等記述簡略，只突出他在佛教的某一方面的事跡，因而文字程式化，文學性不強。而藏文的許多高僧傳能夠以一部書專寫一人，對其家世、經歷、社會活動等往往能夠做充分的描述，而且用偈頌、民諺、典故、對話等文學語言加以細膩的描述，因而具有很強的文學性。藏文此種傳記文學作品數量之豐富、形式之多樣、反映社會生活面之廣泛、史料價値之珍貴，不僅漢文的高僧傳與之相比顯得遜色，就是在整個佛教世界的文化遺產中，也屬十分罕見。因而藏文的佛教傳記文學作品應當引起研究佛教文學的學者的特別的重視。

藏文佛教傳記文學經歷了長期的發展過程，甚至它的一些文學特點有可能可以追溯到佛教傳人西藏之前。早在吐蕃王朝建立之前藏族先民還生活在各個分散的部落之中時，民間的口頭文學即有相當的發展，這種口頭文學的內容，以本教的神靈故事，部落首領的傳說和動物的故事爲主。吐蕃王朝建立時代，王室的故事與官方的歷史記載相結合，成爲社會文學之主體。《敦煌本吐蕃歷史文書》中的歷代贊普傳略和大相的故事，可以說是此種文學作品發展的最高峰。這些作品文字簡潔、生動記述了歷代贊普開疆拓土、統一諸部和平定內亂的功績，記錄了吐蕃王朝歷史的許多主要方面。在文學形式上，贊普傳略在散文敘述中插入長段的詩歌體的對話、詩歌體的對話中又廣泛採用形象的比喻、大量使用民間諺語，在記述中自然地加入本教的宗教觀念和術語，這些特點都爲後來的藏文佛教傳記文學所繼承[7]。另外，在吐蕃王朝時代，隨著佛教的傳入和興盛，藏文的創制和推廣，翻譯佛教經典的事業有了極大的發展，一些佛經故事和佛本生故事、釋迦牟尼的故事被翻譯成藏文，藏族傳統的口頭文學形式和佛教文學作品的接觸，為藏文佛教傳記文學的出現和發展準備了必要的條件。不過，我們也應當看到，在吐蕃王朝時代佛教依賴於吐蕃王室的扶植和印度高僧的入藏傳法，吐蕃有出家僧人實始於公元 779 年桑耶寺建成以後，至 843 年朗達瑪贊普滅佛，不到八十年，這期間佛教寺院在政治、經濟上都仰仗於吐蕃王室的支持和保護，雖然在贊普赤德松贊和熱巴巾時期有鉢闡布娘。定埃增、貝吉雲丹位居群臣之上，有參與因政之權，但是總的來說，佛教首領的地位還無法與贊普相比。因此雖然在吐蕃王朝時期已經有不少關於吐蕃高僧的事跡的故事在社會上流傳，並且在據信撰寫於吐蕃王朝時期的《巴協》（亦稱《桑耶寺志》）一書中用文字記錄了巴・塞囊和桑希、毗盧遮那等吐蕃的最早的佛教僧人的事跡，但是在書中以主要的篇幅描述了贊普墀松德贊從出生到晚年的事跡，居於主要的地位[8]，在諧拉康的兩通碑文中講述了鉢闡布娘。定埃增的功績，但是碑文是贊普以君上對臣下的語氣寫成，也並未詳細介紹娘。定埃增的生平和學佛傳法的經歷[9]。

---

7) 王堯、陳踐譯注《敦煌本吐蕃歷史文書》，民族出版社 1980 年 10 月版，贊普傳記部分。

8) 巴・塞囊著、佟錦華、黃布凡譯注《巴協》，四川民族出版社 1990 年出版。

9) 王堯編著《吐蕃金石錄》，文物出版社 1982 年 10 月出版。

因此，可以說在吐蕃王朝時期佛教的傳記文學還處在萌芽的階段，還沒有出現完整的佛教高僧的傳記文學作品。

公元 843 年贊普朗達瑪滅法，造成西藏地區佛教中斷近百年之久，到十世紀中葉佛教在西藏復興，進入後弘期。後弘期的佛教是在西藏的分裂割據時期發展起來的，在沒有吐蕃王朝那樣的統一政權的情況下，佛教依靠與分散的地方政治勢力的結合而發後，因而在後弘期中出現了因師徒傳承和教法儀規的不同而形成的教派。教派形成之初的「百家爭鳴」的局面，不僅極大地刺激了各派僧人對佛法教理和修行儀規的探索，而且刺激了佛教文學在西藏的發展。在後弘期出現的佛教文學作品中，傳記文學以其易懂易記，便於在民間流布的特點首先占據了重要地位。復興的佛教在理論上和感情上都極力把自己和吐蕃王朝時期的佛教直接聯繫起來，所以早期出現的作品多以「伏藏」的形式即宣稱是吐蕃王朝時期爲避免法難而埋藏的經典，這些作品都以一種眞假參半的吐蕃王朝時期的作品的面貌出現，同時也就限定了它們的內容以吐蕃王朝時期的往事爲主。由於這一原因，松贊幹布、墀松德贊、熱巴巾「祖孫三法王」尤其是吐蕃王朝的開創者松贊幹布成爲「伏藏」作品的主要贊頌和描述的對象，這一時期的佛教文學代表作品有《噶欽噶闊瑪》（亦譯《松贊幹布遺教》）[10]、《瑪尼全集》[11]、《娘

10）亦譯《柱間史》，相傳是阿底峽大師 1049 年從拉薩大昭寺的柱子內取出，甘肅民族出版社 1989 年鉛印出版。

11）亦譯《嘛呢全集》，青海民族出版社 1991 年鉛印出版。

氏教法史》[12]、《第吾教法史》[13] 等，都是以松贊幹布爲主要人物，集合有關松贊幹布的各種傳說故事，並加以詳盡的文學描寫，把松贊幹布奉爲觀世音菩薩爲教化雪域眾生而降世的化身，把松贊幹布的歷史功績和迎娶文成公主、赤尊公主，興建拉薩大昭寺、小昭寺等弘揚佛法的偉業結合起來，寫成了一部佛教的菩薩降世傳法的文學傳記。同時，松贊幹布創建吐蕃王朝、建立吐蕃王朝的軍事行政制度、創制藏文、統一青藏高原等歷史事跡也仰賴這些佛教爲弘法而作的文學作品而保存下來。墀松德贊、熱巴巾的事跡亦以護持佛法的法王的形式而流傳於世。另外，「伏藏」作品中的另一主要人物是印度的高僧蓮花生大師，著名的《蓮花生大師傳》[14] 以及他的明妃益希錯杰的傳記即寫成於這一時期。松贊幹布和蓮花生大師的傳記的流行，反映了西藏佛教後弘期的初期佛教傳記文學對吐蕃王朝時期的佛教傳統的繼承，同時由於這一時期各教派對密法的重視超過對於顯教的重視，而蓮花生大師的傳奇故事又極富文學色彩，故蓮花生大師的傳記在人們所記憶的吐蕃王朝時期的印度和吐蕃的佛教僧人中占據了最爲突出的地位。

隨著西藏佛教教派的發展，各教派爲了擴大自己的影響，宣揚本教派的教理和教法，吸引社會各階層的信眾，總之爲了

12) 娘・尼瑪沃色著《娘氏教法史》，亦譯《娘氏宗教源流》，西藏人民出版社 1988 年鉛印出版。

13) 第吳賢者著《第吾教法史》，亦譯《第吳宗教源流》，西藏人民出版社 1987 年鉛印出版。

14) 青海人民出版社 1990 年出版了洛珠嘉措、俄東瓦拉翻譯的《蓮花生大師傳》的漢譯本。

使自已的教派在當時的藏族社會上站穩腳根，必然在繼承吐蕃王朝佛教的遺產的同時，在佛教文學作品中加進自已教派的內容。在宣傳自已教派的過程中，將本教派的祖師和高僧神格化和形象化，敘述他們的出生和家世（有的還述及他們是菩薩的化身或者關於他們的降生存在某一些授記等）、信奉佛法的緣起、學習佛法的經歷、弘揚佛法和利益眾生的功績、修習密法的成就等，以此作為範例進行宣傳，是必然的發展趨勢。在這一過程中，一批以後弘期的西藏佛教人物為傳主的佛教傳記文學作品就應運而生。在這些作品中，又可分為兩大類。一類是薩迦派、帕竹噶舉派的高僧傳，這些教派與某一特定的家族緊密聯繫，教主由該家族的成員世代承繼，故傳記中詳細記述該家族的歷史傳說，強調家族的神聖，在佛教內容之中，又加入傳統神靈崇拜的內容，不過歷代家族成員弘揚佛法的事跡仍然是傳記作品的主要內容，此類作品以《薩迦世系史》、《朗氏家族史》、《薩迦班智達傳》為其代表。現在所見到的《薩迦世系史》、《朗氏家族史》固然已經經過若干世紀的不斷的補充和加工，但此種特點是在其形成階段即已成為格式。同時，這類作品中突出高僧興建寺院，招徠屬民、廣收門徒、調解糾紛、安定地方、撰寫論著。接納地方首領，獲得布施等事跡，大乘顯教的入世思想的傾向顯得突出。另一類是寧瑪派、噶當派、噶瑪噶舉派的高僧傳，強調潛心修行，不染塵緣、不畏艱苦，捨棄今生利樂追求即身成佛，表現了後弘期佛教中一般僧人對佛法的執著的追求。此類作品以《瑪爾巴傳》[15]、《米拉日

15）查同結布著《瑪爾巴譯師傳》，藏文版由四川民族出版社 1994 年出

巴傳》[16]、《仁欽桑布傳》爲代表，尤其以《米拉日巴傳》最爲著名，影響最爲深遠。《米拉日巴傳》以米拉日巴對其弟子熱窮巴的講述的形式寫成，使用的是第一人稱的寫法，雖然現在通行的是在十五世紀時由桑結堅贊整理加工寫成的定本，但是其藍本可能即是熱窮巴在十二世紀所寫的當時的記錄。《米拉日巴傳》通過米拉日巴幼年時家產被奪，母子受苦，投師學習咒術，以咒術報仇雪恨，後來悔罪學習佛法，拜瑪爾巴爲師，幾經磨難才得到傳授，然後自已單身在雪山艱苦修行，直到獲得成就，頌揚了他爲求法艱苦卓絕、鍥而不捨的精神。在這類作品中突出了大乘密教的出世的思想，同時也以強烈的文學色彩感染藏族平民百姓的喜怒哀樂。在後來的歷史演變中，藏文的佛教傳記文學的這兩種主要類型都很到了充分的發展。

前一種強調入世功績的類型的後繼作品，可以《薩迦世系史》的續編、《江孜法王熱丹貢桑帕巴傳》[17]、《章嘉國師若必多吉傳》[18] 爲代表。江孜法王熱丹貢桑帕巴出身於夏卡哇家族，在元末明初該家族成爲統治江孜地方的貴族，熱丹貢桑帕巴 1418 年創建江孜白居寺，成爲政教結合的地方統治者，他的傳記記載了該家族的歷史、白居寺的創建過程、他對地方政治宗教的管理乃至他與周圍各地方首領的交往和政治軍事鬥爭

版，張天鎖等人的漢譯本由西藏人民出版社 1989 年出版。

16) 此書的藏文本和漢譯本都有幾種版本。

17) 晉美扎巴著《江孜法王熱丹貢桑帕巴傳》，西藏人民出版社 1987 年出版。

18) 土觀·洛桑卻吉尼瑪《章嘉國師若必多吉傳》，藏文本由甘肅民族出版社 1989 年出版，陳慶英、馬連龍漢譯本由民族出版社 1988 年出版。

等。而章嘉國師若必多吉爲清朝乾隆皇帝所尊崇的喇嘛，對清朝皇室與藏傳佛教的關係和西藏地方當時的政治都有重要影響，他的傳記除記載他參與創建雍和宮寺院、學習佛法、在五台山修行、翻譯藏文大藏經爲滿文、教授弟子等佛教活動以外，還記載了他參與清朝對蒙古西藏的管理的許多政治活動。後一類強調出世學法的後繼作品，可以《至尊宗喀巴大師傳》[19]爲代表。宗喀巴大師在明朝初年，以其畢生精力學習佛法、教授弟子，創建了後來成爲藏傳佛教主流的格魯派，被弟子們尊奉爲文殊菩薩的化身、以全身心修習佛法、在顯密教法方面都獲得最高成就的典範。宗喀巴大師圓寂後，即有他的親傳弟子克珠杰（後來被尊爲一世班禪大師）所寫的《宗喀巴大師傳》刊布於世，後來蒙藏地區的許多格魯派的高僧依據自己所收集的資料和對宗喀巴大師的認識，撰寫了許多部不同體裁的宗喀巴大師傳，其中影響巨大的是周加巷所著的《至尊宗喀巴大師傳》。此外，現已鉛印出版的《博東班欽傳》[20]、《湯東杰布傳》[21]、《夏嘎巴傳》[22]等也屬於這一類型。

活佛轉世制度的出現，對藏文的佛教傳記文學的長期興盛

---

19) 周加巷《至尊宗喀巴大師傳》，藏文本由青海民族出版社 1981 年出版，郭和卿漢譯本由青海人民出版社 1988 年出版。

20) 吉麥邦《博東班欽傳》，藏文本有四川民族出版社 1990 年版，西藏藏文古籍出版社 1991 年版。

21) 居美德欽《湯東杰布傳》，藏文本有四川民族出版社 1982 年版，西藏人民出版社 1987 年版。

22) 此夏嘎巴爲清代寧瑪派高僧，青海黃南人，此傳記是他所寫的自傳，青海民族出版社 1985 年出版。

起了重要的推動作用。活佛轉世以佛教的輪迴思想和大乘佛教的菩薩思想爲理論基礎，認爲菩薩經過無數劫的修持，行六波羅蜜獲得正果之後，爲了履行其普渡眾生的宏願，推遲進入涅般世界，以化身在世間利樂眾生，這樣的化身與因爲業緣和無明而漂流輪回的眾生不同，在歷代的轉世中能夠不迷失其本性，能夠前後世靈性相通。從現實社會的觀點來看，活佛轉世至少代表了人們對歷史上德高望重，功績卓著、學識淵博的著名高僧大德的實在的紀念，同時通過後世對前輩的學識功德的繼承，建立起師徒傳承、家族傳承以外的另一種傳承方式，對於實行政教結合並常常處於教派競爭之中的藏傳佛教各教派，不失爲一種切實可行的領袖人物的繼承方式。自十三世紀噶瑪噶舉派首先採用活佛轉世以後，藏傳佛教各教派紛紛實行，至明清兩代藏族地區出現了難以數計的活佛轉世系統。活佛轉世制度的理論和尋訪、認定活佛的轉世靈童，更突出了記錄歷輩活佛的事跡和言論的重要。因此，爲歷輩活佛立傳成爲活佛轉世系統能夠維繫和運作的一個重要的條件。同時，歷輩活佛的政治、經濟、宗教地位的繼承，又使得各個活佛在佛教僧人中處於某種比較優越的地位，能夠以較多的時間和精力從事學習和著述的活動。因此，活佛轉世制度普遍實行以後的明清兩代有大量的藏文的活佛傳記出現，就成爲一種十分自然的現象。

在爲數眾多的活佛傳記中，以歷輩達賴喇嘛和歷輩班禪大師的傳記最爲重要。由於他們所處的政治、宗教環境的不同，個人經歷的不同，雖然同是地位崇高的格魯派的領袖人物，他們的傳記又有許多差別。今以歷輩達賴喇嘛的傳記爲例，來略作說明。

一世達賴喇嘛根敦珠巴的傳記有他的弟子益希孜莫所撰的《根敦珠巴傳》和貢噶堅贊所撰的《根敦珠巴的十二功業》兩種。前者依年代的先後，記述根敦珠巴一生從一個貧苦的牧民的兒子到創建扎什倫布寺成爲格魯派的一位高僧的事跡，而以興建扎什倫布寺的過程最爲詳細。當時格魯派還沒有採用活佛轉世制度，所以書中開始處雖然隱約提到根敦珠巴的先世曾經是噶當派的創始人仲敦巴，但是並沒有講得很清楚，而且在根敦珠巴晚年安排其身後之事時，是命其弟子輪流繼承扎什倫布寺的法座，沒有關於轉世的提示。後者則仿照佛陀行傳記載釋迦牟尼十二事業的形式，講述根敦珠巴的降生、出家、投拜名師、守持戒律、勤學三藏經論、講辯著情形、不爲世間八風所動、繼承仲敦巴弟子三尊的事業、獲得奇特授記、專心守護佛法、教導具緣弟子、圓寂等十二功業，這表現了佛本生故事和佛陀行傳對藏文佛教傳記文學的影響和藏傳佛教各教派所強調的「視師爲佛」的觀念。二世達賴喇嘛根敦嘉措的傳記包括根敦嘉措自己所寫的一篇自述和他的弟子爲他所寫的傳記，主要講述他出生時父母的各種夢兆和幼年時的奇異行爲，他到哲蚌寺學法、興建曲科杰寺以及爲格魯派的存在和發展所建立的功業以及成爲格魯派的主要領袖人物的情形。他們的傳記反映了達賴喇嘛這一活佛轉世系統還處在醞釀階段的特點。

三世達賴喇嘛和四世達賴喇嘛的傳記的作者都是五世達賴喇嘛，屬於活佛傳記中很少見的後世活佛爲自已的前世寫傳的例子。三世達賴喇嘛索南嘉措 1543 年出生，1546 年即作爲根敦嘉措的轉世被迎請到哲蚌寺坐床，1552 年就任哲蚌寺的法台，1578 年在青海會見蒙古土默特部首領俺答汗，俺答汗贈給他

「聖識一切瓦齊爾達喇達賴喇嘛」的尊號，從此「達賴喇嘛」才成爲這一活佛後世系統的稱號。隨後索南嘉措在安多、康區和蒙古傳法，於 1588 年在應邀到北京的途中圓寂。四世達賴喇嘛雲丹嘉措爲俺答汗的曾孫，生於 1589 年，雖然他在 1592 年就被拉薩三大寺一致認定爲索南嘉措的轉世，但是他一直到十年後才在位薩坐床，並在 1616 年年底在哲蚌寺圓寂。他們的時代是達賴喇嘛活佛轉世系統建立後的早期發展階段，是格魯派通過蒙藏聯合走向新發展的關鍵時期。他們雖然都壽數不長，但是他們的事跡卻對格魯派十分重要，因此在蒙古和碩特部固始汗聯合格魯派取得西藏地方的政權之後，五世達賴喇嘛就在到北京會見順治皇帝的往返途中親自爲他們撰寫了傳記。由於時代的特點，蒙藏之間的交往成爲這兩部傳記的主要的內容。

五世達賴喇嘛阿旺洛桑嘉措的傳記是藏文高僧傳記中篇幅最長的一部，它由兩大部分組成，一是五世達賴喇嘛在世時自己編定的自傳，一是五世達賴喇嘛圓寂後由第巴桑結嘉措撰寫的續傳，總計達六函之多。他是第一位成爲全藏政教領袖的達賴喇嘛，所以他每天的活動都有專人負責記錄，而他的自傳就是在這些當時的記錄的基礎上編寫而成的，因此頗類似於起居注和實錄的形式，以五世達賴喇嘛的日常生活爲線索，全面地展現了掌握西藏政教權力的達賴喇嘛的各個側面，成爲研究達賴喇嘛的最重要的資料之一。該書涉及的方面也很廣泛，包括了當時的政治經濟、軍事、宗教、教派之間的關系、民族之間的關係，以及民俗、藝術、文學、醫藥等，其中所記載的蒙藏關係的內容，在漢文和蒙古文的史料中也沒有記載或者記載不詳，因而成爲研究當時的蒙古各部的歷史的重要參考資料。

六世達賴喇嘛倉央嘉措的傳記又是另一種情形。1682 年五世達賴喇嘛回寂後，第巴桑結嘉措秘不發表，對外宣稱五世達賴喇嘛入定修行，不見外人，諸事由第巴桑結嘉借辦理。同時第巴桑結嘉措秘密主持尋訪和認定五世達賴喇嘛的轉世，直到 1696 年才把已經 14 歲的倉央嘉措迎請到布達拉宮坐床。1705 年第巴桑結嘉措被固始汗的曾孫拉藏汗殺死，倉央嘉措被拉藏汗廢黜，在解送北京的途中在青海湖附近圓寂。第巴桑結嘉措寫了一部《六世達賴喇嘛傳》，記載了倉央嘉措從出生、認定直到在布達拉宮坐床後的事跡，這是倉央嘉措的一部沒有完成的傳記。後來阿拉善的蒙古族僧人阿旺多吉又寫了一部《六世達賴喇嘛倉央嘉措秘傳》，說倉央嘉措並沒有在青海湖邊圓寂，而是脫走到阿拉善，埋名隱姓，在蒙藏各地繼續修行傳法。由於這些事跡難以判定眞僞，《六世達賴喇嘛倉央嘉措秘傳》成爲藏文高僧傳記中最引起爭論的一部。此外，拉藏汗在廢黜倉央嘉措之後，另立意希嘉措爲六世達賴喇嘛，在布達拉宮坐床，得到清朝政府和五世班禪大師、一世嘉木樣活沸等格魯派高僧的承認。1717 年蒙古準噶爾部策妄阿拉布坦派兵進藏，擊殺後藏汗，廢黜意希嘉措。結果意希嘉措成爲唯一的一位曾經是達賴喇嘛而沒有傳記、事跡不明的人物。

七世達賴喇嘛格桑嘉措的傳記是章嘉國師若必多吉撰寫的，1757 年格桑嘉措圓寂後，章嘉國師若必多吉奉乾隆皇帝之命進藏，主持七世達賴喇嘛的超薦法事和尋訪轉世靈童事宜，章嘉若必多吉依據格桑嘉措的生平記錄在很短時間內前後寫成了長達兩函的《七世達賴喇嘛傳》。從八世達賴喇嘛到十二世達賴喇嘛的傳記，是由他們的經師或攝政第穆活佛、嘉旺活佛、普布覺活佛等人所撰寫，其格式仿照五世達賴喇嘛、六世達賴喇嘛、七世達賴喇嘛的傳記的形式，只是有時則重點有所不同，例如九世達賴喇嘛隆多嘉措在 11 歲時就圓寂了，所以他的傳記的主要內容是他出生及尋訪。認定，坐床的經過，十世達賴喇嘛在尋坊認定的過程中經過幾次反覆證認，才得到清朝嘉慶皇帝的認可而在布達拉宮坐床，他的傳記又是參與此項事務的嘉旺活佛洛桑赤列南杰所著，所以這一過程占了傳記的很大一部分篇幅。與其他的達賴喇嘛傳記相同，它們都有記事準確、時間清楚、涉及西藏社會各個方面等特點，具有很高的資料價值。但是從文學的角度來說，則有過於程式化之嫌。

南唐三主與佛教信仰

陳葆眞
（臺灣大學藝術史研究所教授）

一、引　言

佛教於西漢（207～9 B.C）末年、東漢（A.D.14～220）初年之間傳入中國，經魏、晉、南北朝（220～581）、隋（581～618）、唐（618～907）、到五代（907～960）之際，幾達千年。其發展由萌芽而繁盛：五家十宗，高僧輩出，經典浩繁，寺宇林立，信眾廣佈。佛教思想中生死輪迴，業力果報的生命價值觀深入影響中國人的精神和物質生活。千年以來佛教與儒、道二家三足鼎立，共成爲中國傳統文化的核心內涵。

然而，縱觀宋代之前的歷史，佛教的發展過程並非一帆風順，而是幾經挫折。由於發展過於蓬勃，影響層面過於廣大，因此，在不同朝代中，佛教曾經幾度招致統治者的壓抑。其中最大規模的便是北魏孝武帝（532～534）、北周武帝（560～578）、唐武宗（840～846）和後周世宗（954～959）等君主的滅佛運動。這便是歷史上所謂的「三武一宗」之禍。雖則如此，這些打擊畢竟只是一朝一代的行爲而已，並未根絕佛教命脈。佛教的發展仍然生生不息。而歷史上虔誠信佛且大力贊助佛教活動的統治者更代不乏人，比較著名的除了梁武帝（502～549）和隋文帝（581～604）之外，更值得注意的是五代江南的吳越（907～978）和南唐（937～975）兩國各代君主。這兩個小國的歷代君主對於佛教信仰都是世代相襲全心護持。因此佛教在這兩個地區的發展極爲繁盛，儼然成爲國教。吳越武肅王錢鏐（907～932）以下，歷經文穆王錢元瓘（932～941），忠獻王錢弘佐（941～947），和忠懿王錢弘俶（948～978）等都恭禮佛教，起塔建寺、全力護法。而南唐王室信禮三寶，大臣蔬食，全國營構寺塔，講經崇佛，蔚爲風氣。此外，朝廷更規劃良田，供養寺宇，作爲常住產。馬令特別指出這個事實：「予聞故老說南唐好釋，而吳越亦然。南唐每建蘭若，必均其土田，謂之常住產。錢氏則廣造堂宇，修飾塑像而已……」[1] 就這一點來看，南唐較吳越之崇佛，實有過之而無不及。因此，馬令和陸游兩人在撰寫《南唐書》時，才將這種現象別立一章，名爲〈浮屠傳〉，特別標示南唐篤信佛教的史實。[2] 本文謹擬以此爲基礎，增補所知，以顯南唐護法之殷。然因個人所知有限，疏漏難免，先此祈正。

1）見馬令，《南唐書》，四部叢刊廣編，冊 12，卷 26，頁 102。

2）見馬令，《南唐書》，卷 26；陸游，《南唐書》，同前刊本，卷 18；周在濬，《南唐書注》（18 世紀初年），嘉業堂刻本，卷 18；劉承幹，《南唐書補注》（1795 序），同前刻本，卷 18。

二、南唐三主與佛教信仰

南唐三主之信佛，烈祖始開其端。而烈祖信佛則是因爲家中長輩信佛的緣故。據陸游所記，烈祖的父親李榮「性謹厚，喜從浮屠游，多晦跡精舍。」[3] 又據鄭文寶所說，烈祖「有姨出家爲尼。」[4] 由於家庭環境的影響，烈祖篤信佛教，因此，他建國之後，廣建佛寺僧舍，常設無遮大會，廣行佈施。[5] 昇元年間烈祖在金陵新建的佛寺有淨妙寺，改瓦官寺爲昇元寺，[6] 此外，改能仁寺爲興慈寺（941），[7] 又改興教寺爲清涼寺。這其中較重要的是清涼寺。清涼寺位在金陵城外的石頭山。它的創建有兩種說法：一爲烈祖義父徐溫在掌楊吳政權時（925）創建的，原名興教寺；[8] 另一說法爲：吳王楊溥於石頭城建清涼寺，禮請悟空住持。[9] 中主保大二年（944）改爲石頭清涼大道場。清涼

---

3) 陸游，《南唐書》，卷 1，頁 4。

4) 鄭文寶，《江表志》，四庫全書（台北：商務印書館影印故宮博物院藏文淵閣本，1983），冊 464，卷 1，頁 132。

5) 見馬令，《南唐書》，卷 26，〈浮屠傳〉，頁 101；陸游，《南唐書》，卷 15，〈浮屠傳〉，頁 82。

6) 分別見葛寅亮，《金陵梵剎志》（1627），杜潔祥編，中國佛寺史志彙刊（台北：明文書局重印，1980），第 1 輯，冊 5，卷 48，頁 1421；冊 4，卷 21，頁 893。

7) 又能仁寺曾於 934 改名爲報先院，941 再改爲興慈寺，參見葛寅亮，《金陵梵剎志》，冊 3，卷 32，頁 1149；牧田諦亮，《五代宗教史研究》（京都：平樂寺書店，1961），頁 68，87。

8) 見葛寅亮，《金陵梵剎志》，冊 4，卷 19，頁 847。

9) 覺岸，《釋氏稽古略》，四庫全書，冊 1054，卷 3，頁 147。牧田諦

寺是南唐皇室最重要的宗教活動場所。寺中曾建有李氏避暑宮，及德慶堂，堂匾爲後主所書；又有名畫家董羽畫龍，李霄遠草書，合稱三絕；且有後主爲追薦烈祖而造的鐘。[10]

此外，金陵城外的攝山棲霞寺和牛首山祖堂幽棲院也都是烈祖時期重要的佛教勝地。僧用虛曾於昇元元年（937）爲棲霞寺作題記，[11] 而牛首山祖堂幽棲院佛殿也於昇元三年（939）落成。[12] 在金陵地區以外，江西廬山也是南唐佛教勝地。[13] 昇元期間比較重要的佛寺有東林寺和開先寺。東林寺自東晉太元九年（384）慧遠（334～416）開創後便一直成爲淨土宗重要道場。昇元三年（939）重題寺名；昇元六年（942）重修，[14] 可

亮，《五代宗教史研究》，頁 46。

10） 關於清涼寺，見葛寅亮，《金陵梵刹志》，冊 4，卷 19，頁 847～849。中主建大報恩及大報慈道場事，見同書，卷 48，頁 1440～1443。中主於保大二年（甲辰，944）創清涼大道場事，見〈休復禪師傳〉，收於道原，《景德傳燈錄》（1004 序）（台北：眞善美出版社，1967 重印），卷 24，頁 77～78。

11） 牧田諦亮，《五代宗教史研究》，頁 79 引《江蘇金石志》。

12） 陳思，《寶刻叢編》，四庫全書，冊 682，卷 15，頁 449；牧田諦亮，《五代佛教史研究》，頁 81。

13） 廬山自六朝時期即爲佛教重地，歷代佛寺及道觀眾多。詳見陳舜俞，《廬山記》，《大正藏》（台北：新文豐，1983 重印），冊 51，頁 1023～1050。

14） 東林寺重修事見牧田諦亮，前引書，頁 84 引用《愍懷精舍金石跋尾》，頁 89 引用《寶刻叢編》，卷 35，但後者經查閱不得，或爲誤引？又東林寺有「神運木」，南唐中主曾題其名，宋代仍存，明代已亡。見吳宗慈於 1936 年編的《廬山志》，收於杜潔祥主編《中國佛寺

見其香火鼎盛。開先寺則與南唐皇室關係密切。開先寺原爲中主未爲太子時所建的讀書台，後來中主捨台爲寺。[15] 可證二者與南唐皇室的淵源極深。

在建寺佈施以外，烈祖也曾致力推動譯經活動。有名的例子如：敕命豫章龍興寺僧智元刪譯當時中印度胡僧所奉獻的貝葉佛經。此外，更重要的是命令文房抄寫《華嚴經論》四十部。《華嚴經論》共四十卷，爲唐代宗室李通玄（635～730）於開元十七年（729）所作。昇元二年（938），僧勉進於烈祖，烈祖命侍部孫忌作序，並編入《大藏經》之中。烈祖又命文房抄寫四十部，以十部配上李通玄畫像十軸，頒佈諸州。此事在中主保大三年（乙巳，945）恒安所進《續貞元釋教錄》中曾有記載。[16] 由此可知烈祖對華嚴宗熱切護持的程度。

雖然烈祖信佛篤誠，但因他在建國期間殺伐太過，因此民間基於果報的觀念而產生一則傳說，描述他死後受罰，極待佛寺鳴鐘以緩苦的情形：

金陵上元縣人暴死，誤追入冥府，見唐先主被五木甚

史志彙刊》（台北：明文書局重印，1980），第 2 輯，冊 1，卷 2，頁 217～218。

15) 開先寺在廬山南麓鶴鳴山峰下。讀書台在開先寺中，久已荒廢，民國 21 年（1932），上海水災義賑會修復之，見吳宗慈，《廬山志》，冊 2，卷 5，頁 643～645。

16) 見小野玄妙編，《佛教經典總論》，收於丸山孝雄編，《佛書解說大辭典》（1936，東京：大東出版社，1975）別卷，頁 637。又參見塚本俊孝，〈五代南唐の王室と佛教〉，《佛教文化研究》，3 號，1953 年，頁 81～83。

> 嚴。民大駭，問主何以如此。主曰：「吾為宋齊丘所誤，殺和州降者千人，以冤被訴。」民曰：「臣誤道當還。」主泣曰：「吾囚此，聞鐘聲則苦暫息。汝歸語嗣君，凡寺院鳴鐘，令延緩之。更能為造一鐘，尤為濟苦。」民曰：「下人何以取驗？」主曰：「吾曾受于闐瑞玉大王於瓦官寺佛左膝，以香泥藏之，時無知者。」民既還而白後主。〔後主〕親詣瓦官剖膝，果得玉像，感泣慟擗，即造一鐘於清涼寺，鐫其上云：「荐烈祖孝高皇帝脱幽出厄」。以玉像建塔於蔣山[17]

爲此是以烈祖四子景達才於保大初年建立奉先寺，以荐烈祖冥福；[18] 而後主更鑄造鐵鐘，置於清涼寺，期以鳴鐘超渡烈祖之魂。[19]

烈祖諸子之中，除了末子景遏之外，幾乎無一不信佛。[20] 當然其中以中主信佛最爲篤誠，而其影響也最重大。中主信佛的虔誠除了他捐捨早年所建的讀書台爲開先寺外，即位之後更大起佛寺及僧房。自己更如虔誠的佛教徒一般聽經及作疏：他曾命僧人玄寂入宮講《華嚴經》；又因本身喜歡《楞嚴經》，

---

17) 志磐，《佛祖統紀》，《大正藏》，冊 49，卷 42，頁 392，開運三年事。

18) 見葛寅亮，《金陵梵剎志》，冊 5，卷 48，頁 1393。

19) 同上註，冊 4，卷 19，頁 847～849。

20) 見馬令，《南唐書》，卷 7，頁 74，景遏傳。景遏不信佛的這種特殊態度或與其母種氏失寵於烈祖並被強令出家爲尼有關。關於種氏爲尼事，見馬令，《南唐傳》，卷 6，頁 27；陸游，《南唐書》，列傳卷 13，頁 72；又見陳彭年，《江南別錄》，四庫全書，冊 464，頁 124。

而命擅於書法的僧人應之抄錄經文，再命馮延巳作序。[21] 對於廬山原來的佛寺高僧，中主特別禮敬。他曾敦請行因禪師赴金陵，但被婉拒。後來他在遷都往南昌時又特別去開先寺聽紹宗禪師說法。這兩位禪師極為博學，為禪宗六祖惠能的嫡傳弟子青原行思的第七世法嗣。[22] 此外，中主還在金陵廣開道場，比較著名的有大報恩寺、大報慈寺、和清涼寺等道場。中主常赴清涼道場聆聽法會並禮敬住持休復悟空（～943）和法眼文益（885～958）兩位禪師。這兩位高僧並為青原行思的第八代法嗣。[23] 悟空禪師卒後八年（保大九年，951），中主還曾為文祭禱，可知他的眞心誠意，日久不遷。[24]

文益禪師擅於詩文，[25] 常與中主論道，並傳曾以〈牡丹詩〉諷喻中主以「萬法皆空」的道理。詩云：

21) 馬令，《南唐書》，卷 26，〈浮屠傳〉，頁 102。

22) 參見吳宗慈，《廬山志》，冊 3，卷 9，頁 852～853。開先紹宗禪師及佛手行因禪師傳，並見道原，《景德傳燈錄》，卷 21，頁 12；卷 23，頁 63。

23) 文益與休復二禪師小傳，見道原，《景德傳燈錄》，卷 24，頁 230～233。

24) 祭文在清涼廣慧寺；「保大九年，歲次辛亥，九月，皇帝以香茶乳藥之奠，致祭於右街清涼寺悟空禪師。」見陸游，《入蜀記》，四庫全書，冊 460，卷 1，頁 885。寺中另外有〈悟空禪師碑〉，文為同年韓熙載所撰，並以分書篆額，見陳思，《寶刻叢編》，四庫全書，冊 682，卷 15，頁 450。

25) 文益擅長詩文，留有法語，見道原，《景德傳燈錄》，卷 28，頁 193～195；又文益頌十四首，見同書，卷 29，頁 210～212。

擁毳對芳叢，由來趣不同；
髮從今日白，花是去年紅。
艷冶隨朝露，馨香逐晚風；
何須待零落，然後始知空。[26]

在此值得一提的是，此詩可能不是法眼禪師所作，而極可能是南唐另一和尚謙光所寫。因爲當北宋初年道原編纂《景德傳燈錄》（1004 序）時並未收錄此詩。它最早出現於陶岳在 1012 年所集錄的《五代史補》中。陶岳並將它歸屬於謙光和尚所作：

〈僧賦牡丹詩〉

僧謙光金陵人也，素有才辯。江南國主師禮之。然無羈檢，飲酒如常。國主無以禁制。而又於諸肉中尤嗜鱉。國主常與從容語及釋氏果報，且問曰：「吾師莫有志願否？寡人固欲聞之。」謙光對曰：「老僧無他願，但得鵝生四隻腿，鱉長兩重裙，足矣。」國主大笑。顯德中政亂，國主猶晏然，不以介意。一旦因賞花，命謙光賦詩。因為所諷詩云：「擁衲為芳叢，由來事不同；鬢從今日白，花妒去年紅；艷冶隨朝露，馨香逐曉風；何須

26) 見葛寅亮，《金陵梵剎志》，冊 2，卷 19，頁 852～853；原見惠洪，《冷齋夜話》，四庫全書，冊 863，卷 1，頁 244。夏承燾，《南唐二主年譜》（1955：台北：文海出版社，1974 影印），頁 68 轉引。但二者皆誤認此詩乃文益爲後主作、實非，因文益卒於後周顯德五年（958），當時後主尚未登基。

對零落，然後始知空？」[27]

此處謙光之詩句與前引者僅有衲（毳）、為（對）、妒（是）、曉（晚）、對（待）等五字的互異，其餘都同，應當作同詩看。只是這首詩到徽宗時期釋惠洪著《冷齋夜話》時，才誤認它為文益禪師所作。又如南宋普濟禪師編《五燈會元》，及明代語風圓信和郭凝之編《金陵清涼院文益禪師語錄》，都依惠洪之說，以此詩為文益之作。[28] 此後學者便一直如此認定，並且當它為一首境界極高的禪詩。對此，杜松柏曾予用心的解讀：

誠能以實喻空，以現象喻本體，且為密合五言律詩格律之作。「毳」謂毳袍，文益謂己乃穿毳袍之僧人，對此

27) 見陶岳，《五代史補》，四庫全書，冊 407，卷 5，頁 683。又據紀昀〈提要〉認為此書資料相當可信：「岳字介立潯陽人。宋初薛居正等《五代史》成，岳嫌其尚多闕略，因取諸國竊據累朝創業事蹟編成書，以補所未及。自序云「時皇宋杞汾陰之後，歲在壬子，蓋眞宗之祥符五年（1012）也……此書雖小說家言,然敘事首尾詳具，率得其實，故歐陽修新史，司馬光《通鑑》多採用之……」。見同書，頁 641～642。杜繼文、魏道儒，《中國禪宗通史》（江蘇古籍出版社，1993），頁 360～361 中都以為謙光即為文益，不知何據。

28) 但據紀昀等學者的意見以為惠洪的《冷齋夜話》內容事例多妄誕不可盡信，參見同書，頁 238，〈提要〉：「……晁公武詆此書，多誕妄托者……」。但惠洪之說卻為其後禪師們所沿襲，見南宋普濟禪師編《五燈會元》，明嘉興大藏經，（台北：新文豐出版社，1988 重印），冊 24，頁 160；又見明代語風圓信與郭凝之合編，《金陵清涼院文益禪師語錄》，《大正藏》，冊 47，頁 590 之中。

芳叢，所見所感，其旨趣不同於世俗人。「髮從今日白」，「花是去年紅」：髮從今日而始顯其白，已非今日之事，猶花如去年之紅，而時間已非去年矣。艷冶之牡丹，現隨朝露盛開，馨香逐晚風而飄盪，然花落已由花開之時而註定，花香必有香歇之時，不須待其零落，而後知此乃現象界之「空」也。[29]

保大十三年（955），中主又曾作禪宗四祖道信大師塔院疏。[30] 此外，中主也曾一度親近金陵證聖寺的木平和尚、和報恩寺的清護禪師和淨德道場的沖煦、清涼寺的明禪師、奉先寺深禪師、和洪州大寧寺的隱微禪師。[31] 這些行爲顯示中主信佛之誠心與篤行。又由他之喜好《楞嚴經》，以及和禪宗大師的往來，足證中主與禪宗信仰的關係密切，特別是青原行思的嫡傳系統。

總之，中主信佛的影響所及，既廣且深。文臣武將崇佛茹素，蔚爲風氣。比較有名的如孫晟、李建勳、宋齊丘、陳覺、

---

29) 杜松柏，《禪學與唐宋詩學》（台北：黎明文化，1976），頁 222～223。

30) 道信曾住湖北蘄州破頭山，卒於唐高宗永徽二年（651）。次年其塔忽開，門人不敢復閉，見《景德傳燈錄》，卷 3，頁 55。中主或於此時再修其塔院並作疏，見闕名，《寶刻類編》，四庫全書，冊 682，卷 1，頁 591；又見張仲炘、楊承禧，《湖北通志》（1921）（台北：華文出版社，影印，無出版年），冊 5，卷 99，頁 224。

31) 這些禪師小傳，依序見於道原，《景德傳燈錄》，卷 20，頁 216；卷 21，頁 22～23；卷 23，頁 50，51；54～55。

韓熙載等人，都曾有詩文碑記等留於佛寺。[32] 就連不太信佛的徐鉉，也不能免俗地在保大九年（辛亥，951）作了一篇〈攝山棲霞寺新路記〉。[33] 最有趣的是武將邊鎬。邊鎬曾帶兵伐閩攻楚，是中主朝重要的戰將。但是，他「爲人柔懦，酷懼釋氏」，因此言行無威而軍紀不嚴，戰果也因時而異，民間便戲稱他爲「邊菩薩」和「邊和尚」。[34] 朝臣信佛的結果，多流行素食，實行的方式是「月爲十齋。至明日，大官具晚膳，始復常珍，謂之『半堂食』。」[35]

後主信佛深受烈祖和中主的影響，加上天性仁厚，好生戒殺，以及後來遭遇困阨，因此信佛的程度更過於他的父親和祖父。後主信佛篤誠，中年（三十二歲，968）以後更甚，史書多有記載。根據陸游《南唐書》：

> 〔後主在〕宮中造佛寺十餘。出餘錢募民及道士為僧。都城至萬僧，悉取給縣官……後主退朝與后著僧伽帽，服

---

32) 其他另有江彬、伍喬、陳贶、鄭元素、李中、江爲及史虛白等人。這些人的墨蹟曾刻石，存於廬山諸佛寺中，參見吳宗慈，《廬山志》，冊 18，卷 9，頁 848～851；冊 19，卷 10，頁 1277～1284；冊 20，卷 11，頁 1867，1870，2017。

33) 徐鉉文見葛寅亮，《金陵梵刹志》，冊 4，卷 4，頁 507～508；另外，李建勳及宋齊丘等人遊金陵佛寺詩文，又見同書，卷 4，頁 618～619；卷 21，頁 959～960，982。

34) 馬令，《南唐書》，卷 11，頁 51，龍袞，《江南野史》，四庫全書，冊 464，卷 2，頁 77。

35) 見夏承燾，《南唐二主年譜》，頁 2 及 58，轉引《青箱雜記》及《續通鑑》。

袈裟，頌經胡跪稽顙，至為瘤贅，手常屈指作佛印。僧尼犯姦淫獄成，後主每曰；「此等毀戒，本圖婚嫁，若冠笄之，是中其所欲。」命禮佛百而捨之。奏死刑日，適遇其齋，則於宮中佛前燃燈，以達旦為驗，謂之命燈。未旦而滅，則論如律，不然，率貸死。富人賂官官，竊續膏油，往往獲免。上下狂惑，不恤政事。有諫者輒被罪。歙州進士汪渙上封事，言：「梁武惑浮屠而亡，陛下所知也。奈何效之？」後主雖擢渙為校書郎，終不能用其言。[36]

馬令也有類似的記載：

〔後主〕輒於禁中崇建寺宇，延集僧尼，……由是建康城中僧徒進至數千，給廩米緡帛以供之……募道士願為僧者予二金。僧人犯姦，有司具牘，則曰：「僧尼姦淫，本圖婚嫁，若論如法，是從其欲。但勒令禮佛百拜，輒釋之。」由是姦濫公行，無所禁止。諸郡斷死刑，必先奏牘，詳覈無疑。適幸遇其齋日，則於宮中對佛像燃燈，以達旦為驗，謂之命燈。若火滅，則依法，不滅則貸死。富商大賈犯法者往往厚賂左右內官，竊續其燈，而獲免者甚眾。[37]

陳彭年則更明確的指出：

36）陸游《南唐書》列傳卷 15，頁 82。

37）馬令，《南唐書》，卷 26，頁 101。

> 後主篤信佛法,於宮中建永慕宮;又於苑中建靜德僧寺;鍾山建精舍,御筆題為「報慈道場」。[38]

此外，後主又在廬山建圓通寺，並賜田供養。[39] 上述後主在金陵所建三處道場加上前面論及烈祖在昇元年間新建的淨妙寺，中主四弟景達在保大年間建立的奉先寺，此外還有證聖寺，以及原來就有的清涼寺（原稱興教寺）和昇元寺（原爲瓦官寺），加上遠在廬山的開先寺、圓通寺、棲賢院、歸宗寺、和延福院，總計南唐時期由皇室興建或贊助的寺宇至少有以上的十三處。[40] 可惜它們歷經各朝代的兵災之後，許多已經殘破。

又，南唐朝臣在素食、爲名刹題記刻碑之外，也不乏出資建塔之事。其中比較值得注意的是名將林仁肇和史家高越兩人。[41] 他們曾出資重建位在金陵郊外東北方的棲霞寺舍利塔。棲霞寺原建於南朝齊、梁（479~557）之際。舍利塔在隋文帝仁壽元年（601）後毀。林仁肇和高越重建的舍利塔現今仍在，

---

38) 陳彭年爲南唐才子，曾於後主時入宮陪侍皇子仲宣，後入宋爲官，其說南唐宮苑事，詳而可信。此據其《江南別錄》，頁 161。

39) 見吳宗慈，《廬山志》，冊 1，卷 2，頁 301。

40) 此爲個人集錄葛寅亮，《金陵梵剎志》，冊 2，卷 19，頁 848～851；及吳宗慈，《廬山志》，冊 1，卷 2，頁 301；及陳舜俞，《廬山記》，頁 1025～1052 所得。詳細數目當不止於此。

41) 林仁肇及高越傳，見馬令《南唐書》，卷 12，頁 54～55；卷 13，頁 55。又見陸游，《南唐書》，列傳卷 11，頁 64；卷 6，頁 41。又，林仁肇並曾在 967 年捨俸錢，爲洪州龍興寺重鑄鐵鐘。參見王昶，《金石萃編》（1805）（北京：中國書店，1985 重印），卷 122，頁 6b～7a。

是了解南唐建築和雕刻藝術十分重要的作品。[42] 此外，朝臣如徐鉉、李建勳、和周繇等人也曾分別爲棲霞寺作詩或題記，可知它在當時是十分著名的佛教勝地。[43]

現存棲霞寺舍利塔爲五重塔。塔基八面有佛傳圖四幅，描述悉達陀太子誕生出家、降魔、及說法諸相。人物圖像的風格表現強調線條律動狀態，反映了盛唐吳道子新創吳帶當風的風格特色。塔身第一層刻正面及背面兩個雕版門，文殊、普賢二菩薩、及二天王和二力士像。倚柱刻經文，可辨者有《金剛經》四句偈云：「一切有爲法，如夢幻泡影，如露亦如電，應作如是觀。」護法力士造形魁梧，肌肉結實，揚眉怒目，抗臂聳肩，分足而立，一副奮勇之態，其表情動作與盛唐龍門奉先寺（675）、及敦煌千佛洞第九窟（890）晚唐壁畫的力士造形極爲近似，可證南唐文物直接承繼中原的傳統。

由於信佛，因此後主極爲禮敬僧侶，特別是對當時青原行思法系的禪宗高僧，如金陵報恩寺的法眼文益（淨慧，885～958），和清涼寺的法燈文遂（泰欽，～974），兩位禪師尤爲

42) 參見史岩，〈五代兩宋雕塑概說〉，《中國美術全集》，雕塑篇（北京：人民美術社，1988），冊 5，頁 3～5。又參見孫大章、喻維國，〈宗教建築藝術〉，同書，宗教建築篇，冊 4，圖版 36，37 及頁 12，13，說明部份。

43) 徐鉉雖不篤信佛，但也曾在保大辛亥（951）年作〈攝山棲霞山寺新路記〉，已如上述；李建勳作〈遊棲霞寺〉詩；周繇作〈棲霞寺贈月公〉等。見葛寅亮，《金陵梵刹志》，冊 2，卷 4，頁 507～508；618～619。

尊崇。[44] 後主仍爲鄭王時，便受法於淨慧（文益）禪師。[45] 文益禪師長於詩文，傳說他曾作〈牡丹詩〉諷諭中主，已如上述。[46] 而當文益禪師圓寂時，後主還爲他立碑頌德，韓熙載則爲他撰寫塔銘。[47] 據史料得知，曾受後主供養的知名法師，在金陵有章義道欽、報恩匡逸、報慈行言（玄覺導師）、淨德智筠（906～969）、報恩法安、[48] 及淨德沖煦（916～974）、和報恩院清護（916～970）；[49] 而在廬山則有圓通寺的緣德（898～977），歸宗寺的道詮；另外還有蘄州四祖山的清皎（906～993）。[50] 又據說後主曾召博學的「酒禿」和尚講《華嚴·梵行》一品。而當宋軍圍城正急時，後主因被矇蔽不知，以致於還居淨室，聽德明、雲眞、義倫、崇節等法師開示講解《楞嚴經》和《圓覺經》。[51]

---

44) 兩位禪師與南唐中主和後主的關係都相當密切。二人傳記分別載於道原，《景德傳燈錄》（1004 序），卷 24，頁 72～76；卷 25，頁 104。

45) 見葛寅亮，《金陵梵刹志》，冊 2，卷 4，頁 870。按淨慧本姓魯，浙江餘杭人，七歲出家於新定智通院，遊歷福建、江蘇、江西、湖南，後住持金陵報恩寺，深得中主與後主禮敬。見贊寧，《宋高僧傳》（台北：文津出版社，1991），卷 13，頁 313～314。

46) 參見註 26，27，28。

47) 見贊寧，《宋高僧傳》卷 13，頁 314。

48) 以上諸人傳，見道原，《景德傳燈錄》，卷 25，頁 104～106；110～112；112～115。

49) 沖煦及清護傳，見道原，《景德傳燈錄》，卷 21，頁 22～23。

50) 有關緣德傳，見贊寧，《宋高僧傳》，卷 13，頁 316；有關道詮、及清皎傳，見道原，《景德傳燈錄》，卷 24，頁 84～85；卷 23，頁 60。

51) 後主召酒禿講《華嚴經》一事，見陸游，《南唐書》，列傳卷 4，頁但是，無論如何，宋人在當時已經利用後主信佛篤誠的這一點，而派僧侶作間諜，潛伏到南唐，在軍事重地如牛首山和采石磯等地，建塔寺、造佛像，作爲掩護，以待日後宋兵南下時，裡應外合。在反間僧侶中，最有名的是號爲「小長老」的江正。小長老在開寶二年（969）左右南來，因長於論辯而深得後主信任。他慫恿後主窮奢極慾，以爲不如此，則無法體會佛國華嚴之美。本來尊禮禪宗，偏好佛理的後主，或因逃避現實的困頓，因此轉而寄望小長老的法力，期望他護持國祚。直到開寶八年（975）宋兵圍城時，後主還手書發願祝禱文，期望佛力保佑，渡過危機。此文根據《墨莊漫錄》的記載：

> 宣和間，蔡寶臣致君收南唐後主書數軸，來京師以獻蔡條約之，其一乃王師攻金陵城垂破時，倉促中成一疏，禱於釋氏：願退兵後，許造佛像若干身，菩薩若干身，齋僧若干萬員，建殿宇若干所。其數皆甚多，字畫潦草，然皆遒勁可愛。蓋危窘急中所書也。[52]

最後金陵終於淪陷，這時後主才知小長老之詐。傳說後主曾下令酖殺小長老。但實際上，在兵慌馬亂中，小長老已趁機脫逃，並趁南唐亡國之際奪取皇室的許多圖籍。[53] 雖則如此，

35，毛炳傳；馬令，《南唐書》，卷 26，頁 102，浮屠傳玄寂條。又圍城時，居淨室聽諸法師講《楞嚴經》和《圓覺經》事，見陸游，《南唐書》，卷 3，頁 19。

52) 見張邦基，《墨莊漫錄》，四庫全書，冊 864，卷 7，頁 65。又夏承燾，《南唐二主年譜》，頁 74 轉引，與原文之字句小有出入。

53) 小長老傳見馬令，《南唐書》卷 22，頁 101；陸游，《南唐書》，列傳卷

但後主對佛教仍然一本初衷，極爲篤誠。就在亡國後淪爲俘虜、被押解前往汴京的途中，經過臨淮，他還「往禮普光王塔，施金帛猶以千計」。[54] 可說他對佛教的信仰始終未曾動搖。

總之，後主因特殊的人生遭遇，而深刻地體會了佛家的「萬法本空」，「世事無常」的道理。佛門的「空」理，也自然流露在他的詩文作品中，例如他在二十八歲（964）時，爲悼念四歲早殤的次子仲宣的詩中有言：「空王應念我，窮子正迷家」。次年（965），他在哀昭惠后的輓辭中又說：「穠麗今何在？飄靈事已空」。而他在兩首大約作於這時的病中詩中，又說：「賴問空門知氣味，不然煩惱萬塗侵」；以及「前緣竟何似？誰與問空王」。[55] 此處「空王」即指佛而言。又、在他晚期所作的詞中，更見許多「夢」與「空」的辭句。著名的例子比如：「世事漫隨流水，算來一夢浮生」〈錦堂春〉；「夢裡不知身是客，一晌貪歡」〈浪濤沙〉；「往事已成空，還如一

15，頁 82。傳言小長老南來（969），暫投法眼禪師座下。但事實上，那時法眼已卒（958），因此不可能。又，小長老入宋後爲安陸刺史。他本身富於藏書，在得南唐及後來吳越亡國後的收藏，總數共達萬卷，後散佚；到北宋神宗朝的翰林學士鄭毅夫作《江氏書目》時，還登錄其收藏文集數百卷。參見王明清，《揮麈後錄》，四庫全書，冊 1038，卷 5，頁 468～9，〈樊若水〉條。

54) 陸游，《南唐書》，列傳卷 15，頁 82～83。

55) 以上句子都見於清聖祖敕編，《欽定全唐詩》，四庫全書，冊 1423，卷 8，頁 159～160。

夢中」〈子夜歌〉等等。[56] 這些用語處處顯示他受佛家思想的影響，特別是《金剛經》所揭示的：「一切有爲法，如夢幻泡影；如露亦如電，應作如是觀」。

後主熟習經典，曾手抄《心經》送給宮女喬氏。在他過世後，當時已被宋太宗納入禁中的喬氏，便將自己收藏的《心經》捐贈到汴京的相國寺西塔院，以荐後主冥福，並以極工整的書法在卷後加上了一段情深動人的跋文：

> 故李氏國主宮人喬氏，伏遇國主百日，謹捨昔時賜妾所書《般若心經》一卷，在相國寺西塔院，伏願彌勒尊前，持一花而見佛……[57]

可知後主平日對喬氏的情眞意摯，才會令喬氏在他逝世之後還如此地眷念情深。同樣的，由於南唐在皇室三代長期提倡佛教之下，僧侶得到相當的照顧，因此，這些僧侶在必要時，也能同仇敵愾，悍衛國家，比如廬山圓通寺，「……南唐時曾賜田千頃，其徒數百眾，養之極其豐厚。王師渡江，寺僧相率爲前鋒以抗。未幾，金陵城陷，乃遁去」。[58] 可悲的是，南唐亡國之後，百分之六、七十的僧尼都被迫還俗，有的還甚至被

---

56) 又、關於後主詞中喜用「夢」、「月」，等字的討論，參見郭德浩，〈李後主評傳〉，收於龍沐勛編，《李後主和他的詞》（台北：三民書局，1971），冊上，頁 66～67。

57) 北宋末年王銍還曾見過這件作品，見其《默記》，四庫全書，冊 1038，卷中，頁 342。

58) 原文見曾敏求，《獨醒雜志》，四庫全書，冊 1039，卷 1，頁 529；又見夏承燾，《南唐二主年譜》，頁 57；夏氏轉引，與原文稍有出入。

黥面充當兵員。宋人如此強硬的作法，令人望而生畏。[59]

總之，南唐由於三主都篤信佛教，因此朝野信佛蔚爲風氣，除了後主的四叔景遏和朝臣徐鉉外，無一不深受佛教影響。[60] 後主子侄輩中，甚至有人在入宋後出家爲僧，比如活動於北宋眞宗景德到祥符（1004～1016）年間的譯經光梵大師惟淨，便是吉王從謙的兒子。[61] 縱然如此，南唐終究不能免於無常之劫而煙消雲散，正如後主在他詞中所感歎的：「往事已成空，還如一夢中」。[62]

縱觀以上南唐三主的崇佛活動之中，除了建立寺宇，規劃常住產，以爲供養之外，相當重要的一個現象便是對《華嚴經》、《楞嚴經》、和《圓覺經》的尊崇。這反映了華嚴宗和禪宗在南唐地區的盛行。關於華嚴宗在江南流行的情形，塚本俊孝已在他的《南唐の王室と佛教》一文中標出。至於禪宗在此區的盛行，依個人管見，則是六朝以來便有的地緣人脈關係所致。這與江南一地自六朝和唐代以降便爲禪宗傳佈的主要地區這種淵源有密切的關係。[63] 眾所周知，金陵一地的牛頭法

59) 見賈似道，《悅生隨抄》，收於陶宗儀，《說郛》，四庫全書，冊 877，卷 20 下，頁 1970；又見夏承燾，《南唐二主年譜》，頁 55。

60) 景遏不似他人信佛之篤誠，見陸游，《南唐書》，列傳卷 13，頁 76；徐鉉雖不篤信佛教，但也參與佛教相關的活動，如前所述。

61) 陸游，《南唐書》，列傳卷 15，頁 83。

62) 見唐圭璋，《南唐二主詞彙箋》（1937；台北：正中書局，1966，三版），頁 7a～b.

63) 參見釋印順，《中國禪宗史》（台北：正聞出版社，1971 初版，1983 再版）。

融，湖北蘄州的四祖道信、江西吉州的青原行思（六祖惠能法嗣），以及洪州的馬祖道一，和石頭希遷等等，其活動區都隸屬南唐統治。[64] 由於這個緣故，因此，在地緣關係上和人脈資源上，禪宗都成爲南唐本地的文化資源，南唐中主與後主之接近禪宗也是極其自然之事。就事實而言，南唐二主所尊崇的禪師多出於青原行思的法嗣，包括中主時代的休復悟空和法眼文益，以及後主時代的法燈文遂等人（已如上述）；而其中尤以法眼文益最爲重要。

三、法眼文益

法眼文益禪師的生平，根據北宋道原的《景德傳燈錄》：

> 昇州清涼院文益禪師。餘杭人也。姓魯氏。七歲依新定智通院全偉禪師落髮。弱齡稟具於越州開元寺。屬律匠希覺師盛化於明州鄮山育王寺。師往預聽習，究其微旨。復傍探儒典，遊文雅之場。覺師目為我門之游夏也。師以玄機一發，雜務俱捐。振錫南邁。抵福州長慶法會。……暫寓城西地藏院。因參琛和尚。……師豁然開悟。與同行進山主等四人因投誠咨決，悉皆契會。次第受記。……至臨川州牧請住崇壽院。……江南國主重師之道，迎入住報恩禪院。署淨慧禪師。……師後遷住清涼。……師與悟空禪師向火，拈起香匙問悟空云，不

64）關於禪宗在這地區的活動情形，參見鈴木哲雄，《唐、五代の禪宗—湖南江西篇—》（東京：大東出版社，1984）。

得喚作香匙，兄喚作什麼。悟空云香匙。師不肯。悟空卻後二十餘日方明此語。……師緣被於金陵。三坐大道場。朝夕演旨。時諸方叢林咸遵風化。異域有慕其法者，涉遠而至。玄沙正宗中興於江表。師調機順物。斥滯磨昏。凡舉諸方三昧，或入室呈解，或叩激請益，皆應病與藥。隨根悟入者，不可勝紀。以周顯德五年戊午七月十七日示疾。國主親加禮問。閏月五日剃髮沐身告眾訖，跏趺而逝。顏貌如生，壽七十有四。臘五十四。城下諸寺院具威儀迎引。公卿李建勳已〔以〕下素服奉全身於江寧縣丹陽鄉起塔。謚「大法眼禪師」。塔曰「無相」。嗣子天台山德韶、文遂、慧炬等一十四人先出世，並為王候禮重。次龍光、泰欽等四十九人後開法，各化一方，如本章敘之。後因門人行言署玄覺導師，請重謚「大智藏大導師」。三處法集及著偈頌真讚銘記詮注等凡數萬言，學者繕寫傳布天下。[65]

以上引文值得注意的是，文益禪師早年曾入希覺律師之室，「復傍探儒典，遊文雅之場。覺師目為我門之游夏也。」由此可知文益從早年開始便長於文學詩詞。後來應南唐中主之邀住持報恩寺和清涼寺。又其所作十四則法偈今錄於《景德傳燈錄》中。[66] 毫無疑問的，文益禪師之長於文學詩詞著作與早

---

65) 見道原，《景德傳燈錄》，卷 24，頁 72～76。又見贊寧，《宋高僧傳》，冊上，卷 13，頁 313～314，〈周金陵清涼院文益傳〉，但內容不及前者詳盡。

66) 見道原，《景德傳燈錄》，卷 29，頁 210～212。

年在浙江從南山系希覺律師遊有關。希覺世爲晉陵（江蘇武進）人，學通儒、墨二家，後在溫州開元寺出家，從天台慧則大師遊，精研四分律，後移駐杭州大錢寺。吳越文穆王賜紫衣，號文光大師，論著多種，諸如：

《增輝錄》二十卷，發揚其師慧則《集要記》之意；
《會釋記》二十卷；
《擬江東讒書》五卷；
《雜詩賦》十五卷；及
《注林鼎金陵懷古百韻詩雜體》四十章。[67]

或許由於希覺律師勤於學習及著作的影響，使文益也熱衷於文字著述。在希覺律師之外，文益禪師也曾受華嚴教義的影響。當時華嚴宗在吳越一帶相當流行，出身浙江餘杭的法眼文益因接觸而接受華嚴宗應是自然之事，因此，他的法眼宗便具融合他宗的特色。[68] 文益法眼的主張後來經法嗣天台德韶以及

67) 參見小川貫一，〈錢氏吳越國の佛教に就て〉，《龍谷史壇》1936 年 7 月，18 號，頁 50～51。

68) 個人對於華嚴宗所知極爲有限，不敢妄論，此處所據爲塚本俊孝，〈五代南唐の王室と佛教〉，頁 81～84。另外，可再參見 Jacques Giles, "The Avatamsaka Sutra (Flowered Ornamentation) and Its Painted Representation at Dunhuang,"〈郭煌的《華嚴經》及其繪畫藝術〉，收於《十世紀前的絲綢之路和東西文化交流》（北京：新世界出版社，1996），頁 471～473（摘要）。又，禪宗各家對以文字教化的看法與實踐各不相同，江西青原行思法系的馬祖道一、石頭希遷及其法嗣的諸多傳法公案及記錄，或可看作是文字禪的濫觴。關於宋代之前禪宗各

德韶門下正覺空慧禪師予以發揚光大。正覺空慧禪師曾住杭州報恩道場，並曾印行《華嚴論》一百二十卷，弘揚華嚴教義。

然而，個人以爲法眼文益禪師之能深得南唐二主的特殊禮遇，除了他在禪學方面具有極深的修養，足以折服二主之外，他早年所遊吳越、福建、江西、及金陵各地所累積的閱歷和知識，必也是吸引南唐二主的要素。除此之外，他在文學詩詞方面的才華應是令南唐中主和後主心悅誠服的主要力量。換句話說，法眼文益禪師由於本身具有禪學和文學方面的才華，因此才能深令好尚文藝和佛理的南唐二主心儀禮敬。由於他們的氣質近似，彼此之間才會因同氣相求而密切契合。

可惜的是當後周顯德五年（958）文益示寂以後，南唐國勢每下愈況，十七年後南唐亡國。法眼宗在金陵地區或南唐全境的發展情形並不清楚。值得注意的是在鄰邦吳越地區，法眼宗由於天臺德詔和永明延壽的努力，而得以弘佈，成爲相當重要的宗派。[69] 以下個人試就史料所得簡述法眼文益法脈之淵源，

家的主張與發展，參見釋印順，《中國禪宗史》，卷 8，頁 327～351，禪風的對立；卷 9，頁 389～423，諸宗抗立與南宗統一。又，參見杜繼文、魏道儒，《中國禪宗通史》，頁 1～377，以見禪宗思想之演變。又，據鎌田茂雄之觀察，禪宗思想與華嚴宗的關係，極爲密切，參見其《禪典籍內華嚴資料集成》（東京：大藏出版社，1984）。

69) 文益禪師法嗣及門人至少有六十三人，其中在吳越地區傳法者人數相當多，參見道原，《景德傳燈錄》，卷 25、26，頁 95～149。又，關於永明延壽之研究，參見忽滑谷快天，〈永明延壽的宗風與其細行〉，收於張曼濤主編，《佛教人物史話》（台北：大乘文化出版社，1978），頁 339～350。

並示法眼宗在吳越的後續發展。

四、法眼宗法脈簡示

㈠ 雪峰義存禪法傳佈吳越情況：

1.武肅王（907～932）：禮敬義存弟子道怤禪師。

2.文穆王（932～941）：禮請道怤於龍冊寺弘法。

3.忠獻王（941～947）時雪峰義存法嗣有：西興化度院師郁，龍興寺宗靖、大錢山從襲、耳相院行脩、洞巖院可休等傳雪峰禪法。

4.忠懿王（948～978）奏請封雪峰義存法嗣福州玄沙院師備為宗一大師。

㈡ 法眼文益

1.生於浙江餘杭。

2.七歲依新定智通院全偉禪師落髮。

3.後往越州開元寺。

4.轉赴明州鄮山育王寺，入希覺律師之室（希覺傳道宣南山四分律之法）。

5.南遊福建，寓福州城西地藏院，從羅漢桂琛遊（羅漢桂琛傳雪峰義存、玄沙師備之禪法）。

6.至臨川，住崇壽院。

7.南唐中主請文益到建康報恩院，稱淨慧禪師，後住清涼院。

8.後主少年即入其室。

9.後周顯德五年示寂，法嗣及門人六十三人。其法又經門人傳佈至吳越地區，最重要者爲德韶及慧明。

㈢ 天台德詔（891～972）

1.天台白沙院德韶曾在臨川崇壽院依法眼文益參禪得法。
2.忠懿王錢弘俶爲王子牧丹丘郡時即聞其法。後弘俶爲吳越國王即迎德韶爲國師。
3.德韶遂傳法眼宗禪法於吳越。

㈣ 杭州報恩寺慧明（904～975）

1.慧明曾遊閩、越參諸禪席，傳玄沙師備之法。
2.赴臨川，謁文益與師資道合。
3.赴吳越，與雪峰長慶（居天台白沙院）抗辯得勝，忠懿王賜名圓通普照禪師。居城北報恩元教寺爲住持。

㈤ 永明延壽（904～975）

1.忠懿王於建隆元年（960）重建西湖靈隱寺，延請明州雪竇山延壽（德詔法嗣）爲一世。
2.延壽入慧日永明院，作《宗鏡錄》百卷；《萬善同歸集》六卷，將萬法唯心之天台、華嚴、法相等教義與禪宗宗旨融合，樹立「教禪一致」、「祖佛同詮」之綜合性佛教。[70]

70）參見小川貫一，〈錢氏吳越國の佛教に就て〉一文。

A.文益禪師與南山律法系：[71]

①道宣→②周→③道恒→④省躬→⑤惠正→⑥玄暢→⑦慧則→⑧希覺→⑨文益

B.法眼宗傳法系譜：[72]

①道信（580～651）→②弘忍（602～675）→
③慧能（638～718）→④青原行思（？～740）→
⑤石頭希遷（700～790）→⑥天皇道悟（748～807）→
⑦龍潭崇信→⑧德山宣鑑（782～865）→
⑨雪峰義存（822～908）→⑩玄沙師備（835～908）→
⑪羅漢桂琛（867～928）→
⑫清涼文益（885～958）

- 雲居清錫
- 永安明（911～974）
- 觀音從顯（906～983）
- 歸宗義柔（？～993）
- 歸宗策眞（？～979）
- 歸宗師慧
- 歸宗省一
- 歸宗夢欽
- 化成慧朗
- 嚴陽齊

71）此據牧田諦亮，〈贊寧與其時代〉，收入張曼濤主編，《佛教人物史話》，頁 359。

72）此據鈴木哲雄，《唐五代の禪宗》，頁 349～359。

- 江西靈山
- 黃山良匡
- 芝嶺照
- 舍利玄闡
- 鍾山道欽
- 上藍守訥
- 淨德智筠（906～969）
- 崇壽契稠（？～992）
- 西山道聳
- 清涼泰欽（？～974）
  - 雲居道齊（929～997）
  - 棲賢慧聰
- 棲賢慧圓
- 禪谿可莊
- 大智道常（？～991）
- 大寧道邁
- 大林僧遁
- 天台德韶（891～972）—黃檗師逸
- 同安紹顯
- 撫州覆船
- 佛手因
- 報恩法安（活動於 968～976）—歸宗慧誠（941～1007）
- 棲賢道堅
- 報慈行言
  - 雲居義能
  - 北禪清皎
- 木平道達

- 報慈文遂
  - 觀音眞
  - 雙嶺祥
  - 大寧獎
- 龍沙茂

附錄：南唐佛教大事記簡表[73]

地區 / 年代	金陵	廬山	其他
	寺廟．僧侶．活動	寺廟．僧侶．活動	寺廟．僧侶．活動
919（吳）	吳、徐溫（徐知誥／李昪義父）鑄興化院鐘記（武義二年十月二十三日立）在府城香林寺。[74]		
925	吳王楊溥於石頭城建清涼寺，禮請悟空住持[75]		
927	吳開善寺塔院并記（順義七年六月記）[76]		
930			南漢雲門文偃（864～949）住持韶州靈樹寺[77]

---

73) 本表主要依據牧田諦亮，《五代宗教史研究》，頁 3～150；小川貫一，〈錢氏吳越國の佛教に就て〉，頁 45～65；鈴木哲雄，《唐、五代の禪宗》，頁 320～341，等資料編列、查證、增補而成。

74) 宋、陳思，《寶刻叢編》，四庫全書，冊 682，卷 15，江南東路建康府，頁 448。

75) 覺岸，《釋氏稽古略》，四庫全書，冊 1054，卷 3，頁 147，〈乙酉同光三年條〉；牧田諦亮，前引書，頁 46。

76) 同上註。

77) 覺岸，《釋氏稽古略》，卷 3，頁 148，〈庚寅，長興元年〉條；道原，《景德傳燈錄》，卷 19，頁 183～184；牧田諦亮，前引書，頁 61。

933	吳新興寺崇福院五百羅漢碑（太和癸巳十月立）[78]		
934	金陵能仁寺改名報先院[79]		
937（以下爲南唐）	僧用虛題棲霞寺（昇元元年）[80]		
938	南唐牛首山祖堂幽棲禪院佛殿記（昇元二年二月）[81]		
939		南唐東林寺題名跋（昇元三年）[82]	
941	金陵能仁寺改名興慈寺[83]		

78) 此據牧田諦亮，前引書，頁 65；但尋索《寶刻叢編》，卷 5，未見此記，或爲誤引。

79) 見葛寅亮，《金陵梵刹志》，冊 3，卷 32，頁 1149，事在「吳太和六年」；又見牧田諦亮，前引書，頁68。

80) 牧田諦亮，前引書，頁 79，引《江蘇金石志》，卷 32。

81) 陳思，《寶刻叢編》，卷 15，頁 449；牧田諦亮，前引書，頁 81。

82) 此據牧田諦亮，前引書，頁 84，又見陳舜俞，《廬山記》，《大正藏》（台北：新文豐，1983 重印），冊 51，頁 1027。又東林寺曾於唐武宗會昌三年（843）被廢，849 年復立，參見鈴木哲雄，前引書，頁 327～328。

83) 見葛寅亮，《金陵梵刹志》，冊 3，卷 32，頁 1147：「能仁寺唐會昌中廢。楊吳太和中改報先院。南唐昇元中改興慈院……」；但牧田諦亮，前引書，頁 87 卻明言事在昇元五年（941），不知何據。

942	南唐天王像記（昇元六年）[84]	南唐重修東林寺記（昇元六年七月）[85]	
943	昇州清涼院休復悟空禪師十月入滅。其前中主常往禮敬[86]		
937～943 (烈祖之世)	1. 南唐烈祖後宮種氏被幽於別宮數月，命度爲尼[87] 2. 烈祖召豫章龍興寺僧智玄，譯中印佛經；又命文房書華嚴論四十部……並圖寫製論李通玄像……及其末年，溧水大興寺獻桑木如僧狀……烈祖迎置宮中……[88] 3. 金陵新建淨妙寺；改興教寺爲清涼寺，瓦官寺爲昇元寺[89]		

84) 陳思，《寶刻叢編》，卷 15，頁 449；牧田諦亮，前引書，頁 90。

85) 此據牧田諦亮，前引書，頁 89，但尋索《寶刻叢編》，卷 35，未見，或爲誤引。

86) 見道原，《景德傳燈錄》，卷 24，頁 78；牧田諦亮，前引書，頁 92。

87) 馬令，《南唐書》，卷 6，頁 27；陸游，《南唐書》，列傳卷 13，頁 72；但牧田諦亮，前引書，頁 141，定此事爲 951～959。不當，此事應爲烈祖生前之事。

88) 陸游，《南唐書》，列傳卷 15，頁 82；；牧田諦亮，前引書，頁 143～144。

89) 參見陳葆眞，〈南唐中主的政績與文化建設〉，《國立台灣大學美術史研究集刊》，第 3 期，1995 年，頁 64。

944	中主改清涼寺為石頭清涼大道場，寺中有李氏避暑宮和德慶堂（堂匾為後主所書，又有名畫家董羽畫龍，李霄遠草書，合稱三絕，及後主追荐烈祖的鐘）。[90]		
945	1. 南唐保寧院鐘（保大三年）[91] 2. 保大香爐記（保大三年五月）[92] 3. 報恩禪院取經禪大德恒安呈《續新譯貞元釋教錄一卷》[93]	彌勒菩薩上生殿記（保大三年二月二十一日）[94]	邊鎬往討建州，勝戰，因信佛而釋俘，人稱「邊佛子」[95]

90） 同上註。

91） 見葛寅亮，《金陵梵刹志》：冊 3，卷 48，頁 1393。保寧院後改為奉先寺。見牧田諦亮，前引書，頁 95。

92） 陳思，《寶刻叢編》，卷 15，建康府，頁 449；牧田諦亮，前引書，頁 97。

93） 牧田諦亮，前引書，頁 100，引《續貞元釋教目錄》；又據小野玄妙編，《佛教經典總論》，別卷，頁 637。

94） 陳思，《寶刻叢編》，卷 15，宣州，頁 457；陳舜俞，《廬山記》，卷 5，頁 1049。

95） 牧田諦亮，前引書，頁 160。

946	1. 後主造一鐘於清涼寺，錄其上云：「荐烈祖孝宗皇帝脫幽出厄」[96] 2. 南唐中興佛窟寺碑（保大四年二月立）[97]		
948	南唐辟支佛大廣現身記（保大六年立）[98]		
949			1. 南唐江都府大明寺殘碑，住持法雲、緇徒覺觀記（保大七年四月廿一日）[99] 2. 雲門文偃禪師坐逝，塔全身於丈室[100]
950	南唐祈澤寺碑（保大八年六月二十八立）[101]		

96) 志磐，《佛祖統紀》，《大正藏》，冊 49，卷 42，頁 392，開運三年事；牧田諦亮，前引書，頁 101。

97) 陳思，《寶刻叢編》，卷 15，頁 449；牧田諦亮，前引書，頁 100。

98) 同上；牧田諦亮，前引書，頁 107。

99) 牧田諦亮，前引書，頁 110；王昶，《金石萃編》，卷 122，頁 4b～5a。

100) 道原，《景德傳燈錄》，卷 19，頁 186；覺岸，《釋氏稽古略》，卷 3，頁 149；牧田諦亮，前引書，頁 110～111。

101) 陳思，《寶刻叢編》，卷 15，頁 449～450；牧田諦亮，前引書，頁 112。

948～950		江州廬山若虛傳隱於廬山……江南國主李氏欽尚其道。……乾祐中盛夏坐終[102]	
951	1. 中主爲文祭禱南唐清涼寺悟空禪師；[103] 2. 韓熙載撰碑（保大九年七月二十五立）[104] 3. 徐鉉作〈攝山棲霞寺新路記〉[105]		邊鎬征討湖南，飢饉施賑，人稱「邊菩薩」。後綱紀不振，長沙人稱「邊和尚」[106]
952			泉州招慶寺靜、筠二禪師作《祖堂集》[107]
955	中主作〈禪宗四祖道信大師塔院疏〉[108]		南唐雙溪院碑（保大十三年）[109]

102) 贊寧，《宋高僧傳》，卷 25，頁 643；牧田諦亮，前引書，頁 113。

103) 陳思，《寶刻叢編》，卷 15，頁 450。

104) 同上；牧田諦亮，前引書，頁 116。

105) 同註 89。

106) 牧田諦亮，前引書，頁 161。

107) 《祖堂集》20 卷乃現存最古之初期禪宗史，南唐刊行後失傳。1245 年高麗海印寺住持林幻鏡覆刻。1972 年，日本京都花園大學中文出版社印行。此據台北廣文書局 1979 年之影印本。

108) 張仲炘、楊承禧撰，《湖北通志》，冊 5，卷 99，頁 2242。牧田諦亮，前引書，頁 97，引《湖北金石志》，定爲保大三年事、誤。

109) 牧田諦書，前引書，頁 130。

956		南唐廬山東林寺上方禪師舍利塔記，彭濆撰〈保大十四年十月立〉[110]	
958	「金陵清涼文益……閏七月五日……加趺而盡……俗年七十四，臘五十五，私謚曰『大法眼』，塔號『無相』……江南後主爲碑頌德，韓熙載塔銘」。[111]	廬山佛手巖行因禪師屹然而化，春秋七十許，元宗曾詔，不赴，而堅請於棲賢寺開堂講道[112]	大漢韶州雲門山大覺禪寺大慈雲匡聖宏明大師（文偃）碑銘，陳守中撰（大寶七年四月立）[113]

110) 陳思，《寶刻叢編》，卷 15，宣州，頁 457；陳舜俞，《廬山記》，卷 5，頁 1049；牧田諦亮，前引書，頁 132。

111) 贊寧，《宋高僧傳》，卷 13，頁 314；牧田諦亮，前引書，頁 135。又有以文益卒於顯德四年之說，見牧田諦亮，前引書，頁 134。但陳垣，《釋氏疑年錄》(北京：中華書局，1964)，頁 184，已辨其非。

112) 陳舜俞，《廬山記》，《大正藏》，冊 51，卷 1，頁 1025；贊寧，《宋高僧傳》，卷 13，頁 314～315；牧田諦亮，前引書，頁 136。

113) 覺岸，《釋氏稽古略》，卷 3，頁 149；牧田諦亮，前引書，頁 135～136。

907～959	1. 韓熙載帷箔不修：……復有醫人及燒煉僧數輩，每來無不開堂入室，與女僕等雜處……114 2. 僧賦〈牡丹詩〉。僧謙光，金陵人也。素有才辨，江南國主國師禮之。然無羈檢，飲酒如常。顯德中，政亂，國主猶晏然，不以介意。一旦[日]因賞花，命謙光賦詩。115 3. 有酒禿者焉，酒禿姓高氏，駢族子，棄家祝髮，博極群書，善講說……（南唐）後主召講華嚴梵行一品，金帛甚厚116 4. 徐遊，知誨子也……預籌畫，事典宮室營繕及浮屠事117		

114) 陶岳，《五代史補》，卷 5，頁 682；牧田諦亮，前引書，頁 143。

115) 同上註，頁 683；牧田諦亮，前引書，頁 143。

116) 陸游，《南唐書》，列傳卷 4，頁 35；毛炳傳；馬令《南唐書》，卷 26，頁 102，浮屠傳玄寂條；牧田諦亮，前引書，頁 142。

960		中主曾請廬山僧行因赴金陵，不就；中主遷都洪州途中，往廬山開先寺聽紹宗禪師說法[118]	
943～961（中主之世）	1. 中主曾命玄寂入宮講《華嚴經》；命應之抄《楞嚴經》，馮延巳作序[119] 2. 於宮中造佛寺十餘。開金陵大報恩寺，大報慈寺、及清涼寺等道場；禮敬證聖寺木平和尚、報恩院清護禪師[120] 3. 中主弟景達於保大年間建奉先寺以荐烈祖冥福[121] 4. 名將林仁肇及史家高越兩人出資重建棲霞寺舍利塔之舉，或在中主之世，此塔今存[122]		

117) 陸游，《南唐書》，列傳卷 5，頁 36；牧田諦亮，前引書，頁 143。

118) 同註 89。

119) 同註 89

120) 同註 89。

121) 葛寅亮，《金陵梵刹志》冊 3，卷 48，頁 1393。

122) 參見史岩，〈五代兩宋雕塑概說〉，《中國美術全集》，雕塑篇（北京：人民美術社，1988），冊 5，頁 3～5；又見孫大章、喻維國，〈宗教建築藝術〉，同書，宗教建築篇，冊 4，圖版 36、37，及頁 12、13 說明部份。

967	江寧府麒麟門外本業寺記、僧契撰，德筠書（乾德五年七月十九日立）[123]	洪州龍興寺鐘款識，林仁肇捨俸錢重鑄（保大十一年爍；乾德五年二月廿五日）[124]	
961～975	後主…於宮中建永慕宮；又於苑中建靜德僧寺；鍾山建精舍，御筆題名「報慈道場」[125] 後主禮敬報恩寺文益法眼（淨慧）（885～958）和清涼寺文遂法燈（泰欽，～974）。文遂示寂後，後主爲他立碑，韓熙載爲他撰寫塔銘。此外，後主又禮敬淨德道場智筠（906～969），報恩院清護（916～970），沖煦（916～974），鍾山道欽，潤州光逸，廬山圓通寺緣德（898～977），蘄州四祖清皎（906～993），及木平和尚，及玄覺導師。後主又曾邀德明、雲眞、義倫等法師講《楞嚴經》和《圓覺經》；此外，		

123) 王昶，《金石萃編》，冊 3，卷 122，頁 6b～7a。

124) 同上，頁 5b～6a。

125) 陳彭年，《江南別錄》，四庫全書，冊 464，頁 161。

961～975	又出餘錢募民及道士爲僧；後主退朝與后頂僧伽帽服袈裟，課誦佛經。胡跪稽顙，至爲瘤贅。手常屈指作佛印；僧尼犯姦淫獄成，輒令還俗；奏死刑日，則於宮中佛前燃燈，以達旦爲驗，謂之命燈。未旦而滅則論如律，不然率貸死……開寶初北僧小長老南來爲間諜；慫恿後主奢華，並於牛頭山造寺千餘間……及宋師渡江，即其寺爲營。又有北僧於采石磯，草衣藿食……及宋師下池州，繫浮橋於石塔爲間[126]		
975（南唐亡）	金陵城圍之際，後主手書祈願文祈佛護祐[127]	圓通寺僧於南唐亡國之際同仇敵愾，共同抗宋。金陵城破乃遁去[128]	後主於亡國後，被押往汴京途中，經臨淮，禮拜普光王塔，施金帛以千計[129]

126) 參見註 48～51。

127) 張邦基，《墨莊漫錄》，卷 7，頁 62。

128) 曾敏求，《獨醒雜誌》，卷 1，頁 529。

129) 陸游，《南唐書》，列傳卷 15，頁 82～83。

978 （北宋）	後主亡後，官人喬氏捐贈後主手書《心經》予汴京相國寺西塔院，以荐後主冥福[130]		

130） 王銍，《默記》，卷中，頁 342。

後記：

個人對於佛學及佛教史素無研究。本文之作主要因感佩於李玉珉教授長年護法之殷切，是以不辭淺陋，勉就近年所得有關南唐皇室信佛史事，排比成篇。行文倉促，疏陋難免，尚祈方家有以教正。又，本文所使用之部份中、日文資料，曾蒙蔣義斌教授及嚴雅美、謝振發、黃貞燕諸君告知；稿件並蒙鄭玉華小姐用心輸入電腦印製，在此一併致謝。

陳葆真　於臺大

1998年6月25日

大足石刻楊次公證道牧牛頌析論

蔡榮婷

（中正大學中文系副教授）

一、前　言

大足石刻的牧牛圖造像，鐫刻於四川省大足縣香山鄉寶頂山大佛灣的南面崖壁上，其形制為依山勢鑿造之摩崖造像，四川省社會科學院等單位合編之《大足石刻內容總錄》，將其定名為〈牧牛圖〉。[1] 寶頂山的摩崖造像，是宋僧趙智鳳所計畫營建，開鑿於南宋孝宗淳熙至理宗淳祐年間（西元 1174～1252），前後歷時七十餘年[2] 。寶頂山大佛灣所鐫刻的大型造像共有 31 幅，大足文物保管所編定之龕窟編號，將〈牧牛圖〉編

1) 見四川省社會科學院、大足縣政協、大足縣文物管理所、大足縣石刻研究學會合編，《大足石刻內容總錄》，四川，四川省社會科學院出版社，1985，頁 242～244。

2) 見大足縣文物保管所撰，〈大足北山和寶頂山摩崖造像〉，收錄於劉長久、胡文和、李永翹編著，《大足石刻研究》，成都，四川省社會科學院出版社，1985，頁 15。（原載《文物》1，1980）。又見《大足石刻內容總錄》，頁 183。

列為大佛灣第 30 號。[3]

〈牧牛圖〉由多組的牧牛雕像與詩歌[4] 組合而成，王恩洋、王官乙、龍晦等學者，認為其主要內容，在於表現禪宗以牧牛譬喻修行的宗教實踐歷程。[5] 〈牧牛圖〉的詩歌部分，題為〈朝奉郎知潤州賜紫金魚袋楊次公證道牧牛頌〉，是結合多首組詩而成的牧牛詩組。[6] 禪宗以牧牛譬喻修心歷程的詩歌，唐世以來傳唱不歇，其形式有單首成篇的牧牛詩，亦有多首組詩組合而成的牧牛詩組，而其中最為繁複多元的，則為牧牛詩組與繪畫相結合的牧牛圖頌。雖然任何形式的牧牛詩，均能表現禪宗宗教實踐的開展歷程與終極關懷[7] ，但是客觀言之，彙集文學、繪

---

3) 見《大足石刻內容總錄》，頁 242。

4) 本論文所謂「詩歌」採廣義的定義，泛指有聲韻可歌詠之文，涵括詩、詞、曲、歌謠、讚、偈頌……等體裁。

5) 詳見王恩洋，〈大足石刻之藝術與佛教〉，收錄於《大足石刻研究》，頁 111。(原載於《文教叢刊》7，1947)。王官乙，〈大足石窟的藝術特徵〉，收錄於《大足石刻研究》，頁 132。龍晦，〈大足佛教石刻《牧牛圖頌》跋〉，《中華文化論壇》4，44～48，1994。

6) 第一組牧牛圖旁鐫刻〈朝奉郎知潤州賜紫金魚袋楊次公證道牧牛頌〉十九字，其旁之牧牛詩無作者姓名，張澍、王恩洋認為當即楊次公所作。詳見清．張澍，〈後遊寶頂山記〉，收錄於郭鴻厚、陳習珊等纂修，《大足縣志》(一)，台北市，成文出版社有限公司，1976，頁 31。王恩洋，〈大足石刻之藝術與佛教〉，收錄於《大足石刻研究》，頁 111。

7) 終極關懷（ultimate concern）一詞，由德國神學家田立克（Paul Tillich）提出，用以界定宗教本質的要素，原未特別指涉到對世間的態度，吳汝鈞引申其定義，並以之表徵禪宗建立於入世方面的人生意

畫以及宗教等多重元素的牧牛詩組，由於不爲篇幅所限，因此其形式架構、思想內容，與宗教意涵之表現，較單首成篇者深刻豐富。

牧牛詩組就文學層面而言，是由體制相同的多首組詩彙集而成，而各首組詩的功能，則在於分別表達一個或數個修行階次。就繪畫層面而言，牧牛詩組往往與組詩數量相等的多幅畫作相互搭配；這些畫作運用牛色變化，以及牧人與牛的互動關係，藉以表達修行階次的開展過程。就宗教層面而言，牧牛詩組以「牛」象徵吾人之「心」，由尋覓或馴服「心牛」起始，依序展現修行的次第，並且指涉禪宗終極關懷的所在。就禪宗師承教學而言，牧牛詩組既是禪師修行心得的彰顯，亦是禪門弟子宗教實踐的修行方法。如前所述，牧牛詩組不但層次分明、結構完整，而且具有多元複合的特色，因此其對於禪宗文學、歷史、思想以及藝術等層面的研究而言，實是值得深入探究的重要素材。

禪宗的牧牛詩組，今見載於禪籍[8] 者約有八種類型[9] ，其中

義與目標。本論文採用吳汝鈞的觀點，詳見吳汝鈞，〈十牛圖頌所展示的禪的實踐與終極關懷〉，《中華佛學學報》4，326，台北，1991。

8) 本論文所謂“禪籍”，其主要範疇爲：①燈錄類文獻，如：永安道原《景德傳燈錄》(《大正藏》，第 51 冊)、大川普濟《五燈會元》(《卍續藏經》，第 138 冊）……等。②僧傳類文獻，如：道宣《續高僧傳》(大正 50)、贊寧《宋高僧傳》(大正 50)、覺範慧洪《禪林僧寶傳》(卍續 137）……等。③語錄類文獻，如：僧挺守賾《古尊宿語錄》(卍續 118)、石霜楚圓集《汾陽善昭禪師語錄》……等。④禪門文學作品集，如：慈遠述，《十牛圖頌》(卍續 113)；大白山普明撰，明・

以宋代廓庵禪師的《十牛圖頌》[10] 最爲完備，流傳也最廣，中外學界有關這方面的研究，已有豐碩的成果。散佚於禪籍之外的牧牛詩組，目前已知有三種不同的類型，亦即：俄國所藏哈拉浩特（黑城）出土的牧牛詩殘卷[11]、〈唐湘山宗惠禪師牧牛歌十首〉[12]，以及鐫刻於四川寶頂山大佛灣的〈楊次公證道牧牛頌〉。由於前二種牧牛詩組，已承續柴劍虹、王恩洋、龍晦、胡文和等學者之研究成果，分別撰寫〈《孟錄》270 號牧牛詩殘卷考釋〉[13]、〈唐湘山宗慧禪師〈牧牛歌〉析論〉[14] 等論

胡文煥刊《十牛圖頌》（卍續 113）；子昇、如祐錄《禪門諸祖師偈頌》（卍續 116）……等。⑤禪門筆記，如：覺範慧洪《林間錄》（卍續 148）、仲溫曉瑩《羅清野錄》（卍續 142）、枯崖圓悟《枯崖漫錄》（卍續 148）……等。

9) 此八種類型不包括「和頌」的詩組。詳見蔡榮婷，〈唐五代禪宗牧牛詩初探〉，發表於「隋唐五代文學研討會」，嘉義中正大學，1998 年 3 月 14～15 日，頁 3～4。

10) 宋．師遠述，《十牛圖頌》，收錄於《新纂卍續藏經》，第 64 卷，NO：1269，台北，白馬精舍出版公司影印發行，頁 773 中～775 上。

11) 孟列夫著，王克孝譯的《黑城出土漢文遺書敘錄》將此篇作品編爲 270 號，然有目無文，寧夏，寧夏人民出版社，1994，頁 216（以下簡稱爲《孟錄》）。其文則見於柴劍虹，〈俄藏黑城出土釋道詩詞寫本簡析〉，《潘石禪先生九秩華誕敦煌學特刊》，頁 223。

12) 此篇作品錄載於王恩洋的〈大足石刻之藝術與佛教〉一文，詳見《大足石刻研究》，頁 102～118。

13) 蔡榮婷，〈《孟錄》270 號牧牛詩殘卷考釋〉，《國立中正大學學報》7，1，81～98，嘉義，1996。

14) 蔡榮婷，〈唐湘山宗慧禪師〈牧牛歌〉析論〉，《中正大學中文學術年刊》，創刊號，139～170，嘉義，1997。

文，探討有關文獻、文學、思想、宗教等方面之問題，因此本論文擬以〈楊次公證道牧牛頌〉爲研究對象，並探究其相關問題。

自從 1945 年，楊家駱、馬衡、顧頡剛等學者，組成「大足石刻考察團」，實地考察大足的北山、寶頂等龕窟後，學界對於大足石刻〈牧牛圖〉的研究，已有多篇調查報告與研究論文，如：李巳生的〈大足石刻概述〉[15]；大足縣文物保管所的〈大足北山和寶頂山摩崖造像〉[16]；楊家駱的〈大足寶頂區石刻記略〉[17]；吳顯齊的〈介紹大足石刻及其文化評價〉[18]；張聖奘的〈大足安岳的石窟藝術〉[19]；胡昭曦的〈大足寶頂山石刻淺論〉[20]；王恩洋的〈大足石刻之藝術與佛教〉[21]；溫廷寬的

---

15) 李巳生，〈大足石刻概述〉，收錄於《大足石刻研究》，頁 12。(原載於《大足石刻》，朝花美術出版社，1962)。

16) 大足縣文物保管所，〈大足北山和寶頂山摩崖造像〉，收錄於《大足石刻研究》，頁 16。

17) 楊家駱，〈大足寶頂區石刻記略〉，收錄於《大足石刻研究》，頁 27。(原載《文物周刊》21，1947)。

18) 吳顯齊，〈介紹大足石刻及其文化評價〉，收錄於《大足石刻研究》，頁 34。(原載《新中華》復刊，3，7，羅斯福紀念號，1945)。

19) 張聖奘，〈大足安岳的石窟藝術〉，收錄於《大足石刻研究》，頁 38。(原載《西南文藝》19，1952)。

20) 胡昭曦，〈大足寶頂山石刻淺論〉，收錄於《大足石刻研究》，頁 72。(原載《樂山市志資料》3，1983。

21) 王恩洋，〈大足石刻之藝術與佛教〉，收錄於《大足石刻研究》，頁 102～118。

〈大足佛教摩崖造像的藝術價值及其現況〉[22]；王官乙的〈大足石窟的藝術特徵〉[23]；唐安良的〈牧牛圖〉[24]；陳習刪著，劉長久、胡文和校注的《大足石刻志略校注》[25]；四川省社會科學院、大足縣政協、大足縣文物管理所、大足縣石刻研究學會合編的《大足石刻內容總錄》[26]；龍晦的〈大足佛教石刻《牧牛圖頌》跋〉[27]；胡文和的〈牧牛圖〉[28]；陳清香的〈禪畫牧牛圖探研～大足石刻牧牛圖賞析〉[29]等，對於大足石刻〈牧牛圖〉的藝術表現、思想內容等方面的問題，已累積許多成果。本論文擬承續前人的研究成果，以〈楊次公證道牧牛頌〉為研

---

22) 溫廷寬，〈大足佛教摩崖造像的藝術價值及其現況〉，收錄於《大足石刻研究》，頁 124。(原題作〈四川佛教摩崖造像的藝術價值及其現況〉，見《現代佛學》，9，1957)。

23) 王官乙，〈大足石窟的藝術特徵〉，收錄於《大足石刻研究》，頁 132。

24) 唐安良，〈牧牛圖〉，〈重慶日報〉，星期天增刊，1981 年 6 月 7 日。

25) 陳習刪著，劉長久、胡文和校注，《大足石刻志略校注》，收錄於《大足石刻研究》，頁 290～291。

26) 四川省社會科學院、大足縣政協、大足縣文物管理所、大足縣石刻研究學會合編，《大足石刻內容總錄》，四川，四川省社會科學院出版社，1985，頁 242～244。

27) 龍晦，〈大足佛教石刻《牧牛圖頌》跋〉，《中華文化論壇》4，44～48，1994。

28) 胡文和，〈牧牛圖〉，載於《四川道教佛教石窟藝術》，第 3 卷，〈四川石窟中道教、佛教題材內容的研究〉㈤「禪宗系統的造像」，成都，四川人民出版社，1994，頁 319～324。

29) 陳清香，〈禪畫牧牛圖探研～大足石刻牧牛圖賞析〉，《佛教藝術雜誌》4，60～69，台北，1987。

究對象，輯錄其原文，並考察論析有關作者、著作年代、文學表現等方面的問題，裨能釐清牧牛詩組的開展脈絡，進而使禪宗以牧牛爲主題的文學現象，呈現出更完整的面貌，並有助於吾人瞭解禪宗文學的流衍與開展。

〈楊次公證道牧牛頌〉的研究，涉及文學、繪畫、雕刻、宗教、思想等多重層面的問題，個人宥於學力，力有未逮，懇請學界先輩賢達不吝賜教！撰稿期間，四川教育學院中文系龍晦教授，惠寄大作及大足石刻〈牧牛圖〉照片，特此致謝！

二、大足石刻〈牧牛圖〉述要

〈牧牛圖〉全長 27 公尺，高 4.55 公尺[30]，隨著山崖的自然形勢，從東至西，浮雕於大佛灣南面曲尺形崖壁上。全圖總共鑿造十牛十牧童，因此研究者多主張此圖由十組雕像組成。[31]除了雕像之外，〈牧牛圖〉亦刻有文字。第一組牧牛圖旁的岩石上，刻有〈朝奉郎知潤州賜紫金魚袋楊次公證道牧牛頌〉十九個大字，其旁的崖面上，有一方碑，上刻頌詞，其後每組雕像的崖面上，也都有一刻載頌詞的方碑，可惜大部分的文字皆已因風化而模糊難辨。各首牧牛詩均未標示作者姓名，清・張澍〈後遊寶頂山記〉認爲當即楊次公所作，楊家駱、王恩洋等

30) 根據 1984 年四川省社會科學院等單位之考察報告，詳見《大足石刻內容總錄》，頁 242。

31) 陳習刪《大足石刻志略》認爲此圖共十一幕，每幕一牛一牧童，然按劉長久、胡文和之校注，實僅十幕。詳見《大足石刻志略校注》，收錄於《大足石刻研究》，頁 291。

學者亦持此看法，認爲楊次公是此篇詩組的作者。[32]

清康熙 29 年（1690）榮昌知縣史彰撰〈重開寶頂碑記〉，言及寶頂有「牧牛十偈」[33]，然未錄載其原文，而大足知縣張澍於清嘉慶 24 年（1819）所撰的〈後遊寶頂山記〉[34]，以及清人劉喜海《金石苑》第 3 卷所錄〈宋楊次公證道牧牛頌〉[35]，皆僅載錄第一首牧牛頌的原文，因此從清人文獻無法得知其時各頌原文是否尚可辨識。1984 年，四川省社會科學院與大足文物管理所等單位，共同考察大足石窟後，將工作記錄編寫成《大足石刻內容總錄》一書，根據其記載，可知當時前二首頌文的字跡雖已模糊，但尚可辨識，其餘各首則模糊難辨。[36] 第三至十首牧牛詩之原文，今見載於胡文和的《四川道教佛教石窟藝術》[37]，可惜未能說明文獻出處，因此不知所據何典。爲了便於進行分析，茲依據《大足石刻內容總錄》、《四川道教佛教石窟藝術》等文獻，迻錄〈楊次公證道牧牛頌〉之原文，並扼要說明〈牧牛圖〉各組造像之內容如下。

---

32) 清·張澍，〈後遊寶頂山記〉，收錄於《大足縣志》㈠，頁 31。楊家駱，〈大足寶頂區石刻記略〉，收錄於《大足石刻研究》，頁 27。王恩洋，〈大足石刻之藝術與佛教〉，收錄於《大足石刻研究》，頁 111。

33) 清·史彰，〈重開寶頂碑記〉，收錄於《大足縣志》㈠，頁 52。

34) 清·張澍，〈後遊寶頂山記〉，收錄於《大足縣志》㈠，頁 31。

35) 清·劉喜海，《金石苑》，第 4 冊，收錄於嚴耕望編，《石刻史料叢書》甲編之十三，台北，藝文印書館。

36) 見《大足石刻內容總錄》，頁 242～244。

37) 詳見胡文和，《四川道教佛教石窟藝術》，頁 319～324。

㈠

第一組牧牛圖，牛高 1.12 公尺，身長 1.84 公尺，厚 0.40 公尺；牧童身高 1.50 公尺，寬 0.45 公尺，厚 0.30 公尺（以下各圖的尺寸與此相近）。圖中牛頭向西，昂首欲往前奔，牧童雙手緊拉韁繩（手已殘），彼此相持不下。圖旁岩石上刻有〈朝奉郎知潤州賜紫金魚袋楊次公證道牧牛頌〉十九個大字，其旁頌云：「突出欄中不奈何，若無繩綣總由他；力爭牽尙不回首，只麼因循放者多。」[38] 字跡現已模糊。

㈡

第二組牧牛圖，圖中之牛（右角殘）向東欲奔，牧童身背斗笠，面向牛站立，右手舉鞭，左手牽韁繩，強使牛回首轉向。圖旁有頌云：「芳草綿綿信自由，不牽終是不回頭；雖然牛是知人意，放去低昂不易收。」現字已模糊。

㈢

第三組牧牛圖，圖中之牛頭低足高（牛頭及前半身現已殘缺），牛尾翹起，牧童立於牛的右側，右手牽繩，左手舉鞭，

---

38) 這首詩的文字，各項文獻略有差異，如首句的「不」字，《四川道教佛教石窟藝術》作「莫」；第三句的「尙」字，胡昭曦，〈大足寶頂山石刻淺論〉亦作「尙」，其他各項記載則多作「上」；第四句的「只」字，《四川道教佛教石窟藝術》作「者」。此處據清．劉喜海《金石苑》的記載迻錄。

作驅牛下坡之狀。圖中頌文已泐，原文爲：「牽回只是不同群，不去猶疑性未口；以口走能忘無慮，口口口奔是苦空。」

㈣

第四組牧牛圖，圖中之牛（嘴殘）頭向西立，回首向牧童，作諦聽狀。牛身後山上有一老虎，頭伏尾翹，作向下欲撲噬牛狀。牧童頭戴斗笠，身披蓑衣，左手握鞭，作急速爬山，欲牽牛躲避之狀。圖中頌文已泐，原文爲：「放去收來只自由，鼻繩無用口出口；雖然立口口口口，口口口口不放口。」

㈤

第五組與第六組牧牛圖合刻一處。前組在右，後組在左。圖中二牧人並肩依偎坐於山石上，各將手搭於對方肩頭，作談笑狀。第五組的牛（右角部分殘）靜立牧童旁，口微張，似在咀嚼，又似在傾聽主人談話。牧童手上繩毫無著力，不刻意管顧牛。圖中頌文已泐，原文爲：「飲來眞是口人空，若于口便是可憐；口有口臨體不顧，山谷尤然慮狂顛。」

㈥

第六組牧牛圖（左側），牧人作傾聽狀，頭微偏，滿面笑容，牛鞭掛在肩上。其牛（嘴殘）掉頭向西，跪伏於地，引頸向山溪作飲水狀，牛鼻上無繩。此溪爲人工所鑿，從岩頂蜿蜒而下，岩頂所積雨水，即由此溝導流至下方。圖中頌文已泐，原文爲：「牛鼻牽順鼻無繩，水草口口性自任；澗下山陰無定止，朝昏不免口口尋。」

㈦

第七組牧牛圖，圖中之牛頭向西（頭已殘），牛鼻無繩，兩蹄分開，在溪邊作飲水狀，遠處有一牧童，左手垂鞭，右手指牛作笑狀。圖中頌文已泐，原文爲：「萬象忘機無所出，牛身全白口出沒（？）；口顧千頃花口口，口出口只誰口明。」

㈧、㈨

第八組與第九組牧牛圖合刻一處。前組在右，後組在左。第八組的牧童，頭梳雙抓角，向左斜睨，偏頭靠岩坐於山石上，雙手拊掌，神情歡愉。牧童身後牛頭（左角殘）向東，舉起右前蹄，埋首作舔蹄狀。第九組牧牛圖刻一吹笛老牧人，頷下長髯分披於兩肩，隨意坐在山石上，赤足，雙手持短笛橫吹。前立一只白鶴（右腳殘），高 0.58 公尺。牧人身後跟隨一牛，牛頭向西，昂首張嘴向山溪流水，作接水飲咽狀。此山溪爲一明溝，排出岩上積水。圖中頌文已泐，原文爲：「全身不觀鼻嘹天，放者無拘臥石顚；任是雪山香細草，由疑勿食向人前。」[39]

㈩

第十組牧牛圖，圖中牧童袒胸露腹，仰臥於山石之上，右

---

39) 此處依陳習刪《大足石刻志略》、《大足石刻內容總錄》之記載應分成二組，然因胡文和《四川道教佛教石窟藝術》視其爲一組，故僅有一首牧牛頌，爲免訛誤，暫將二組併列論述。

手墊腦後作枕，左手搭於頭上，作酣睡狀。其頭右上方刻有一樹，樹上倒吊一猴，其右前爪抓樹，左前爪拉牧童的衣袖。牛臥於牧童腳右上方，牛頭向西，四腿跪伏於地，尾似在搖，頭微上仰，如凝神狀。圖中頌文已泐，原文為：「高臥煙霞絕諸口，牧童閑坐口無口；欲尋古口口祥口，去住人間得自由。」

(十一)

第十組牧牛圖左側與第 29 號圓覺洞門東南壁相連的崖壁上，右側刻有一小牛，牛嘴啣一蓮花，花上立一碑碣。碑碣左側有一趙智鳳坐像，坐高 0.82 公尺，寬 0.57 公尺。趙像右側，鐫刻「假使熱鐵輪，於我頂上旋；終不以此苦，退失菩提心。」二十字。像上方則刻有頌云：「無牛人自鎮安閑，無住無依性自寬；只此分明誰是侶，寒山樵竹與岩泉。」[40]

(十二)

趙智鳳坐像左側，浮雕一明月，直徑 0.74 公尺，浮於雲中，其下有一碑，立於蓮臺之上。碑上有頌云：「了了了無無所了，心心心更有何心；了心心了無依止，圓照無私耀古今。人牛不見杳無蹤，明月光寒萬象空；若問其中端的意，野花芳草自叢叢。」

40) 第一句的「無牛人自鎮安閑」，與第三句的「無住無依性自寬」，《大足縣志》卷 1 作「箇中人自鎮安閑」、「無住無依性貞寬」，當為形似之誤。見《大足縣志》㈠，頁 59。

三、〈楊次公證道牧牛頌〉作者析論

〈牧牛圖〉是結合圖與頌的摩崖造像，因此論及作者的問題，實應包含畫作、詩作、雕刻作品等三種作者。詩作部分由於第一組牧牛圖旁，刻有〈朝奉郎知潤州賜紫金魚袋楊次公證道牧牛頌〉等字，因此學者多主張楊次公即牧牛頌之作者。至於畫作與雕刻作品之作者，以及此三種作者是同是異的問題，因文獻無載，今已無可考。

近人陳習刪的《大足石刻志略》論及這些問題時，曾云：「其證道牧牛頌，當如東坡之〈十八大阿羅漢頌〉爲題畫而作。其畫必爲名畫，又得名人題頌，故在一百年後寶頂造像時，猶兩採之。」[41]，又云：「寶頂山〈牧牛圖〉，題〈楊次公十一頌〉，其底稿當爲楊氏以前名畫。」[42]，足見陳習刪的觀點是推斷〈楊次公證道牧牛頌〉爲題畫詩，而其畫應當是時代先於楊傑的名畫，百年後寶頂造像之時，即兼採二者爲雕刻者的底稿。歸結而言，陳習刪主張詩、畫與雕刻各有其作者，而其創作年代，則依序爲畫、詩、雕刻。

關於刻者的問題，由於唐宋畫像的繪製者，以蜀人爲最多，其畫藝也最精緻，而大足石刻的繪刻，恰好也是蜀人繪畫

---

41) 見陳習刪，《大足石刻志略》，第 2 章第 2 節，收錄於《大足石刻研究》，頁 291。

42) 見陳習刪，《大足石刻志略》，第 3 章第 2 節〈論研究大足石刻應當提出被人忽略之兩件史實〉，收錄於《大足石刻研究》，頁 350～351。又，此處的〈楊次公十一頌〉，應是〈楊次公證道牧牛頌〉之誤。

最多最精的年代，因此陳習刪依據臨摹技術之成熟度，以及繪畫雕刻的發展狀況，推斷宋代時「臨樣、摩拓粉本之法，已經通行，故作者與刻者不必爲同時，亦不必皆爲蜀人，而以蜀人爲多。」[43]，認爲畫作與雕刻的作者，雖然可能是不同時代的人，也不必然都出自蜀地，但是從繪畫雕刻的發展狀況觀之，則仍以蜀人的可能性爲最高。

㈠ 文獻考索

牧牛圖的畫者、刻者既已無可考，而本論文亦以牧牛頌爲主要研究對象，因而此處僅論析牧牛頌的作者。牧牛頌的作者楊傑，其生平事蹟散見於史料與佛教典籍，爲求較完整的呈現楊傑的生平梗概，茲將相關文獻摘要整理如下：

1.宋・趙士㣧撰於南宋高宗紹興 13 年（1143）的〈無爲集原序〉云：

> 楊先生名傑，字次公，道號無為子，實一時文人。公自妙齡擢巍科，以雄文妙賦，醇德懿行，得名於時。中間立朝，議禮樂因革，人尤多之。晚年曾奉使過泰山，觀日出於絕頂之上；重九日，賦詩舉酒於華山蓮花之峰；繼被詔從高麗僧統義天遊鬪。前輩以謂皆以王事而得方外之樂，故於瞿曇尤造理窟，當時如大丞相王公、內翰蘇公，悉印可之。年七十而終。生平所著文集，湮沒未

---

43) 見陳習刪，《大足石刻志略》，第 3 章第 2 節，收錄於《大足石刻研究》，頁 350～351。

傳於世……其詩賦碑記雜文表啓，共分為一十五卷，若釋道二家詩文，則見諸別集云。……[44]

2.宋・王稱撰，《東都事略》，卷 115，〈楊傑〉云：

楊傑，字次公，無為人也。少有名于時，舉進士，元豐中官太常者連數任，一時禮文之事，傑與討論。嘗奏請四后升祔，以為孝惠賀后、淑德尹后、章懷潘后，皆祖宗首納之后，而孝章宋后，嘗母儀天下，升祔之禮，久而未講，謂宜因慈聖光獻崇配之日，升四后神主祔於祖宗祏室，斷天下之大疑，正宗廟之大法。由是四后始得升祔。元祐中，為禮部員外郎，出知潤州，除兩浙提點刑獄，卒年七十。傑自號無為子，有文集十五卷行於世。[45]

3.宋・宗曉編次，《樂邦文類》，卷 3，〈大宋無爲子楊提刑傳〉云：

公諱傑，字次公，無為郡人，道號無為子。雄才俊邁，年少登科，官至尚書主客郎，提點兩浙刑獄事。而又尊

---

44) 詳見趙士䌛，〈無爲集原序〉，《景印文淵閣四庫全書》，第 1099 冊，台北，臺灣商務印書館，1986，頁 681 上。清・曹庭棟編，《宋百家詩存》卷 6〈無爲集〉之記載類此，見《四庫全書》，第 1477 冊，頁 141 下。

45) 宋・王稱撰，《東都事略》，收錄於《四庫全書》，第 382 冊，頁 757 下。宋・陳思編，《兩宋名賢小集》卷 85，〈無爲子小集〉之記載類此，見《四庫全書》，第 1362 冊，頁 849 上。

崇佛法，明悟禪宗，江西臨濟下棒喝承當之輩，猶謂常流。復闡彌陀教觀，接誘方來。括其所談，乃謂眾生，根有利鈍，其近而易知，簡而易行者，唯西方淨土也，但能一心觀念，總攝散心，仗彌陀願力，直超安養，更無他趣，決取成功矣！……公有《輔道集》，專紀佛乘，東坡作〈序〉，其略曰：「無為子宿稟靈機，徧參知識，凡所謂具爍迦羅眼者，次公目擊而道存焉。」……公晚年作監司郡守，乃畫丈六彌陀尊像，隨行觀念。至壽終時，感佛來迎，端坐而化，辭世偈曰：「生亦無可戀，死亦無可捨，太虛空中，之乎者也，將錯就錯，西方極樂。」……。[46]

4.宋．正受編，《嘉泰普燈錄》，卷 22，〈禮部楊傑居士〉云：

禮部楊傑居士，字次公，號無為。歷參諸名宿，晚從天衣義懷禪師游。懷每引老龐機語令研究深造，後奉祠泰山，雞一鳴，覩日如盤，忽大悟。因以有男不婚，有女不嫁之偈，別曰：「男大須婚，女長須嫁，討甚閑工夫，更說無生話。」書以寄懷，懷稱善。……辭世偈曰：「無一可戀，無一可捨，太虛空中，之乎者也，將

46）宋．宗曉編次，《樂邦文類》，收錄於《新纂卍續藏經》，第61卷，NO：1151，台北，白馬精舍出版公司影印發行，頁253上～中。元．普度輯，《廬山蓮宗寶鑑》，卷4，〈宋朝無爲子楊提刑〉之記載類此，見《新纂卍續藏經》，第61卷，NO：1153，頁339中～下。

錯就錯，西生極樂。」。[47]

5.宋 · 宗鑑集，《釋門正統》，卷 7，〈楊傑〉云：

楊傑，字次公，無為人，以處為號。妙年登科，官至主客郎中，提點浙東刑獄。宿稟靈機，偏扣禪那，又深妙三觀旨趣。高麗義天表乞徧參中國禪講，朝以公接伴，至台之白蓮，與法真咸契執弟子禮……。晚專淨業，游官奉丈六彌陀畫像以行。臨終坐逝，感佛來迎，頌云：「生亦無可戀，死亦無可捨，太虛空中之乎者也，將錯就錯，西方極樂。」……文集外有釋氏別集轉《輔道集》，其〈十疑論序〉、〈決疑集序〉談淨教尤力。[48]

6.元 · 脫脫等撰，《新校本宋史》，卷 443，〈列傳〉卷 202，〈文苑〉5，〈楊傑〉云：

楊傑，字次公，無為人。少有名于時，舉進士，元豐中官太常者數任，一時禮樂之事，皆預討論。……又請孝

47) 宋 · 正受編，《嘉泰普燈錄》，收錄於《新纂卍續藏經》，第 79 卷，NO：1559，頁 424 下。又，宋 · 普濟集，《五燈會元》，卷 16，〈禮部楊傑居士〉之記載類此，見《新纂卍續藏經》，第 80 卷，NO：1565，頁 338 中。又，明 · 玄極輯，《續傳燈錄》，卷 8，〈禮部楊傑居士〉之記載亦類此，見《大正新脩大藏經》，第 51 卷，NO：2077，台北，新文豐出版股份有限公司在台影印版，1973，頁 517 上。

48) 宋 · 宗鑑集，《釋門正統》，收錄於《新纂卍續藏經》，第 75 卷，NO：1513，頁 347 下。

惠賀后、淑德尹后、章懷潘后，皆祖宗首納之后，孝章宋后，嘗母儀天下，升祔之禮，久而未講，謂宜因慈聖光獻崇配之日，升四后神主祔於祖宗祏室，斷天下之大疑，正宗廟之大法。由是四后始得升祔。……元祐中，為禮部員外郎，出知潤州，除兩浙提點刑獄，卒年七十。自號無為子，有文集二十餘卷，《樂記》五卷。[49]

7.清·紀昀總纂，《四庫全書提要》，〈無爲集提要〉云：

《無為集》十五卷，宋楊傑撰。傑字次公，無為軍人，因自號無為子。嘉祐四年進士。元豐中，歷官禮部員外郎，出知潤州，除兩江提點刑獄，卒於官。……傑與歐陽修、王安石、蘇軾遊，故其詩雖興象未深，而頗有規格。其率易者近白居易，其學為奇崛如〈送李辟疆〉之類者，或偶近盧仝，大致仍元祐體也。……紹興癸亥知無為軍趙士　所編〈序〉云：「刪除蕪類，取有補于教化者。若釋道二家詩文，則見諸別集。」今別集不傳。……凡為僧作者，今皆不見於集中也。[50]

8.清·高得貴修，清·張久徵等纂、朱霖等增纂，《乾隆鎮江府志》，卷 23，〈知潤州軍事〉云：

---

49) 元·脫脫等撰，《新校本宋史》，台北，鼎文書局，1994，頁 13102～13103。

50) 清·紀昀總纂，《四庫全書提要》，收錄於《四庫全書》，第 1099 冊，頁 679 下～680 下。又此處云「元豐中出知潤州」，「元豐」疑爲「元祐」之誤。

楊傑，字次公，無為人。舉進士。元祐三年，以禮部員外郎任。[51]

9.清・彭希涑述，《淨土聖賢錄》卷 7，〈楊傑〉云：

楊傑，字次公，無為人，自號無為子，元豐中，官太常，初好禪宗，從天衣禪師遊，參龐公機語，及奉祠太山，覩日出如盤湧，忽大悟。熙寧末，以丁母憂歸，閒居閱藏經，遂歸心淨土，繪丈六阿彌陀佛，隨身觀念，平生著述，多指歸淨土。……[52]

10.清・濟能纂輯，《角虎集》卷下，〈禮部楊傑無爲居士〉云：

嘗有云：「大凡學道之人，十二時中，嘗須照顧。不見南泉道：『三十年看一頭水牯牛，若犯人苗稼，擿鼻拽回，如今變成露地白牛，裸裸地，放他不肯去』，諸人長須著精彩，不可説禪道之時，便有個照帶的道理，洗菜作務之時，不可便無知也，如雞抱卵，若是拋離起去，暖氣不接，不成種子。如今萬境森羅，六根煩動，略失照顧，便喪身失命，不是小事。」公弘闡西方教

51) 清・高得貴修，清・張久徵等纂、朱霖等增纂，《乾隆鎮江府志》，收錄於《中國地方志集成》〈江蘇府縣志輯㉗〉，江蘇，江蘇古籍出版社，1991，頁 455 上。

52) 清・彭希涑述，《淨土聖賢錄》，收錄於《新纂卍續藏經》，第 78 卷，NO：1549，頁 285 下～286 上。

觀，接引未來，多有法語垂後。

公晚年繪彌陀丈六尊像，隨行觀念，將終之日，感佛來迎，端坐而化，辭世偈曰：「生亦無可戀，死亦無可捨，太虛空中之乎者也」，或問公何往，公曰：「生西方去！」或難之曰：「若生西方，則又錯也！」公曰：「將錯就錯，西方極樂。」。[53]

㈡ 生平要略

綜合上列文獻，可知楊傑與佛教關係密切，為了便於討論，茲將其生平事蹟分項整理於下：

1.名諱

楊傑，字次公，北宋無為軍人（今安徽省無為縣），以里籍為號，自號無為子。因曾任兩浙提點刑獄，後世或稱之為楊提刑。

2.生卒年

楊傑的生卒年不詳。趙士彩的〈無為集原序〉言其年七十而終，依據清．徐松纂輯的《宋會要輯稿》〈職官六八〉所載，宋徽宗於崇寧元年（1102）九月十四日，詔令開具元符三

---

53) 清．濟能纂輯，《角虎集》，收錄於《新纂卍續藏經》，第 62 卷，NO：1177，頁 216 上。清．彭際清述，《居士傳》卷 22，〈楊次公王敏仲傳〉之記載類此，見《新纂卍續藏經》，第 88 卷，NO：1646，頁 220 下～221 下。

年臣僚章疏姓名，其中列有楊傑姓名，[54] 是知宋哲宗元符三年（1100）楊傑尙在朝爲官，此後事蹟則無可考。

設若自元符三年上推七十年，則楊傑當生於仁宗天聖年間（1023～1031）。其〈潤州到任謝太皇太后表〉自言「歷奉四朝」[55]，四朝指仁宗、英宗、神宗、哲宗四帝，是知楊傑於元祐年間知潤州，而《乾隆鎭江府志》則載其年代爲元祐三年（1088），又其〈潤州到任謝太皇太后表〉言己「已見耆年」[56]，依《禮記》〈曲禮〉所云：「六十日耆」[57]，則楊傑知潤州時已年過六十，依此上推，其生年亦應爲仁宗天聖年間。

3.家世里籍

據楊傑於哲宗元祐五年（1090）三月所撰的〈楊氏世譜序〉，可知楊傑的祖籍是華陰（今陝西省華陰縣），後遷居無爲軍濡須（今安徽省無爲縣一帶）。父親楊復，字庶幾，曾任祕書省校書郎；育有五子，楊傑居長。楊傑有四子，名爲洙、滋、泳、浩，事蹟不詳。[58]

54) 清．徐松纂輯，《宋會要輯稿》，第 99 冊，台北，新文豐出版有限公司，頁 3895d。

55) 見楊傑，《無爲集》卷 11，收錄於《四庫全書》，第 1099 冊，頁 737c。

56) 見楊傑，《無爲集》卷 11，收錄於《四庫全書》，第 1099 冊，頁 737c。

57) 見孫希旦撰，《禮記集解》，台北，文史哲出版社，頁 12。

58) 見楊傑，《無爲集》卷 8，收錄於《四庫全書》，第 1099 冊，頁 720a～721b。

4.官職

楊傑〈潤州到任謝皇帝表〉云：「臣少起農耕，長從科舉，策名清世，垂三十年，備員太常，連六七任。」[59]，〈潤州到任謝太皇太后表〉又云：「自忝一第，歷奉四朝，惟直道以事君，詎肯阿權而進已。」[60]是知其科舉及第，於仁宗朝時，即已任官職；而從科舉及第至知潤州，已出仕近三十年的歲月。楊傑的登科年代，據紀昀〈無爲集提要〉所言是仁宗嘉祐四年（1059），而據〈潤州到任謝皇帝表〉所言，自知潤州的元祐三年推之，其年代與〈無爲集提要〉相符。若依前文所言的出生年代推算，則其登科時應已年過三十，與〈無爲集原序〉所言的「妙齡擢巍科」不符，因此〈無爲集原序〉所言恐或爲溢美之辭。

神宗熙寧、元豐年間，楊傑任職於太常禮院，主掌朝廷禮樂之事。哲宗元祐年間，爲禮部員外郎；元祐三年，出知潤州（今江蘇省鎭江縣）。據〈兩浙提刑謝皇帝表〉所云：「守符未久，報政無聞，叨被聖恩，就移指使。」[61]，以及〈兩浙提刑謝太皇太后表〉云：「出守左符，未逾朞月，遽聞赴闕之命……」[62]可知其出守潤州的時間極短，到任不久，旋即改任

59) 見楊傑，《無爲集》卷 11，收錄於《四庫全書》，第 1099 冊，頁 737a。

60) 見楊傑，《無爲集》卷 11，收錄於《四庫全書》，第 1099 冊，頁 737c。

61) 見楊傑，《無爲集》卷 11，收錄於《四庫全書》，第 1099 冊，頁 737d。

62) 見楊傑，《無爲集》卷 11，收錄於《四庫全書》，第 1099 冊，頁

爲兩浙提點刑獄。據此，則〈朝奉郎知潤州賜紫金魚袋楊次公牧牛頌〉的撰述年代，應爲宋哲宗元祐三年（1088）前後。

5.著作

楊傑的著作頗多，宋．宗曉編次的《樂邦文類》言其著有《輔道集》，專紀佛乘，蘇東坡爲之作〈序〉[63]，則楊傑生前似已將與佛教有關的詩文編集成冊。南宋高宗紹興年間，趙士鬏任職於無爲軍，因惜其著作於南渡時湮沒不傳，遂多方訪求遺稿，編成《無爲集》十五卷，並將其釋道詩文另編成《別集》[64]，《四庫全書提要》言其《別集》已佚，所以與佛教有關的詩文多不見於集中。

根據《宋史》〈藝文志〉的記載，楊傑的著作有《元豐新修大樂記》五卷、《集》十五卷、《別集》十卷、《高僧詩》一卷。[65]《別集》、《高僧詩》雖已佚失，但是佛典中散錄有楊傑的釋教作品，茲將所見製表輯錄其目於下：

作品名稱	著作年代	資料出處
了了堂記	治平二年（1065）三月十有九日	宋．正受，《嘉泰普燈錄》，卷30，〈雜著〉，〈侍郎楊無爲居士〉，《新纂卍續藏經》，第79卷，NO：1559，頁486中。
念佛鏡序	熙寧9年丙辰（1076）仲秋	《新纂卍續藏經》，第61卷，NO：1148～A，頁138中。
天台淨土十疑	熙寧9年（1076）	宋．宗曉編次，《樂邦文類》，卷

738a。

63）蘇軾的序文已佚。

64）詳見趙士鬏，〈無爲集原序〉，《四庫全書》，第1099冊，頁681上。

65）見《新校本宋史》卷202、208、209，頁5053、5368、5406。

論序	仲秋	2，《新纂卍續藏經》，第 61 卷，NO：1151，頁 227 下～228 中。
金陵保寧禪院勇禪師語錄序	元豐元年（1078）清明日	《新纂卍續藏經》，第 69 卷，NO：1350～A，頁 277 中。
淨慈七寶彌陀像記		宋．宗曉編次，《樂邦文類》，卷 3，《新纂卍續藏經》，第 61 卷，NO：1151，頁 241 下～242 上。
建彌陀寶閣記	元祐元年（1086）上元日左朝散郎尙書主客員外郎輕車都尉賜紫金魚袋無爲楊傑述	宋．宗曉編次，《樂邦文類》，卷 3，《新纂卍續藏經》，第 61 卷，NO：1151，頁 242 上～中。
題楊岐會老語錄	元祐三年（1088）立春日，望海樓書。	宋．頤藏主集，《古尊宿語錄》，卷 19，《新纂卍續藏經》，第 68 卷，NO：1315，頁 129 上。
華嚴一乘分齊章義苑疏敘	朝散郎尙書主客員外郎輕車都尉賜紫金魚袋楊傑撰	《新纂卍續藏經》，第 58 卷，NO：995～A，頁 185 上。
義苑後序	元祐五年（1090）五月五日無爲楊傑於姑蘇行舟序	《新纂卍續藏經》，第 58 卷，NO：995～B，頁 256 下。
安樂國讚三十章		宋．宗曉編次，《樂邦文類》卷 2，《新纂卍續藏經》，第 61 卷，NO：1151，頁 238 中～下。
善導和尙彌陀道場讚		宋．宗曉編次，《樂邦文類》卷 2，《新纂卍續藏經》，第 61 卷，NO：1151，頁 238 下。
白蓮成教主眞讚	（元祐七年（1092）七月之後）	宋．宗曉編次，《樂邦文類》卷 2，《新纂卍續藏經》，第 61 卷，NO：1151，頁 239 上。
楊無爲題淨土懺法	不詳	宋．宗曉編，《樂邦遺稿》，卷上，《新纂卍續藏經》，第 61 卷，NO：1152，頁 292 中～下。
侍郎楊無爲居士七首（頌	不詳	宋．正受，《嘉泰普燈錄》，卷 28，《新纂卍續藏經》，第 79 卷，

古)		NO：1559，頁 472 中～下。
頌古（一首）	不詳	宋．法應集，元．普會續集，《禪宗頌古聯珠通集》，卷 4，《新纂卍續藏經》，第 65 卷，NO：1295，頁。
偈（一首）	不詳	錄於宋．淨覃等編，《虛堂智愚禪師語錄》，卷 4，《新纂卍續藏經》，第 70 卷，NO：1380，頁 157 上。
念佛願文	不詳	《新纂卍續藏經》，第 78 卷，NO：1547～C，頁 1841 中。
大方廣華嚴入法界品讚	不詳	日本．下中彌三郎編，《世界美術全集》，第 13 卷，ゴシック（上），元朝（上），鎌倉時代（上），東京，平凡社，昭和 3 年（1928）。

除了詩文創作之外，楊傑還擅長繪畫。蘇東坡曾爲其畫作撰寫〈題楊次公春蘭〉與〈題楊次公蕙〉二首題畫詩[66]，而《樂邦文類》曾云：「公晚年作監司郡守，乃畫丈六彌陀尊像，隨行觀念。」[67]，宋．智磐撰的《佛祖統紀》卷 28〈楊傑〉條，亦言其「遍歷禪林，參尋知識，晚年畫西方佛像，隨行觀念。」[68] 由此可知楊傑不但能畫，同時也曾從事佛像的創作，因此楊傑實亦具有創作牧牛圖的可能性。

---

66) 清．王文誥輯註，孔凡禮點校，《蘇軾詩集》，卷 32，北京，中華書局，1982，頁 1694～1695。

67) 宋．宗曉編次，《樂邦文類》，收錄於《新纂卍續藏經》，第 61 卷，頁 253 上～中。

68) 見宋．智磐撰，《佛祖統紀》，收錄於《大正藏》，第 49 卷，NO：2035，頁 283 上。

6.宗教信仰

楊傑是信仰佛教的在家居士，蘇東坡〈介亭餞楊傑次公〉稱其爲「在家頭陀無爲子」[69]，足見其與佛教關係之深厚。東坡另一首〈送楊傑〉詩，其〈敘〉言無爲子「今乃奉詔與高麗僧統游錢塘，皆以王事而得方外之樂」[70]，此指高麗僧統義天入宋求法問道之事，義天原爲高麗文宗第四子，後棄王位出家，爲朝鮮僧界之統制官。神宗元豐八年（1085）與弟子共乘商船渡海來宋，上表乞請遍歷禪林，參訪佛門碩德，楊傑奉詔伴其南遊禪林名刹。東坡因而讚歎楊傑於公務方面，亦得以接觸佛教，是未曾有的善因緣。楊傑不但與佛教關係深厚，而且其佛理造詣，亦如〈無爲集序〉所言：「繼被詔從高麗僧統義天遊，前輩以謂皆以王事而得方外之樂，故於瞿曇尤造理窟。當時如大丞相王公，內翰蘇公，悉印可之。」[71] 得到當時知名的大居士如蘇東坡等人的肯定。

關於楊傑所隸屬的佛教宗派，據《嘉泰普燈錄》、《釋門正統》、《續傳燈錄》、《淨土聖賢錄》等文獻之記載，楊傑好禪，曾歷謁諸山名宿，並參禮天衣義懷，義懷每引龐居士之機語提撕。後奉祠泰山，一日雞鳴，睹日如盤湧，忽然大悟，於是呈偈於義懷，遂蒙其稱可。宋神宗熙寧（1068～1077）末年，因丁母憂而歸，閒居閱藏經，遂漸歸心淨土。晚年專事淨業，曾繪丈六阿彌陀佛像禮拜觀想，臨終時感佛來迎，端坐而

69）清・王文誥輯註，孔凡禮點校，《蘇軾詩集》，卷 32，頁 1704。
70）清・王文誥輯註，孔凡禮點校，《蘇軾詩集》，卷 26，頁 1374。
71）詳見趙士䢼：〈無爲集原序〉，《四庫全書》，第 1099 冊，頁 681 上。

逝。

從上述的記載，可以得知楊傑師事雲門宗的天衣義懷禪師(989～1060)，並於其座下得法開悟，因此其所隸屬的禪宗法脈，是雲門宗的系統。證諸東坡之〈再和并答楊次公〉詩：「毗盧海上妙高峰，二老遙知說此翁；聊復艤舟尋紫翠，不妨持節散陳紅。高懷卻有雲門興，好句眞傳雪竇風；唱我三人無譜曲，馮夷亦合舞幽宮。」[72] 亦明白言其繼承雪竇宗風，爲雲門之法子。至於其師承法系，則爲：雲門文偃→……→雪竇重顯→天衣義懷→楊傑。宋代法眼宗之永明延壽提倡淨禪一致之說，而雲門宗之天衣義懷，晚年亦化人念佛，有勸修淨土之說，[73] 其禪淨兼修的主張，影響及其弟子，所以天衣義懷的法嗣，如慧林宗本、楊傑等人，亦皆主張禪淨兼修。[74] 由此可知楊傑晚年歸心淨土，並非棄禪歸淨土，而是禪淨兼修。

四、作品辨析

〈楊次公證道牧牛頌〉由十首押平聲韻的七言四句詩作組成，配有十幅牧牛圖，末後另有二首詩刻於圖末，其詳細情形已如前文所述，茲不再贅。以下將分別討論與作品有關之問題。

---

72) 清・王文誥輯註，孔凡禮點校，《蘇軾詩集》，卷 32，頁 1691～1692。

73) 見明・道衍撰，《諸上善人詠》〈天衣義懷禪師〉，收錄於《新纂卍續藏經》，第 78 卷，NO：1547，頁 174 中。

74) 見日本・忽滑谷快天著，朱謙之譯，《中國禪學思想史》，第十三章，第六至十一節，上海，上海古籍出版社，1994，頁 446～450。

㈠〈牧牛圖〉之標目

《大足石刻內容總錄》將十組牧牛圖，分別名之為〈未牧圖〉、〈初調圖〉、〈受制圖〉、〈回首圖〉、〈馴伏圖〉、〈無碍圖〉、〈任運圖〉、〈相忘圖〉、〈獨照圖〉、〈雙忘圖〉。[75] 而溫廷寬的〈四川佛教摩崖造像的藝術價值及其現況〉，以及王官乙的〈大足石窟的藝術特徵〉，亦將〈牧牛圖〉分為未牧、初調、受制、回首、馴伏、無碍、任運、相忘、獨照、雙忘等十組，[76] 然詳閱其內容，卻無刊刻位置之說明。進而考諸有關大足石刻之研究篇章，發現其他研究多未言及各圖之標目名稱，亦無有關圖名刊刻位置的記載，因此本論文懷疑各圖之標目為後人所加。今日所見之各圖標目，其名稱雖同於湘山宗慧禪師的〈牧牛歌〉，以及〈普明禪師牧牛圖頌〉[77]，然因〈普明禪師牧牛圖頌〉較為世人熟知，所以疑其或即沿用於此。

㈡〈牧牛圖〉之題旨

大足石刻〈牧牛圖〉所表現的主要內容為何，研究者曾提出多種不同的看法，今簡述如下：

---

75) 見《大足石刻內容總錄》，頁 242～244。

76) 見《大足石刻研究》，頁 124、132。

77) 〈普明禪師牧牛圖頌〉，收錄於《新纂卍續藏經》，第 64 卷，NO：1271，頁 775～784。

1.成仙事蹟說

此說主要見於清·張澍的《後遊寶頂山記》，文中云：「考次公名傑……其成仙事迹不詳。」，又其〈題僧壁〉詩云：「牧牛何事亦成仙，崖上牛蹄破踏烟；牛背時橫夕陽笛，勝他跨鶴上青天。」[78] 足見其誤以爲〈牧牛圖〉的主要內容，是記載楊傑因牧牛而證道成仙的事蹟，陳習刪的《大足石刻志略》，已說明其所以判斷錯誤，是「由於誤解『證道』二字而誤」[79]。

2.農村牧牛生活說

大足縣文物保管所撰寫的〈大足北山和寶頂山摩崖造像〉，視〈牧牛圖〉爲「反映古代農村牧牛生活的組雕」[80]，此說忽略了開鑿大足石刻的宗教背景，亦不了解禪宗以牧牛喻心的文學表現，其訛誤甚明顯，茲不贅述。

3.《犢子經》道場說

楊家駱的〈大足寶頂區石刻記略〉，稱此件作品爲「犢子經道場」[81]。「犢子經」全名爲《佛說犢子經》，其內容是描述乳牛母子以牛乳供佛得無量福報的因緣，[82] 與〈牧牛圖〉之內容無涉，因而此說無法成立。

4.《牧牛經》變相說

陳習刪的《大足石刻志略》云：「牧牛圖，即《牧牛經》

78) 清·張澍，〈後遊寶頂山記〉，收錄於《大足縣志》(一)，頁 31。

79) 《大足石刻志略校注》，收錄於《大足石刻研究》，頁 291。

80) 見《大足石刻研究》，頁 16。

81) 見《大足石刻研究》，頁 27。

82) 見吳月氏優婆塞支謙譯，《佛說犢子經》，《大正藏》，第 17 冊，NO：808，頁 754 上～中。

變相。經言：『佛說牧牛十一法，喻比丘得失十一法。』故圖作十一幕。……」[83]，陳氏是因爲圖數與《牧牛經》所言的「十一法」吻合，所以認爲這是《牧牛經》變相。但是正如溫廷寬〈大足佛教摩崖造像的藝術價值及其現況〉所說的，〈牧牛圖〉本身「段與段之間，連續交插，很難截然分開。」[84]，圖中有並刻二牛者，究竟算一幕或是二幕，各家看法不一，所以陳氏以〈牧牛圖〉的圖數爲立論依據，恐難以成立。再者，陳氏所言《牧牛經》，應即《佛說放牛經》[85]，雖然此經以牧牛喻修心的思想，或即禪宗牧牛圖頌的思想來源之一，但是其所說的十一法，與〈牧牛圖〉的內容不盡相同，而且《佛說放牛經》所說的十一法並非依序展開的，彼此之間也沒有前後相承的關係，所以就內容而言，也難以認定〈牧牛圖〉是《佛說放牛經》變相。

5.以牧牛譬喻修心說

前四說之疑誤已如前述，〈牧牛圖〉的主要內容當以此說爲確。主張此說者，如王恩洋〈大足石刻之藝術與佛教〉云：「牧牛圖者，禪宗降伏心意之功夫也。牧童以喻修行者之正知正見。牛者，以喻心王也。……詳其自勉強而自然，自有功用到無功用。功夫次第，約有十位，是以牧牛圖中人牛各十，而先

83) 見《大足石刻研究》，頁 291。

84) 見《大足石刻研究》，頁 124。

85) 見後秦龜茲國三藏鳩摩羅什譯，《佛說放牛經》，《大正藏》，第 2 冊，NO：123，頁 546 上～547 中。

後之神情風氣度各異也。」[86]，即是認爲本件作品所表現的，是禪宗宗教實踐的歷程。又如王官乙的〈大足石窟的藝術特徵〉，亦認爲〈牧牛圖〉以牧牛譬喻修行，每組圖頌各有其宗教寓意。[87] 再者，如溫廷寬的〈四川佛教摩崖造像的藝術價值及其現況〉，也主張本件作品是「用牧牛的方法，來比喻修習禪觀鍛鍊思想的過程」[88]。主張此說的論述中，四川教育學院中文系龍晦教授的〈大足石刻《牧牛圖頌》跋〉，以及胡文和的《四川道教佛教石窟藝術》，有較深入的研究，因此本研究借鑒其研究成果者較多。

㈢〈楊次公牧牛頌〉之詩作次序與終極關懷

〈牧牛圖〉總共鑿造了十牛十牧童，因此研究者多主張全圖分爲十組。但是由於第十組之左側，還刻有圖與詩，而最末端浮雕著一輪明月，其表現方法與〈普明禪師牧牛圖頌〉第十組的雙泯圖相似[89]，因此本論文將此部分納入，並將全圖分成十二組，其詳細內容已見於前文，此處不贅。至於詩作的部分，由於《大足石刻內容總錄》之圖名標目，與湘山宗慧禪師的〈牧牛歌〉，以及〈普明禪師牧牛圖頌〉近似，爲便於進行作品分析，茲將此三者製表排比於下。圖表中，楊傑詩作次序，依胡文和《四川道教佛教石窟藝術》所列之詩作次序排列。

---

86) 見《大足石刻研究》，頁 111。

87) 見《大足石刻研究》，頁 132。

88) 見《大足石刻研究》，頁 124。

89) 〈普明禪師牧牛圖頌〉，收錄於《新纂卍續藏經》，第 64 卷，頁 784。

作者	標目	一
宗慧	未牧	落日映山紅，放蕩西東，昂藏頭角勢爭雄。奔走溪山無定止，冒雨沖風。涉水又登峰，似虎如龍。狂心劣性實難從。到處犯人苗與稼，鼻未穿通。
普明	未牧	生獰頭角恣咆哮，犇走溪山路轉遙；一片黑雲橫谷口，誰知步步犯嘉苗。
楊傑		突出欄中莫奈何，若無繩綣總由他；力爭牽上不回首，者麼因循放者多。

作者	標目	二
宗慧	初調	可意這頭牲，永日山行，穿來驀鼻細調停。珍重山童勤著力，緊緊拘擰。水草要均平，照顧精明。狂機偶觸莫容情。收放鞭繩知節候，久久功成。
普明	初調	我有芒繩驀鼻穿，一迴奔競痛加鞭；從來劣性（難調制）[90]，猶得山童盡力牽。
楊傑		芳草綿綿信自由，不牽終是不回頭；雖然牛是知人意，放去低昂不易收。

作者	標目	三
宗慧	受制	漸漸息奔波，牽過前坡，從容隨步性平和。度水穿雲雖自在，且莫隨它。又向那山窩，細看如何？低頭緩步慢逶迤。須用鞭繩常管顧，定不蹉跎。
普明	受制	漸調漸伏息奔馳，渡水穿雲步步隨；手把芒繩無少緩，牧童終日自忘疲。
楊傑		牽回只是不同群，不去猶疑性未口；以口走能忘無慮，口口口奔是苦空。

90）原文缺三字，今依清康熙 49 年，戒臺寺了彙重刊本〈夢菴格禪師輯牧牛圖頌〉補入，收錄於藍吉富編，《大藏經補編》，第 21 冊，頁 401～420。

作者	標目	四
宗慧	回首	久久用功深，自在泉林，芒繩輕繫向清陰。任性回頭不著力，息卻狂心。又且看浮沈，細究幽尋。收來放去別無侵。還把繩頭鬆又緊，一刻千金。
普明	迴首	日久功深始轉頭，顛狂心力漸調柔；山童未肯全相許，猶把芒繩且繫留。
楊傑		放去收來只自由，鼻繩無用口出口；雖然立口口口口，口口口口不放口。

作者	標目	五
宗慧	馴伏	調伏性安然，任過前川，青山綠水去來還。雖有鞭繩無用處，狂劣都捐。這邊又那邊，泉穴去顛，悠遊踏斷白楊煙。日暮歸來無掛礙，何用牢牽。
普明	馴伏	綠楊陰下古溪邊，牧去收來得自然；日暮碧雲芳草地，牧童歸去不須牽。
楊傑		飲來真是口人空，若於口便是可憐；口有口臨體不顧，山谷猶然慮狂顛。

作者	標目	六
宗慧	無礙	任意去西東，到處從容，橫身高臥柳陰中。笛聲吹出無思弄，快活阿童。淺綠向深紅，景物融融，歇肩穩坐意忘工。憶昔勞心空費力，露地全供。
普明	無礙	露地安眠意自如，不勞鞭策永無拘；山童穩坐青松下，一曲昇平樂有餘。
楊傑		牛鼻牽順鼻無繩，水草口口性自任；澗下山陰無定止，朝昏不免口口尋。

作者	標目	七
宗慧	任運	綠楊芳草邊，任運天然，飢來大嚼渴呑泉。踏轉溪山隨處樂，在在逢源。密臥萬峰前，景物幽閑，山童熟睡不知年。拋置鞭繩無掛礙，好個靈堅。
普明	任運	柳岸春波夕照中，淡煙芳草綠茸茸；饑時渴飲隨時過，石上山童睡正濃。
楊傑		萬象忘機無所出，牛身全白口出沒（？）；口顧千頃花口口，口出口只誰口明。

作者	標目	八
宗慧	相忘	物我兩相忘，月印滄浪，白雲影裏白牛行。牛本無心雲自靜，彼此相當。交對露堂堂，何用商量，山童不復著提防。雲日人牛都自在，端的家常。
普明	相忘	白牛常在白雲中，人自無心牛亦同；月透白雲雲影白，白雲明月任西東。
楊傑		全身不覲鼻嘹天，放者無拘臥石顚；任是雪山香細草，由疑勿食向人前。

作者	標目	九
宗慧	獨照	忒怪這牛兒，不記吾誰，阿童齊曉獨橫吹。山北山南皆自得，二作俱離。拍手笑嘻嘻，樂以忘疲，逍遙物外且何之。若說無心即是道，猶欠毫厘。
普明	獨照	牛兒無處牧童閑，一片孤雲碧嶂間；拍手高歌明月下，歸來猶有一重關。
楊傑		全身不覲鼻嘹天，放者無拘臥石顚；任是雪山香細草，由疑勿食向人前。

作者	標目	十
宗慧	雙忘	無相大圓融，不立西東，人牛何處杳無蹤。子夜赤輪渾不照，八西玲瓏。魔佛總成空，凡聖消融，冰沙發焰躍天紅。枯木枝頭花燦爛，絕沒香通。
普明	雙泯	人牛不見杳無蹤，明月光寒萬象空；若問其中端的意，野花芳草自叢叢。
楊傑		高臥煙霞絕諸口，牧童閑坐口無口；欲尋古口口祥口，去住人間得自由。

作者	標目	十一
?		了了了無無所了，心心心更有何心；了心心了無依止，圓照無私耀古今。

作者	標目	十二
?		人牛不見杳無蹤，明月光寒萬象空；若問其中端的意，野花芳草自叢叢。

1.詩作總數

依據《大足石刻內容總錄》、《四川道教佛教石窟藝術》等文獻的記載，〈牧牛圖〉刻錄的詩作，計有七言四句者十二首，五言四句者一首，總數爲十三首。

其中「假使熱鐵輪，於我頂上旋；終不以此苦，退失菩提心。」二十字，應是發願偈，據張澍〈後遊寶頂山記〉的記載，寶頂山上刻有此二十字者，凡數十處之多，[91] 因此這段刻文應和楊傑的〈牧牛頌〉無關。至於「人牛不見杳無蹤，明月光寒萬象空；若問其中端的意，野花芳草自叢叢。」一詩，是〈普明禪師牧牛圖頌〉的末章，亦應與〈楊次公牧牛頌〉無關。扣除此二首詩，則僅餘十一首詩，然而參見〈唐宋時期牧牛詩組綜合分析表〉，不難看出唐宋時期牧牛詩組的章數皆爲偶數，[92] 本論文因而懷疑大足石刻的〈楊次公證道牧牛頌〉並非全本。

2.詩作次序

〈楊次公牧牛頌〉的十一首詩作中，《大足石刻內容總錄》僅錄前二首及最後一首，其餘八首則據《四川道教佛教石窟藝術》之記載補入。然而從與詩作搭配的圖作內容言之，此八首詩作的次序，恐有訛誤。如八、九二圖的牧人，一吹笛，一閑坐拍手，詩作卻言「放者無拘臥石顛」，又如第十組圖的牧童

---

91) 清・張澍，〈後遊寶頂山記〉，收錄於《大足縣志》㈠，頁31。

92) 詳見蔡榮婷，〈唐湘山宗慧禪師〈牧牛歌〉析論〉，《中正大學中文學術年刊》創刊號，139～170，嘉義，1997。〈宋代禪宗牧牛詩組初探〉，《國立中正大學學報》8（排印中）。

袒胸露腹，仰臥於山石之上，作酣睡狀，詩作卻言「牧童閑坐口無口」，此處的詩作次序應是錯置。

〈唐宋時期牧牛詩組綜合分析表〉

作者	詩題	章數	存佚	宗派	年代	終極關懷
1.宗慧	牧牛歌	10	存	牛頭宗	唐（？～867）	返本還源
2.皓昇	牧牛圖頌	12	存 2 章	曹洞	10C 中葉～11C 中葉	返本還源
3.普明	十牛圖頌	10	存	？	1102 之前	返本還源
4.佛印	牧牛	4	存	雲門	1032～1098	入世度化
5.不詳(見《孟錄》)	不詳	8	殘	雲門	宋	返本還源
6.惟白	牧牛圖頌	8	佚	雲門	11C 中葉～12C 前葉	返本還源
7.師遠	十牛圖頌	10	存	楊岐	11C 末葉～12C 中葉	入世度化
8.則公	不詳	10	佚	楊岐	11C 末葉～12C 中葉	返本還源
9.雪庭	四牛圖	4	存	楊岐	11C 末葉～12C 中葉	入世度化
10.自得	六牛圖	6	存	曹洞	1097～1183	入世度化

《大足石刻內容總錄》稱第十圖爲「雙忘圖」，其圖之牛作仰首凝神狀，牧童則仰臥酣睡，於其頭右上方刻一樹，樹上倒吊一猴，猴伸手戲弄牧童。然就此組畫作觀之，則其所表現的內容，應是人牛俱存的階段，尙未達到主客雙泯的境界。又《四川道教佛教石窟藝術》所錄第十首牧牛頌曰：「無牛人自鎭安閑，無住無依性自寬；只此分明誰是侶，寒山樵竹與岩泉。」就文意觀之，其所表現的禪境，仍停留於牛亡人存的實踐階段，尙未達到主客雙泯的境界。第十組圖與第十首詩，均未達到雙泯的境界，因此本論文懷疑第十首詩，並非整組詩作的末章，其主要理由有二：

⑴此詩的內容仍處於牛亡人存的階段，並未達到主客雙泯

的境界，然而參見〈唐宋時期牧牛詩組綜合分析表〉，在此之前的牧牛詩組，如唐・湘山宗慧禪師的〈牧牛歌〉、宋・普明禪師的〈牧牛圖頌〉，均已彰顯人牛俱泯的雙忘境界，因此就禪宗思想的開展歷程而言，楊傑的詩作不可能仍逗留於牛亡人存的階段。

⑵宋・正覺拈古，元・行秀評唱的《萬松老人評唱天童覺和尚拈古請益錄》卷下第 60 則〈南泉水牯〉條，曾評論清居、普明、佛印、惟白等禪師所作的牧牛圖頌云：「諸師以人牛不見處，正是月明時，爲總不見得。唯佛印與南泉以混俗和光，隨流得妙，爲總不見得。」[93]，依據這條資料，可以知道除了佛印以外的三種詩組，其用以表現禪門修道最高境界的末後一章，都僅止於「人牛不見」的物我雙泯、心法雙亡的寂靜世界。萬松行秀對於此種思想有所批評，認爲雙泯的境界還未達到禪門終極關懷的所在，所以他推崇佛印所展現的迴入世間、普度有情的境界，認爲這才是禪門的終極關懷。據《請益錄》的看法，則佛印所彰顯的終極境界，已超越之前諸師的雙泯境界。佛印（1032～1098）爲青原第十一世法脈，與楊傑師承的天衣義懷同世次，亦同屬雲門法嗣。因此從楊傑師承系統的角度觀察，當時雲門宗創作的牧牛詩，已以入世度化爲其終極關懷，法脈淵源相近的楊傑，實在沒有理由以牛亡人有的階段，作爲禪門修持的最高境界。

93）宋・正覺拈古，元・行秀評唱，《萬松老人評唱天童覺和尚拈古請益錄》，《新纂卍續藏經》，第 67 卷，NO：1307，頁 488 下。

3.終極關懷

假若第十首頌詩不是〈牧牛頌〉的最後一章，那麼何者才是？據《大足石刻內容總錄》的考察記錄，趙智鳳坐像上方刻有頌云：「無牛人自鎮安閑，無住無依性自寬；只此分明誰是侶，寒山樵竹與岩泉。」，坐像左側，浮雕一明月，浮於雲中，下有一碑，立於蓮臺之上，碑上字曰：「了了了無無所了，心心心更有何心；了心心了無依止，圓照無私耀古今。人牛不見杳無蹤，明月光寒萬象空；若問其中端的意，野花芳草自叢叢。」。依圖作的佈局結構看來，第十首頌詩應是搭配此幅坐像，而其僅刻一坐像的意境表現，亦與頌詩「無牛人自鎮安閑，無住無依性自寬」所表達的「牛亡人有」的內容相符合。

位於坐像左側的石刻，其畫面既無人亦無牛，只有明月獨耀於浮雲中，其所傳達的意境，與普明禪師的「人牛不見杳無蹤，明月光寒萬象空」的內容相符合，其所表現的主旨，是物我雙泯、心法雙亡的「雙泯」境界，因此本論文推斷此圖是本件作品的最後一幅畫作，而圖下石碑所刻的八句七言詩作，應即是與圖相搭配的頌詩。

最後一幅圖的頌詩共有八句，與前面十首七言四句頌詩的體裁不同，然因其一爲普明禪師〈牧牛圖頌〉的末章，所以可知此八句實應分列爲二首，如此則其體例與前十首同屬七言四句詩。第十一首詩云：「了了了無無所了，心心心更有何心；了心心了無依止，圓照無私耀古今。」，此詩的用語與思想內容，與楊傑的〈了了堂記〉相似，茲據《嘉泰普燈錄》，卷30，〈雜著〉，〈侍郎楊無爲居士〉的記載迻錄於下：

〈了了堂記〉

了了堂，瑯邪詮公之所建也。有二野叟，登堂而議其名。一叟曰：「了心則能了法，了己則能了人。己未了，則人與己迷；心未了，則法從心惑。了了之義，得非是歟？」一叟曰：「不然，吾聞萬法本空，一心非有。心既非有，不待了而已圓；法既本空，不待了而常寂。了有所了，困于方隅；了無所了，始謂之達。了了之旨，其在是矣！」二叟疑而質于無為子，無為子不答。俄而歌曰：「山堂曉兮白雲飛，山堂暮兮白雲歸；青松老兮明月溪，了不了兮誰與知？」是二叟矍然相顧而去，詮公乃記之于石。治平二年三月十有九日也。[94]

第十一首牧牛詩，主要是闡釋主體與客體之間的關係，其第一句包含「了了→了無→無所了」三層次，此部份亦即〈了了堂記〉所言的：「了有所了→了無所了→法本空寂，不待了而常寂」，而第三句的「了心→心了→無依止」，即〈了了堂記〉中的「萬法本空，一心非有→心既非有，不待了而已圓→法本空寂，不待了而常寂」，而此常寂的法性，具「圓照無私耀古今」的特質，此即「了了」之意。由此觀之，此二篇作品的思想內容應有傳承關係，因此〈了了堂記〉或可作爲此詩出自楊傑的旁證。此詩的思想，是泯合「能了」的主體，和「所了」的客體，進而重拾生命主體「圓照無私耀古今」的本來面目，因此其主旨仍是在於表現心境合一、主客雙亡的超越絕待

---

94) 見《新纂卍續藏經》，第 79 卷，NO：1559，頁 486 中。

的境界，此與普明禪師〈牧牛圖頌〉末章的思想內容相似。由此看來，則〈楊次公證道牧牛頌〉，應亦是以返本還源爲終極關懷。至於前面各圖僅與一首詩作搭配，爲何此圖配有二詩？〈牧牛頌〉的末章爲何並列兩首同是表現雙泯境界的詩作？普明的作品又爲何刻載於末章？這些問題則留待未來有足夠的文獻佐證時，再予以處理。

五、結　論

此件作品是文學、藝術與宗教的結合體，其涉及的層面既深且廣，本論文僅就文學角度，以〈楊次公證道牧牛頌〉爲研究對象，嘗試探討與作者、作品有關之問題，茲將研究成果綜合論述如下：

㈠ 作者方面

雖然陳習刪認爲詩歌、繪畫、雕刻，各有其作者，但是由於〈楊次公證道牧牛頌〉的作者楊傑，是能詩善畫的禪宗弟子，因此本論文認爲詩、畫之作者，或有可能爲同一人。楊傑是具有開悟經驗，並且爲禪師印可的在家居士，也是唐宋時期牧牛詩組的作者中，唯一的在家居士。牧牛詩組具有證道及教學二種功能，此件作品以「證道」爲題，或即是因爲作者不具備禪師之身分。

㈡ 作品方面

〈楊次公證道牧牛頌〉的撰述年代，爲北宋哲宗元祐三年（1088）前後，撰寫地點可能是潤州。大足石刻載錄的詩作共十一首，因今日可見之牧牛詩組，其章數皆爲偶數，因此本論文懷疑詩作可能有佚失之情形。與詩作相搭配的牧牛圖，學者多將其分爲十組，但是由於第十組的畫作內容，尙未達到「人牛雙泯」的境界，因此本論文認爲全圖實應包含無牛的兩幅畫作，總數計有十二組牧牛圖。又由於詩作內容與畫作內容不盡符合，所以懷疑詩作次序有誤植之情形，唯因字跡多已風化，今已無法詳考。

㈢ 思想方面

由於「人牛不見杳無蹤，明月光寒萬象空；若問其中端的意，野花芳草自叢叢。」爲普明禪師之詩作，因此本論文認爲「了了了無無所了，心心心更有何心；了心心了無依止，圓照無私耀古今。」才是〈楊次公證道牧牛頌〉末章。此詩的用語雖與其他十首詩不同，但是與楊傑的〈了了堂記〉相似，而其主要思想，在於表現主客雙亡、超越絕待的返本還源境界。

「壺中人」故事的演化

從幻術說起

張靜二

（臺灣大學外文系教授）

六朝志怪改寫佛經故事者不多。目前確知改寫者僅（宋）劉敬叔《異苑》中的〈鸚鵡救火〉、（宋）劉義慶《幽明錄》中的〈焦湖廟巫〉以及（梁）吳均《續齊諧記》中的〈陽羨書生〉等三則。[1] 在這三則故事中，〈鸚鵡救火〉並不太引人注意；〈焦湖廟巫〉流傳頗廣，也頗引發評家的興趣；[2] 而〈陽羨書生〉則特以其中的幻術取勝，成爲幻術東傳的一環，造就了「壺中人」故事。「壺中人」故事由佛經故事〈梵志吐壺〉與道家傳說〈壺公傳〉等兩個主軸構成。〈陽羨書生〉可經由〈外

---

1) 例見王國良，《魏晉南北朝志怪小說研究》（臺北：文史哲出版社，1984 年），頁 57～62。又，「解體還形」之類的故事雖然也屬幻術的範疇，但只算取材，而非改寫；見薛惠琪，《六朝佛教志怪小說研究》（臺北：文津出版社，1995 年），頁 151～154。

2) 例見張漢良，〈「楊林」故事系列的原型結構〉，《中外文學》，3 卷 11 期（1975 年 4 月），頁 166～179 等。

國道人〉溯其源至〈梵志吐壺〉，〈壺公傳〉則可探其流到《邯鄲記》（或稱《邯鄲夢》）。〈梵志吐壺〉的寫作年代不詳，但隨著（吳）康僧會（西元 220 年？～280 年）中譯《舊雜譬喻經》[3] 而開始從三國時代（220 年～280 年）起流衍中土。〈外國道人〉的撰者荀氏生平不詳。儘管故事起首處載有（晉孝武帝）「太元十二年」（383 年）等字樣，但我們只知道這則故事寫在晉朝（265 年～420 年），確切的年代無從掌握。〈陽羨書生〉爲吳均（469 年～520 年）《續齊諧記》中的一則故事，其結尾處指出該篇寫在（北魏宣武帝）永平三年（510 年）；寫作時間是否可以就此定讞，也難遽斷。〈壺公傳〉係（晉）葛洪（284～363）《神仙傳》中的一則。而《邯鄲記》則寫在明神宗萬曆廿九年（1601 年）湯顯祖（1550 年～1617 年）五十二歲期間。下文將先略述幻術源流，再依「壺中人」故事的兩個主軸分成兩部分來探討其演化。在探源溯流的過程中，筆者將援引相關資料來略述時代背景與撰者生平，惟其目的不在刻意從事歷史研究或傳記考證，而在窺測同一題材如何在不同時代與不同作家的處理下，因所處環境與創作動機相異而產生不同風貌的作品。

---

3) 梁曉虹從比較《六度集經》與《舊雜譬喻經》的專辭漢譯中認爲：後者不是康僧會所譯；說見所著〈從語言上判定《舊雜譬喻經》非康僧會所譯〉，《中國語文通訊》，第 40 期（1996 年 12 月），頁 62～68。不過，目前通行本《大正藏》既然標明康僧會爲譯者，在眞相尚未全然確定之前，本文仍從之。按，本文所據《大正藏》係大藏經刊行會在台影印版《大正新修大藏經》（臺北：大藏經刊行會，1986 年修訂版）；下文若有稱引，皆將簡稱爲《大正藏》。

據典籍的載述，幻術在東土的出現甚早。佛教雖然要到西漢期間（西元前202年～西元9年）才傳入中國，[4] 但幻術早在周成王即政七年（西元前 1018 年）與燕昭王七年（西元前 305 年）就有所聞。[5]（漢）班固《漢書·張騫、李廣利傳》上說：武帝元封三年（西元前 108 年），大宛諸國「以大鳥卵及犛靬眩人獻於漢」；[6]（漢）司馬遷《史記·大宛列傳》上則說：條枝國人「善眩」。「眩」指呑刀吐火之類的幻術。[7]（宋）范曄《後漢書·西南夷列傳》上也載述哀牢夷撣國王雍由調曾於安帝永寧元年（120 年）到洛陽朝貢，其所進獻的幻人「能變化、吐火、自支解，易牛馬頭」。[8] 爲此，（後晉）劉昫在《舊唐書·音樂志》上說：「幻術皆出西域，天竺尤甚。漢武帝通西域，始以善幻人至中國。安帝時，天竺獻伎，能自斷手足，刳剔腸胃。自是歷代有之」。[9] 安息在今伊朗東北部，古稱西域；撣國

---

4) 佛教傳入東土的確切年代說法不一，而以西漢年間似較可信；說見黃仲琴，〈佛教入中國諸說之因襲及推進〉，在張曼濤主編，現代佛學叢刊㈤，《中國佛教史論集》㈠（臺北：大乘文化出版社，1977 年），頁 1～9。

5) 說見（符秦）王嘉，《拾遺記》（景印摛藻堂四庫全書薈要第 278 冊），卷 2，頁 7 右（總頁 12 上）；卷 4，頁 3 右左（總頁 19 上）。

6) （漢）班固撰，《漢書·張騫、李廣傳》（景印文淵閣四庫全書第 250 冊），卷 61，頁 9 右（總頁 425 下）。

7) （漢）司馬遷撰，《史記·大宛列傳》（景印文淵閣四庫全書第 244 冊），卷 123，頁 7 左（總頁 876 上）。

8) （宋）范曄，《後漢書·西南夷列傳》（景印文淵閣四庫全書第 253 冊），卷 116，頁 25 右（總頁 661 上）。

9) （後晉）劉昫，《舊唐書·音樂志㈡》（景印文淵閣四庫全書第 268

在今緬甸東北部，地屬西南夷。兩處都是中印與中西交通樞紐，其文化多受天竺文化影響。[10] 可見佛教與幻術的關係相當緊密。

而東來宏法的高僧有時也借重幻術來吸引信徒。（晉）干寶《搜神記》上載有天竺胡人在晉懷帝永嘉年間（307 年～313 年）來到江南表演斷舌復續、剪帶還原、吐火吞刀以及燒物不傷等四種幻術。[11] 鳩摩羅什「舉匕進針與常食不別」，[12] 令諸僧愧服。（梁）釋慧皎《高僧傳》上的載述更多。像曇無讖「明解咒術，所向皆驗」，曾咒石出水，號稱「大咒師」；[13] 佛圖澄能以法術生青蓮、療痼疾、致活水、識吉凶，又能以酒滅火、清洗五臟、知過去未來，莫不神驗；[14] 耆域曾在襄陽無船渡江，虎見而「弭耳掉尾」，又曾癒腳疾、活枯樹、醫死人；[15] 涉公「能以密咒，咒下神龍」，在炎旱期間降下大雨；[16] 他如

冊），卷 29，頁 17 左（總頁 712 下）。

10) 說見湯用彤，《漢魏兩晉南北朝佛教史》（臺北：鼎文書局，1985 年），頁 47～48、80～86。

11) 見（晉）干寶撰、汪紹楹校注，《搜神記》（臺北：里仁書局，1982 年），卷 2，頁 23。又，參見俞小雅，〈佛教與我國幻術淵源〉，《香港佛教》，第 410 期（1994 年 7 月），頁 21～24。

12) （唐）房玄齡，《晉書．藝術傳．鳩摩羅什》（景印文淵閣四庫全書第 256 冊），卷 95，頁 45 右（總頁 565 下）。

13) （梁）釋慧皎，《高僧傳》（卷 2），在《大正藏．史傳部㈡》，第 50 冊，卷 2059，頁 336 上。

14) 《高僧傳》（卷 9），同前引書，頁 383 中～387 上。

15) 《高僧傳》（卷 9），同前引書，頁 388 上中。

16) 《高僧傳》（卷 10），同前引書，頁 389 中。

訶羅竭、竺法慧、安慧則、釋曇霍、安世高以及康僧會等，也都擅於此道。而南北朝期間，「飛空幻惑」與「異端奇術」之類叫人目亂睛迷的節目往往加入廟會活動裏面，[17] 顯見幻術表演在民間頗能聳人聽聞，當然也頗有助於佛教的流傳。而佛教哲學以「諸法皆空」爲基礎，佛典中往往透過各種幻化故事來闡明「法空」的道理。像《雜譬喻經》中的「瓫中影」、「木師畫師相誑」；《舊雜譬喻經》中的「壺中人」；《生經》中的「木偶人」；《大莊嚴論經》中的「坼解木女」等都是。這些故事如眞似幻，多能造成意想不到的效果。

「壺」字既然是「壺中人」故事的關鍵意象，在進入正式討論之前，理當先來一番考察的工夫。「壺」爲象形字，「上有蓋，旁有耳」；[18] 甲文作 ，金文作 ，小篆作 。其形都是上象壺蓋，下象壺體，本義作「圓器也，腹大而有頸」解。[19]《詩・豳風》上謂：「七月食瓜，八月斷壺」，注：「壺，瓠也」；[20]《毛詩正義》認爲，「以壺與食瓜連文，則是

17) 見（後魏）楊衒之，《洛陽伽藍記・城內・景樂寺》（卷 1），在《大正藏・史傳部㈢》，第 51 冊，卷 2092，頁 1003 中。

18) 羅振玉，《增訂殷虛書契考釋》（臺北：藝文印書館影印本，1958 年），殷中，頁 36 左（總頁 128）。

19) （漢）史游撰、（唐）顏師古註，《急就篇》（四部叢刊續編經部），頁 38 右（總頁 3315 上）。

20) （漢）毛亨傳、鄭玄箋、（唐）孔穎達疏，《毛詩注疏・國風・豳》（景印文淵閣四庫全書第 69 冊），卷 15，頁 18 左（總頁 415 上）。

可食之物，故知壺爲瓠」。[21] 又《鶡冠子》上「中河失船，一壺千金」一語中的「壺」字也指瓠，「佩之可以濟涉，南人謂之腰舟」。[22] 《本草綱目》上指出瓠、懸瓠、匏、壺與蒲蘆五者的差別時，說：壺蘆俗作『葫蘆』，「長如越瓜、首尾如一者爲『瓠』；瓠之一頭有腹、長柄者爲『懸瓠』；無柄而圓大形扁者爲『匏』；匏之短柄大腹者爲『壺』；壺之細腰者爲『蒲蘆』」；又說：長瓠、懸瓠、壺盧、匏瓜以及蒲盧，「名狀不一，其實一類各色也」，而「壺匏之屬，既可烹晒，又可爲器；大者可爲甕盎，小者可爲瓢樽，爲要舟可以浮水，爲笙可以奏樂，膚瓤可以養豕，犀瓣可以澆燭，其利博矣」。[23] 壺與瓠爲音義相近的同源字。壺爲酒器，瓠爲舀器；二者相關。而瓠既然就是葫蘆，則壺也就是葫蘆。

另外，由於「壺中人」故事涉及心理層面的種種問題，其意涵很可以用「喬哈利窗」（Johari Window）的概念闡明，因此在進入討論「壺中人」故事之前，也擬先略述其內容。「喬哈利窗」係魯福特（Joseph Luft）與陰格漢（Harry Ingham）兩人於一九五五年間在探討人際關係時制定的模式（model），因取 Jo(e)Har(ry)i 爲名。這個模式將人的內心比成一個窗，分成四個象限（quadrants）。第一象限（Q1）爲公開區（open），

---

21) 《毛詩正義》，見前引書，卷 15，頁 19 左（總頁 415 下）。

22) （周）鶡冠子撰、（宋）陸佃解，《鶡冠子・學問第十五》（四部叢刊正編本），卷下，頁 13 左（總頁 41 上）。

23) （明）李時珍，《本草綱目》（景印文淵閣四庫全書第 773 冊），卷 28，頁 5 右-6 右（總頁 578 上下）。

人我都能看到；第二象限（Q2）爲盲目區（blind），別人看得見，而我卻不一定知道；第三象限（Q3）爲隱密區(hidden)，是我知而不願人知的禁區；第四象限（Q4）爲未知區（unknown），則是人不知、我不覺的潛意識範圍。[24] 人我接觸之初，公開區（Q1）小，隱密區（Q3）大。隨著互信漸增、敵意漸減，公開區漸大，隱密區也相形漸小。反過來說，互信漸減、敵意漸增，公開區勢必隨著漸小，隱密區也勢必隨著漸大。隱密區至爲敏感，一旦曝光，必然帶來緊張、焦慮與尷尬，不能不愼。盲目區可經由學習與認知予以縮小。至於未知區，則有待挖掘，有些終將曝光，影響人際關係，故可認定其存在。簡單的說，任何一區有所變動，勢必影響其它三區。而溝通的目的就在擴大公開區，縮小其它三區的範圍。減少其它三區，就可減少敵意、威脅與恐懼，達成諮詢（counselling）與心理治療（psychotherapy）的目的。當然，將內心如此分成四區或許不無簡化之嫌，但藉由這種簡化了的模式去考察複雜的人際關係，對於動機與行爲的了解，似亦不無助益。

一、吐壺故事

東漢及三國時期的佛經多由西域僧人漢譯。當時，由於關

---

24) 見 Joseph Luft, *Group Processes: An Introduction to Group Dynamics,* 2nd ed. (Palo Alto, CA: National Press Books,1970), pp.11－13。按，Johari Window 分成的四個象限，原本劃定象限 1 爲盲目區、象限 2 爲公開區、象限 3 爲隱密區、象限 4 爲未知區；由於如此安排不合座標常規，文中因略予修改。

洛擾亂，有些佛徒爲避難而南下遷居吳地（在今江、浙、湘、鄂、閩、粵與安南諸地）；有些則由南北上至吳國都城。儘管來路不同，其傳教譯經的目標則一。康僧會在交趾（今越北一帶）出家學佛，不但博覽儒家經典與方技圖書，且能文善辯。他於吳大帝赤烏十年（247 年）來到建業（今南京）之初，「佛教未行」、「風化未全」；經過一番努力，孫權爲他造塔建寺，「江左大法遂興」。[25] 在他的宏法下，凶粗如孫皓者亦因他適時曉以因果報應與生死輪迴的佛教思想而打消了坼毀佛寺的念頭。在他所譯的佛經中，《舊雜譬喻經》雖然不算最重要的一種，卻給「吐壺故事」開啓了源頭，恐怕也非他始料所及。

《舊雜譬喻經》分上下兩卷，共收六十一則譬喻；〈梵志吐壺〉爲上卷三十四則中的第十八則。原文雖長，但爲討論方便，仍依文義分成三段抄錄於下：

⑴昔有國王，持婦女急。正夫人謂太子：「我為汝母，生不見國中，欲一出，汝可白王。」如是至三，太子白王，王則聽。太子自為御車。出，群臣於道路奉迎為拜。夫人出其手開帳，令人得見之。太子見女人而如是，便詐腹痛而還。夫人言：「我無相甚矣！」太子自念：「我母當如此，何況餘乎？」夜便委國去，入山中遊觀。

⑵時道邊有樹，下有好泉水。太子上樹，逢見梵志獨行

---

25) 釋慧皎，《高僧傳・康僧會》（卷 1），在《大正藏・史傳部㈡》，第 50 冊，卷 2059，頁 325 中下。

來，入水池浴。出，飯食，作術，吐出一壺；壺中有女人，與於屏處作家室，梵志遂得臥。女人則復作術，吐出一壺，壺中有年少男子，復與共臥。已，便吞壺。須臾，梵志起，復內婦著壺中。吞之已，作杖而去。太子歸國白王，請道人及諸臣下，持作三人食，著一邊。梵志既至，言：「我獨自耳。」太子曰：「道人當出婦共食。」道人不得止，出婦。太子謂婦：「當出男子共食。」如是至三，不得止，出男子。共食已，便去。

(3)王問太子：「汝何因知之？」答曰：「我母欲觀國中，我為御車，母出手令人見之。我念女人能多欲，便詐腹痛還。入山，見是道人藏婦腹中，當有姦。如是女人姦不可絕。願大王赦宮中自在行來。王則勅後宮中：其欲行者從志也。師曰：「天下不可信，女人也。」[26]

故事中的梵志與道人顯然同指一人。梵志（Brahmacārin）乃婆羅門（Brāhmapa）四時期之一。《瑜伽論記》上說：「梵者，西國言；此翻爲寂靜，謂涅槃也。志是此方語；志求於梵，故云梵志」。[27] 又，《法華文句記》上說：「在家事梵，名爲梵志；出家外道，通名尼乾」。[28] 佛教初入東土，先是依附道術

---

26) 《舊雜譬喻經》（卷上），在《大正藏・本緣部（下)》，第 4 冊，卷 206，頁 514 上。按，引文中，「正」作「政」解；「女人」後有一「面」字；「當」應作「倘」；「池」即「洗」。

27) （唐）遁倫集撰，《瑜伽論記・論本》十九上，同前引書（論疏部三），第 42 冊，卷 1828，頁 732 上。

28) （唐）湛然述，《法華文句記・釋安樂行品》九，同前引書（經疏部二），第 34 冊，卷 1719，頁 319 中。

流行；道佛因而往往視同一體，「道人」（或「道士」）一詞也為道釋兩家共用，北魏的僧尼行狀以此相稱，便是一例。至北魏太武帝（在位 483 年～493 年）以後，「道人」（或「道士」）才逐漸成為道教者流專用。在此之前，所謂的「道人」（或「道士」）兼指道釋二者，與「俗人」相對；「道人」（或「道士」）指得道之士或專心求道的出家人，「俗人」則係只從事世俗生活的在家人。二者合稱「道俗」。總合來說，「梵志」與「道人」都指專意學道之人。隨著佛教東傳，梵志與道人也進入了中國，開始出現在古籍史冊之中。劉昫《舊唐書》上提到「唯梵志種姓，披白疊以為異」；[29] 敦煌變文中的〈不知名變文〉上提到「大雪山南面有一梵志婆羅門僧」；[30] 六朝志怪中，（齊）王琰《冥祥記》上說：法義夢中病癒，認為是觀世音「現沙門梵志之像」來替他療疾之故。[31] 而我們只要細讀〈梵志吐壺〉就不難察覺，「吐壺故事」中的幾個關鍵意象與情節已然浮現。「壺」不是缽盂、淨瓶或幡蓋等常見的法器或佛具，因此在《大正藏》中並不多見。但在「吐壺故事」中卻是關鍵意象，而吐壺吐人與呑壺呑人則為關鍵情節。爾後以〈梵志吐壺〉為源頭的「壺中人」故事雖不必都有「壺」的意象的出現，但其架構大抵相類。

29） 劉昫，《舊唐書．西戎．天竺國》（景印文淵閣四庫全書第 271 冊），卷 198，頁 24 左（總頁 760 下）。

30） 潘重規編著，《敦煌變文集新書．不知名變文（三）》（臺北：中國文化大學中文研究所敦煌學研究會，1983 年～1984 年），下冊，卷 4，頁 809。

31） 引見魯迅編，《古小說鉤沉》（出版時地不詳），下冊，頁 475。

〈梵志吐壺〉以「欲」爲其主題，給「壺中人」故事建立了傳統。故事中的正夫人平時必定跟常人同樣只露出顯而易見的面貌舉止（Q1）。她原本不爲人知的「禁區」（Q3）因出手「開帳」而曝光（Q2），原本被禮教社會壓抑的情欲就在這拋頭露面的瞬間衝破了禁忌的牢籠（Q1）。對正夫人來說，這或許只是潛意識的舉動（Q4）；但對太子來說，卻因無意中察覺（Q2）而造成莫大的震憾，才會趁夜「委國去」，想「入山中遊觀」，藉自然景致療傷。偏偏就在樹上看到了梵志吐壺的場面。梵志平日必定跟正夫人無異（Q1）。爲避免隱私曝光，他獨自來到山中。只因以爲四處無人，這才在浴出飯畢後，作術吐壺，披露原本深藏不露的隱私（Q3）。而隱私之中又有隱私；壺中女人居然另有男人，連梵志本人也不知曉（Q2），顯見他的潛意識在睡夢中浮現（Q4）。梵志以爲這一切都在隱密的空間進行，殊料竟被太子看得一清二楚（Q2）。太子要他在公開場合「出婦共食」，顯然是要他公開隱私。梵志在太子的再三堅持下，只好照辦；而婦人在太子的再三堅持下，同樣只好「出男子」（Q4）。如此一來，梵志的內心世界全都曝光（Q1）。故事中雖然只說他「共食已，便去」，但隱私既已曝光，他的心情勢必跟正夫人在說「我無相甚矣」時同樣尷尬。太子首次震憾後，「委國去」；再度震憾後，「歸國白王」。在這一「委」一「歸」的過程中，他扮演了「旁觀者」（或「偷窺者」）的角色。兩次發現隱私的結果，終於叫國王的態度由「持婦女急」轉變成「勅後宮中其欲行者，從志也。」這則譬喻（upamā）經由類推，以「天下不可信，女人也」總結，點出主旨所在。不過，梵志因何「獨」自到山中吐婦共臥？難道這不是不可告人的曖昧行爲？難道不也令人懷疑這種行徑是否在「欲」的方面「可信」？就此來說，「天下不可信」的恐怕男女都有，則「師曰」未免偏頗。我們雖然不知撰作〈梵志吐壺〉的時代背景，卻可從故事中察測其宣教意味。《法華文句記》上引《玉篇》說：「以類比況謂之譬，開曉令悟謂之喻」。[32] 佛典巧用譬喻，正是要比況曉喻時眾，以期法理易明。因此，全篇故事表面上雖以「不可信」總結，實則是借「梵志吐壺」爲喻，顯示眾生如幻，卻能在無實體中假因緣有，意在喻顯佛性一如人「欲」，爲眾生本具，卻因無始以來的煩惱覆蔽，致使清淨無染的如來法身不得顯現。必也任其「自在行來」，才能進退無礙、心離煩惱、除妄斷惑。

《舊雜譬喻經》漢譯後，想必隨著佛教的傳播而爲人所知，從而成爲六朝志怪撰者倣作的對象。六朝志怪中承續〈梵志吐壺〉的共有〈外國道人〉與〈陽羨書生〉兩則。〈外國道人〉收在荀氏《靈鬼志》中。爲討論方便起見，謹依文義將全文分成四段抄錄於下：

(1)太元十二年，有道人外國，能吞刀吐火、吐珠玉金銀；自說其所受術，即白衣，非沙門也。

(2)嘗行，見一人擔擔，上有小籠子，可受升餘。語擔人云：「吾步行疲極，欲寄君擔。」擔人甚怪之，慮是狂人，便語之云：「自可爾耳，君欲何許自厝耶？」其人答云：「君若見許，正欲入君此籠子中。」擔人愈怪其

32) 湛然，《法華文句記》（卷 5 下），在《大正藏・經疏部（二）》，第 34 冊，卷 1719，頁 253 上。

奇，「君能入籠，便是神人也。」乃下擔，即入籠中；籠不更大，其人亦不更小，擔之亦不覺重於先。

(3)既行數十里，樹下住食；擔人呼共食，云我自有食，不肯出。止住籠中，飲食器物羅列，肴膳豐腆亦辦。反呼擔人食。未半，語擔人：「我欲與婦共食。」即復口吐出一女子，年二十許，衣裳容貌甚美，二人便共食。食欲竟，其夫便臥。婦語擔人：「我有外夫，欲來共食；夫覺，君勿道之。」婦便口中出一年少丈夫，共食。籠中便有三人，寬急之事，亦復不異。有頃，其夫動，如欲覺，婦便以外夫內口中。夫起，語擔人曰：「可去。」即以婦內口中，次及食器物。

(4)此人既至國中，有一家大富貴，財巨萬，而性慳吝，不行仁義。語擔人云：「吾試為君破奴慳囊。」即至其家。有一好馬，甚珍之，繫在柱下；忽失去，尋索不知處。明日，見馬在五斗甖中，終不可破取，不知何方得取之。便往語言：「君作百人廚，以周一方窮乏，馬當得出耳。」主人即狼狽作之；畢，馬還在柱下。明旦，其父母老在堂上，忽復不見；舉家惶怖，不知所在。開粧器，忽然見父母在澤壺中，不知何由得出。復往請之，其人云：「君當更作千人飲食，以餄百姓窮者，乃當得出。」既作，其父母自在牀上也。[33]

〈梵志吐壺〉中的「壺」雖然在這則故事中由「籠」取代，卻仍見諸「甖」與「澤壺」兩個意象。如此一來，「壺」的意象繼

33) 魯迅編，《古小說鉤沉》，上冊，頁 202～203。

續保存，「吐壺故事」亦得以維繫。

佛教至東晉逐漸盛行，在社會上足堪抗衡道教。誠如上文剛剛提過的，當時許多名稱率由佛道通用。道教雖然原本是中國本土宗教，但漢譯佛典往往以「道人」（或「道士」）兼指佛道兩家學道之人。爲此，《晉書》以「道士」稱鳩摩羅什，[34]《大正藏》則以「外國道士」稱羅叉、僧佉吒、阿梨、沙呵耶奢、呿羅、毘呿羅、波羅疊曇摩侍以及阿毘雲等西域（特別是天竺）佛徒。[35] 另外，魏晉以來，由於宦途多爲名門大族把持，寒士想要干祿進仕則「多由文史」。[36] 魏明帝始置著作郎，專掌史任；著作郎到職時「必撰名臣傳一人」。[37] 六朝小說與雜記史傳相關，也就不足無奇了。我們不知荀氏的生平事蹟，但從〈外國道人〉以「太元十二年」一語起首，就可推定他必定長於雜記史傳；因此，他將志怪當雜記史傳撰寫，無足爲怪。何況，藉史託古可以抬高志怪的身價，用史筆寫小說自

34) 房玄齡，《晉書．藝術．鳩摩羅什》，卷 95，頁 42 左（總頁 564 上）。

35) 見《大正藏》，第 50 冊，卷 2059，頁 331 下（羅叉）、391 上（僧佉吒）、237 上（沙呵耶奢）、271 上（呿羅）與中（毘呿羅）；卷 2060，頁 527 上（波羅疊）；卷 2061，頁 747 中（僧佉吒）；卷 2063，頁 944 上（阿梨）；（目錄部），第 55 冊，卷 2145，頁 80 中（曇摩侍、阿毘雲）；101 上（羅叉）。

36) （唐）姚思廉奉敕撰，《梁書．江淹、任昉》（景印文淵閣四庫全書第 260 冊），卷 14，頁 15 左（總頁 155 下）。

37) 房玄齡，《晉書．職官志》（景印文淵閣四庫全書第 255 冊），卷 24，頁 18 右（總頁 436 上）。

然成了風氣。[38]

上文提過，前來中土的外國道人多半身懷幻術。故事中的外國道人也不例外。這則故事雖然發生在中土，主要人物則屬外來之人，可說是「吐壺故事」漢化過渡期的產物。而就結構來說，〈外國道人〉與〈梵志吐壺〉並不相同。〈梵志吐壺〉是一則有如「戲中戲」（a play within a play）的故事。全篇故事的情節有主副之分。主情節以太子爲主角，敘述他的兩次發現。但他在副情節中則退居配角（偷窺者），而由梵志主導。〈外國道人〉的情況並非如此。這則故事以外國道人爲主角，分全篇爲四段。第一段爲緒言，直敘外國道人身懷「吞刀吐火、吐珠玉金銀」等幻術。第二段進而描述外國道人能藉幻術「入籠」。第四段中，外國道人以其幻術使「好馬」與「父母」先後入罌入壺，來迫使富貴人家施行仁義，從而凸顯佛家逼人爲善的做法。[39] 故事引人之處就在這只可受升餘的小籠子在外國道人進入後,居然「不更大，其人亦不更小，擔之亦不覺重於先」；後來，「籠中便有三人，寬急之事，亦復不異。」幻術之奇，可見一般。不過，這部分並未見諸〈梵志吐壺〉，顯然另有出處。事實上，評家也已指出「此固釋典常談」，像《維摩詰所說經》、《力莊嚴三昧經》、《大般涅槃經》[40] 以及

38) 說見吳宏一，〈六朝鬼神怪異小說與時代背景的關係〉，《現代文學》，第44期（1971年10月），頁51。

39) 有關佛教逼人爲善的事例，可見康僧會譯，《六度集經》，卷 1，第 9 條（《大正藏・本緣部（上)》，第3冊，卷152，頁4上）等的載述。

40) 說見錢鍾書，《管錐編》（臺北：蘭馨室書齋，1991 年），第 2 冊，頁765。

《觀佛三昧海經》[41] 等，都有這類載述。

這則故事跟〈梵志吐壺〉直接相關的部分在第三段。擔人初遇外國道人時，從外觀可知對方是個來自外國的道人（Q1）。經接觸後，道人自動將其幻術（Q3）一一公開（Q1）。除了入籠的本事外，他還吐出飲食器物，然後跟〈梵志吐壺〉的梵志同樣吐婦。不同的是，〈外國道人〉中的女子又進而口吐年少丈夫。道人在入籠吐婦的過程中，將公開區（Q1）與隱密區（Q3）全數公開；而未知區（Q4）則在睡臥時曝光。情節發展至此，撰者並未跟〈梵志吐壺〉同樣透過「師曰」之類的設計，明白加上寓世勸誡之語。另外，〈梵志吐壺〉的過程有如默劇，〈外國道人〉則除了動作外，更有賓白，因而愈顯生動。不過，值得注意的是，「欲」字在〈梵志吐壺〉中僅兩見，在〈外國道人〉中則出現了七次之多。每個「欲」字的文義雖然不盡相同，卻似乎意在提醒讀者留心全篇故事的主題跟〈梵志吐壺〉同樣是「欲」：外國道人有賣弄幻術之「欲」、有與婦共食之「欲」；婦人有與外夫共食之「欲」；富貴人家則有愛財、愛馬以及愛父母之「欲」。這些或顯或隱的食色之「欲」再再顯示人的本性無可禁絕。無論如何，故事至此仍然展現眾生如幻的佛家思想。

41）說見魯迅，《中國小說史略》（臺北：明倫出版社，1969 年），頁 56；又見傅惜華，〈六朝志怪小說之存逸〉，《漢學雜誌》，第 1 輯（1944 年），頁 207～208。另見〈景德傳燈錄〉（卷 21），在《大正藏・史傳部㈢》，第 51 冊，卷 2076，頁 373 下；（唐）道世撰，《法苑珠林》（卷 7），在《大正藏・事彙部（上）》，第 53 冊，卷 2122，頁 328 下。

經過一番演化，「吐壺故事」終於在〈陽羨書生〉中全然漢化。我們且先來看看故事本身：

(1)陽羨許彥於綏安山行，遇一書生，年十七、八，臥路側，云腳痛，求寄鵝籠中。彥以為戲言。書生便入籠，籠亦不更廣，書生亦不更小，宛然與雙鵝並坐，鵝亦不驚。彥負籠而去，都不覺重。

(2)前行息樹下，書生乃出籠謂彥曰：「欲為君薄設。」彥曰：「善。」乃口中吐出一銅奩子，奩子中具諸餚饌，珍羞方丈。其器皿皆銅物。氣味香旨，世所罕見。酒數行，謂彥曰：「向將一婦人自隨，今欲暫邀之。」彥曰：「善。」又於口中吐一女子，年可十五、六，衣服綺麗，容貌殊絕，共坐宴。俄而書生醉臥，此女謂彥曰：「雖與書生結妻，而實懷怨。向亦竊得一男子同行；書生既眠，暫喚之，君幸勿言。」彥曰：「善。」女子於口中吐出一男子，年可二十三、四，亦穎悟可愛，乃與彥敘寒溫。書生臥欲覺，女子口吐一錦行障遮書生。書生乃留女子共臥。男子謂彥曰：「此女子雖有心，情亦不盡。向復竊得一女人同行，今欲暫見之，願君勿洩。」彥曰：「善。」男子又於口中吐一婦人，年可二十許。共酌，戲談甚久。聞書生動聲，男子曰：「二人眠已覺。」因取所吐女人還納口中。須臾，書生處女乃出謂彥曰：「書生欲起。」乃吞向男子，獨對彥坐。然後書生起，謂彥曰：「暫眠遂久，君獨坐，當悒悒邪？日又晚，當與君別。」遂吞其女子諸器皿悉納口中，留大銅盤可二尺廣，與彥別，曰：「無以藉君，與君相憶也。」

(3)彥太元中為蘭臺令史，以盤餉侍中張散。散看其銘題，云是永平三年作。[42]

有的評家認爲：這則故事中的人名、地名與年號雖然都已改成中國的，實則基本上還是從印度進口的舶來品，不但內容剌取前書，連描述也多有因襲。[43] 不過，（唐）段成式早就因其倣自釋氏《舊雜譬喻經》而在《酉陽雜俎》中表示「訝其說，以爲至怪」。[44] 魯迅則更在《中國小說史略》上以這則故事爲例指出：「魏晉以來，漸譯釋典，天竺故事亦流傳世間，文人喜其穎異，於有意或無意中用之，遂蛻化爲國有」。[45] 事實上，我們只要仔細閱讀，當不難發現〈陽羨書生〉確屬一篇已然漢化的佛經故事。而「吐壺故事」似乎至此暫告中止，但這並不表示從此絕跡。直接承襲之作縱使少見，但至有清一代，像紀昀《閱微草堂筆記》中仍可找到「陽羨鵝籠，幻中出幻」[46] 之類的載述，顯見故事本身已為文人所知。

魏晉以後，佛教勢力漸大。南北朝時代的帝王篤好佛理，

---

42) （梁）吳均，《續齊諧記》（景印文淵閣四庫全書第 1042 冊），頁 5 右～6 左（總頁 556 下～557 上）。

43) 說見裴普賢，人人文庫第 618 號～619 號，《中印文學研究》（臺北：臺灣商務印書館，1976 年 2 版），頁 181。

44) 見（唐）段成式，《酉陽雜俎續集．貶誤篇》（景印文淵閣四庫全書第 1047 冊），卷 4，頁 9 左（總頁 797 下）。

45) 魯迅，《中國小說史略》，頁 56。

46) （清）紀昀，《閱微草堂筆記．王菊莊言條》（臺北：廣文書局，1991 年），卷 7，頁 9 右（總頁 83 右）。

延請高僧講經者屢有可聞。北魏「朝士死者，其家多捨居宅以施僧尼」；[47] 帝王捨其宮苑以造佛寺者，亦不少見。[48] 而宋文帝授慧琳爲宰相、梁武帝蕭衍捨身佛寺、劉勰薙髮出家，再再帶動了社會信佛的風氣。兼以儒教式微，戰亂綿延，社會解體，百姓望治之情殷切。因果輪迴之說正合心理需要，因而得以興盛一時，震憾人心。許多文士高僧或引經史舊聞以證報應，或言神鬼故實以明靈驗。文學受其影響，因載述靈異荒誕之事，爲釋教張目。據考證，六朝受佛教思想影響的志怪小說有《甄異記》等十四種。其中，王琰有感於觀世音金像屢屢顯驗，因綴成《冥祥記》一書，專記佛事；[49]（齊）顏之推《冤魂志》集錄經史，闡釋果報，以爲勸誡；（宋）傅亮《觀世音應驗記》、（宋）張演《續觀世音應驗記》以及（齊）陸杲《繫觀世音應驗記》則皆記觀世音感神威靈；他如（宋）劉義慶《宣驗記》等，也不例外。這些釋氏輔教之書在《隋書．經籍志》與《舊唐書．經籍志》多著錄於史部雜傳類。從《新唐書．藝文志》起，才開始列在子部小說類中。考其原因，不外是由於撰者以史筆撰著之故。《靈鬼志》與《續齊諧記》兩書，當然也不例外。《靈鬼志》的撰者荀氏，其名與生平皆已不可考，此書原本也已散佚。但〈外國道人〉中，像「太元十

---

47) （北齊）魏收奉敕撰，《魏書．釋老志》（景印文淵閣四庫全書第 262 冊），卷 114，頁 29 左（總頁 886 下）。

48) 例見（梁）蕭子顯奉敕撰，《南齊書．虞愿傳》（景印文淵閣四庫全書第 259 冊），卷 53，頁 4 右（總頁 520 上）。

49) 魯迅編，《古小說鉤沉．冥祥記自序》，下冊，頁 449～450。

二年」之類的文字，史家斧鑿之跡，歷歷可見。而吳均曾私撰《齊春秋》；其後奉詔撰《通史》，起自三皇，終至齊代，「草本紀、世家已畢，唯列傳未就，卒」。[50] 終其一生，在撰史方面的成就計有：注范曄《後漢書》九十卷，著《齊春秋》二十卷、《廟記》十卷、《十二州記》十六卷、《錢塘先賢傳》五卷以及《續文釋》五卷。《續齊諧記》一卷，多記因果報應等佛家思想。儘管該書並非史籍，但撰者畢生，除文集二十卷外，幾乎盡瘁於史，則其以史筆撰寫小說，並不令人意外。

〈陽羨書生〉中並無「壺」的意象出現。不過，陽羨（今江蘇省宜興縣南）特以製壺聞名遐邇；[51] 清花鳥畫家吳梅鼎祖籍陽羨，就曾指出當地磁壺「價埒金玉」，「爲四方好事收藏殆盡」。[52] 如此說來，故事以陽羨爲發生地點，似乎不無巧合。無論如何，從〈梵志吐壺〉，經〈外國道人〉，到〈陽羨書生〉，故事地點已由天竺移到陽羨綏安山；時間由「昔」改成「太元十二年」，再改成「永平三年」；關鍵人物也由梵志一變爲外國道士，再變而爲陽羨書生。由此看來，儘管關鍵意象由「壺」一變爲「籠」，再變而成「鵝籠」，吐壺故事本身顯然已經完全漢化。當然，細節的描述上也的確大同小異。我們只要略加比對，

50） （唐）李延壽奉敕撰，《南史．吳均傳》（景印文淵閣四庫全書第 265 冊），卷 72，頁 22 左（總頁 1024 上）。

51） 見朱沛蓮，《江蘇省及六十四縣市志略》（臺北：國史館，1987 年），頁 158；又參見〈細說宜興茶壺〉，《文物雜誌》（上），第 11 期（1993 年 7 月），頁 65～72；（下）第 12 期（1993 年 8 月），頁 88～96。

52） （清）吳梅鼎，〈陽羨磁壺賦并序〉，收在甯楷等撰，《宜興縣志》（臺北：新興書局影印本，1965 年），卷 10，頁 84 左（總頁 477 下）。

就不難發現〈陽羨書生〉的第一段頗似〈外國道人〉的第二段。〈陽羨書生〉中的許彥、〈梵志吐壺〉的梵志與〈外國道人〉中的擔人同樣扮演了旁觀者（或「偷窺者」）的角色。外國道人求寄籠中是因「步行疲極」，而書生求寄鵝籠中則是以腳痛爲由。外國道人入籠後，「籠不更大，其人亦不更小，擔之亦不覺重於先」；書生入籠後，「籠亦不更廣，書生亦不更小」，許彥「負籠而去，都不覺重」。值得注意的是，〈外國道人〉中的「小籠子」內無他物，而〈陽羨書生〉中的「鵝籠」裏面則有雙鵝。「鵝之爲禽，浮清池、咀春草，眾生蠢動而弗之犯」；[53] 如今雖然關在籠中，但其「頑而傲」[54] 的本性並不稍減。因此，書生入籠，而「鵝亦不驚」，委實令人訝異。難怪評家閱覽至此，不免跟紀昀同樣讚嘆，說：「陽羨鵝籠，幻中出幻，豈非可怪！」[55] 不過，外國道人在擔內自行進食；而書生則出籠設宴共食，其間似乎也顯示書生多少還是顧慮籠中之鵝的存在。

儘管「吐」的內容多有不同，但這三則故事的情節還有更明顯相類之處。〈陽羨書生〉中的書生先吐出銅奩，內有餚饌珍饈（Q3）；隨後口吐一女（Q3）。書生醉臥後，此女口吐一男，此男又口吐一婦人（Q4）。及書生將醒，此女乃吞回男子，書生再吞回女子。在這吐吞的過程中，梵志與外國道人都

53）《大正藏·史傳部㈣》，第 52 冊，卷 2103，頁 224 上。

54）（梁）蕭子顯撰，《南齊書·文學·卞彬》（景印文淵閣四庫全書第 259 冊），卷 52，頁 6 右（總頁 509 上）。

55）姚際恆，《古今僞書考》（臺北：中央研究院中國文哲研究所，1994 年），頁 11。

各兩次，唯獨書生前後三次。梵志的吐吞僅在默默中進行，外國道人只說：「我欲與婦共食」；〈陽羨書生〉中的婦人則請許彥不要洩露「外夫」之事。婚外情至此表露無遺。而書生口吐女子，當然也有婚外情之嫌。但此女與書生雖爲「結妻」，卻承認心中「懷怨」，顯見夫妻關係貌合神離。而男子覺得此女「雖有心，情亦不盡」；則又可見兩人的關係也是同床異夢。〈陽羨書生〉的篇幅擴增三倍，故事中的「欲」字則減爲五個：書生有炫耀幻術之「欲」、有邀婦共食之「欲」；女子有與男子共臥之「欲」；男子又有與婦人共酌戲談之「欲」。在三篇「吐壺故事」中，〈陽羨書生〉的主題表達得最清楚，書生的內心世界也最複雜。

二、跳壺故事

「跳壺故事」與「吐壺故事」之間是否存有影響關係，無從得知。不過，由於二者同樣都以「壺」爲關鍵意象，視同「壺中人」故事的兩個主軸，並無不當。典籍對於壺公傳說的載述甚多；但篇幅不一、詳簡互異，內容也不盡相同。[56] 在各種不

56) 據筆者所知，「跳壺故事」除〈壺公傳〉及文中將引用者（包括《藝文類聚》、《後漢書》等）外，還見諸：㈠曹丕，《列異傳》，在《古小說鉤沉》，頁 138；㈡吳均，《續齊諧記》，頁 6 左（總頁 557）；㈢（後魏）賈思勰，《齊民要術》（四部叢刊初編），卷 10，頁 28 左（總頁 135 上）；㈣（後魏）酈道元，《水經．汝水注》（景印文淵閣四庫全書第 573 冊），卷 21 下，頁 18 右左（總頁 329 上）、卷 21，頁 19 右（總頁 329 下）；㈤（宋）李昉等撰，《太平御覽．費長房能使神》（景印文淵閣四庫全書第 900 冊），卷 862，頁 11 左（總頁 592 上）、卷

同的載述中，要以葛洪《神仙傳．壺公》最早、最詳盡，也最完整。原文甚長，茲爲討論方便起見，謹就相關情節摘取三段，抄錄於下，其餘的將在引文之後，綜合簡述：

(1)壺公者，不知其姓名。今世所有召軍符、召鬼神、治病、王府符，凡二十餘卷，皆出於壺公，故揔名為壺公符。

(2)汝南費長房為市椽時，忽見公從遠方來，入市賣藥，人莫識之。其賣藥，口不二價，治百病皆愈。語賣藥者曰：「服此藥，必吐出某物，某日當愈。」皆如其言。得錢，日收數萬，而隨施與市道貧乏饑凍者，所留者甚少。常懸一空壺於坐上，日入之後，公輒轉足跳入壺中，人莫知所在，唯房於樓上見之。知其非常人也。長房乃日日自掃除公座前地，及供饌物。公受而不謝。如此積久，長房不懈，亦不敢有所求。公知長房篤信，語長房曰：「至暮無人時更來。」長房如其言而往。公語長房曰：「卿見我跳入壺中時，卿便隨我跳，自當得入。」長房承公言為試，展足，不覺已入。

(3)既入之後，不復見壺，但見樓觀五色，重門閣道，見公

882，頁 10 左（總頁 737 下）；㈥（宋）李昉等奉敕撰，《太平廣記》（景印文淵閣四庫全書第 1045 冊），卷 293，頁 9 左～10 右（總頁 188 上下）；㈦同前引書（第 1046 冊），卷 468，頁 5 右（總頁 447 上）；㈧王世貞輯次，《繪圖列仙全傳》（臺北：台聯國風出版社、中文出版社，1974 年），卷 4，頁 5 右～6 左（總頁 265～268）；㈨（明）洪應明，《仙佛奇跡》（江蘇：廣陵古籍刻印社，1993 年），卷 2，頁 8 左～9 右（總頁 64～65）等，不勝枚舉。

左右侍者數十人。公語長房曰：「我仙人也。忝天曹職所統，供事不勤，以此見謫蹔還人間耳。卿可教，故得見我。」長房不坐，頓首自陳：「肉人無知，積劫厚，幸謬見哀愍，猶如剖棺布氣、生枯起朽。但見臭穢頑弊、不任驅使。若見憐，念百生之厚幸也。」公曰：「審爾大佳，勿語人也。」公後詣長房於樓上，曰：「我有少酒，汝相共飲之。」酒在樓下，長房遣人取之，不能舉，益至數十人，莫能得上。長房白公，公乃自下，以一指提上與長房共飲之。酒器不過如蜂大；飲之，至旦不盡。公告長房曰：「我某日當去，卿能去否？」長房曰：「思去之心不可復言，惟欲令親屬不覺不知，當作何計？」公曰：「易耳。」乃取一青竹杖與長房，戒之曰：「卿以竹歸家，使稱病；後日即以此竹杖置臥處，嘿然便來。」長房如公所言，而家人見此竹，是長房死了。哭泣，殯之。長房隨公去，恍惚不知何所之。公獨留之於群虎中。虎磨牙張口，欲噬長房。長房不懼。明日又內長房石室中。頭上有大石方數丈，茅繩懸之，諸蛇並往嚙，繩欲斷，而長房自若。公往撰之，曰：「子可教矣。」乃命噉溷溷臭惡非常，中有蟲長寸許。長房色難之。公乃嘆謝遣之，曰：「子不得仙也。今以子為地上主者，可壽數百餘歲。為傳封符一卷，付之曰：「帶此可舉諸鬼神。嘗稱使者，可以治病消災。」長房憂不能到家。公以竹杖與之，曰：「但騎此到家耳。」[57]

於是，長房騎杖辭去，須臾抵家。家人疑他是鬼。經過一番解釋，又開棺察看，始知棺中僅一竹杖。長房將所騎竹杖投諸葛陂，化龍而去。長房離家似僅一日，經過推算，始知已達一年。長房既然只能當「地上主」，因藉壺公所傳封符治病消災，無不痊癒。平日每遇鬼魅犯法，則目瞋訶譴。他曾鏟除汝南郡中老鬼，令東海君[58] 降雨解除旱象，命貍精歸還社公之馬。由於他有縮地神術，故能至市集購買鮓魚，頃刻而還；或於一日之間，同時在千里外數處出現。另外，他曾以其知吉凶之能，化解汝南桓景全家之厄，而立下世人九日登高飲酒、婦人帶茱萸囊的習俗。其後終因失去符籙，而遭眾鬼殺害。

〈壺公傳〉中的主要人物顯然是壺公與費長房兩人。據傳，壺公姓謝名元，歷陽（今安徽省和縣）人，[59] 乃神仙者流，其生平事蹟不可考；我們只知道安期生「嘗師之」。[60] 據（明）

---

57) 葛洪，《神仙傳‧壺公》（景印文淵閣四庫全書第 1059 冊），卷 9，頁 1 右～4 右（總頁 302 下～304 上）。

58) 東海君事，見（魏）曹丕，《列異傳》，收在《古小說鉤沉本》，上冊，頁 138、143；（晉）干寶，《搜神記‧東海君》，卷 2，頁 22（第 37 條）。

59) 說見（宋）范曄撰、王先謙集解，《後漢書集解‧費長房傳》（臺北：藝文印書館，1955 年），第 2 冊，卷 82 下，頁 10 右（總頁 978 下）。

60) 壺公與安期生之間的師徒關係，疑係載於佚本《列仙傳》上，本文所引乃據（明）劉啓元，〈壺子傳〉，收在（漢）陳夢雷、蔣廷錫撰，《欽定古今圖書集成》（上海：上海中華書局，1934 年），第 98 集，頁 587 上。

王世貞《列仙全傳》上的載述，安期生爲瑯琊（即今山東省諸城縣）阜鄉人，賣藥於海邊，有千歲公之稱；秦始皇曾「請見與語三夜，賜金帛數萬」，其後並遣使求諸蓬萊山未果。[61] 果如《列仙全傳》所言，則壺公當於秦朝（246～206 B.C.）以前就已在世。費長房爲東漢汝南（今河南省汝南縣）人，在范曄《後漢書》上有傳，[62] 其載述跟《神仙傳》上者大體相類。葛洪《抱朴子》上先將僊分成天僊、地僊與尸解僊三類，然後舉例說：「近世壺公將費長房去及道士李意期將兩弟子去，後人見之皆在郫縣（在今四川省郫縣北）；其家各鑿棺視之，三棺只有竹杖一枚，以丹書於杖，此皆尸解者也」。[63] 《抱朴子》又列出「壺公符二十卷」，[64] 一則似在證明長房所獲符籙確有其事，二則似在顯示壺公屬符籙派道家者流。（唐）張守節《史記正義》上引〈地理志〉謂：「新蔡縣（今河南省新蔡縣）西北六十里有葛陂鄉，即費長房投竹成龍之陂，因爲鄉名也」。[65]（唐）杜佑《通典》上也說：新蔡葛陂就是「俗云後漢費長房投竹化成龍處」。[66] 而劉向《列仙傳》一書所收的七十一人中，

---

61) （明）王世貞輯次，《繪圖列仙全傳》，卷 2，頁 18 左（總頁 138）。

62) 見范曄撰、王先謙集解，《後漢書集解．費長房傳》，卷 82 下，頁 9 左～11 右（總頁 978 上～979 上）。

63) （晉）葛洪，《抱朴子內篇．論僊第二》（景印文淵閣四庫全書第 1059 冊），卷 1，頁 12 右（總頁 9 上）。

64) 〈遐覽第十九〉，同前引書，卷 4，頁 40 左（總頁 116 上）。

65) （唐）張守節，《史記正義．楚世家》（景印文淵閣四庫全書第 247 冊），卷 40，頁 4 左（總頁 516 上）。

66) （唐）杜佑，《通典．古荊河州汝南郡》（北京：北京中華書局，1984

賣藥行醫者只有安期先生、瑕邱仲與玄俗等三人；[67] 不過，懸壺濟世的典故乃因壺公而起。[68] 儘管王充認爲「壺公懸壺不可信」，[69] 但這則如眞似幻的故事傳播相當廣遠：不但正史上再三載述，也成爲文人墨客寫作之資。依此看來，「跳壺故事」本身源於東漢（25 年～220 年）。只是何時開始流傳，無法確知。若從東漢算起，則其流傳早於「吐壺故事」；而若從《神仙傳》問世後起算，則時間較晚。二者孰先孰後，殊難遽斷。

而就葛洪的生平來看，也無從發現他有佛教思想的傾向。據《晉書》上的載述，葛洪字稚川，自號抱朴子，丹陽勾容（今江蘇省勾容縣）人，生於西晉武帝太康四年（283 年），卒於東晉哀帝興寧元年（363 年）。葛洪少好學，十六歲開始讀《孝經》、《論語》、《詩經》與《易經》等儒家典籍。時値政治黑暗、仕途艱險。他曾於惠帝太安（302 年～303 年）中，以伏波將軍奉詔平定石冰之亂。事後，投戈釋甲，本擬北上洛陽，「搜求異書，以廣其學」，偏偏適逢晉室的內鬨演成了八

年），卷 77，頁 943 上。

67) 劉向，《列仙傳》（景印文淵閣四庫全書第 1058 冊），卷上，頁 14 左（總頁 495 下）、頁 15 左（總頁 496 上）；卷下，頁 16 左（總頁 506 下）。

68) 參見 Victor H. Mair, "Southern Bottle-Gourd (*hu-lu* 葫蘆) Myths in China and Their Appropriation by Taoism," 漢學研究中心叢刊論著類第 5 種，《中國神話與傳說學術研討會論文集》（臺北：漢學研究中心，1996 年），上冊，頁 206～207。

69) （漢）王充撰、劉盼遂集解，《論衡集解．附錄》（北京：古籍出版社，1957 年），頁 1338。

王之亂。他欲避地南土，卻因路途阻斷未能如願。在這種進退維谷的情況下，逡巡多時，才應廣州刺史嵇君道之請，擔任參軍之職，停留南土多年。嗣後幾經波折，終於對權位心灰意冷。

葛洪在世期間，神仙思想早已雜揉先秦兩漢以來的民俗巫風、養生方術與陰陽五行而形成。東漢以降，政治腐敗、社會解體，加上戰亂連綿，神仙方術更發展成道教。公卿大夫篤信不疑，民間也普遍信奉，其社會基礎愈形堅實。至六朝初期，這股巫風早已深植人心，迷漫朝野上下，正是王充在《論衡・道虛》上所謂黃帝封禪飛昇、淮南得道升天、盧敖學道成仙、東方朔度世不死、老子修道成眞、王子喬辟穀不食的時代。[70] 延壽可期、神仙可致的想法形成了一股難以遏抑的社會運動。葛洪生性木訥寡欲，不喜榮利富貴，因常閉門卻掃，未嘗交遊，本來就不宜從宦；何況，他似已抱定「以富貴爲不幸，以榮華爲穢汙，以厚玩爲塵壤，以聲譽爲朝露」[71] 的信念。因此，他雖然早在年輕時就已通曉儒術，卻對神仙導養之法情有獨鍾。他的從祖葛玄曾從左元放學得仙道術數，他自己則曾在年少時隨鄭隱學得練丹秘術，其後又從鮑靚習道。元帝後以他平亂有功，封他爲關內侯。當時，干寶以他才堪國史，極力推薦。但他「以年老欲練丹」爲由固辭，並以祈遐壽聞交阯出丹，求爲勾漏（今廣西省北流縣東北）令，因將子姪俱行至羅

70) 見王充撰，《論衡》（景印文淵閣四庫全書第 862 冊），卷 7，頁 1 右～16 左（總頁 86 下～94 上）。

71) 葛洪，《抱朴子・論僊第二》，卷 1，頁 7 左（總頁 6 下）。

浮山（在今廣東省增城縣東北）煉丹。年八十一，「兀然若睡而卒」，「視其顏色如生，體亦柔軟，舉尸入棺甚輕如空衣。世以爲尸解得仙」。[72] 所著除詩、賦與雜文六百卷外，還撰有《抱朴子》、《神仙傳》、《集異傳》與《肘後方》等書，又曾編《西京雜記》。這些撰著當中，《集異傳》已佚；《西京雜記》係言黃白服食之書。《抱朴子》一書分成內外兩篇：其中，外篇五十卷深富儒家眞旨；內篇廿卷，要在宣揚服食方藥、鬼怪變化、養生延年與禳邪卻禍之說，尤大力張皇長生成仙的信念。而《神僊傳》十卷，繼承秦漢以來的神仙傳統，專述廣成子等六十四名古代迄兩漢神仙，《四庫全書》列諸道家類。[73] 儘管當時佛教已在東土流行多時，但由葛洪的生平看來，壺公傳說是否如評家所說受佛經影響，[74] 恐未必然。

我們只要細讀〈壺公傳〉當可發現，故事中的費長房扮演了偷窺者的角色。長房對壺公的了解，起初必定跟他人同樣「莫識之」；但至少也跟他人同樣可從外觀看出壺公「從遠方來，入市賣藥」，「口不二價，治病皆愈」以及救饑濟貧等種種事實（Q1）。當然，何以所治之病皆能痊癒，已經相當神秘（Q3）；「跳入壺中」則更是不可思議（Q3）。想來這些都無人問起，壺公也都不曾說明。長房的觀察較他人細密，故能發

72) 房玄齡，《晉書・葛洪傳》，卷 72，頁 19 左（總頁 204 下）。

73) 嚴懋垣認爲《抱朴子內篇》第 21 卷中「所徵引之神仙故事，亦多與《列仙傳》相似，而論變化、功德等等，又略有佛家思想」，因疑該書應係「劉宋時代以後葛氏之徒所作」；說見所撰〈魏晉南北朝志怪小說書錄附考證〉，《文學年報》，第 2 輯（1953 年 7 月），頁 335。

74) 說見薛惠琪，《六朝佛教志怪小說研究》，頁 151。

現壺公異於常人；於是日獻慇懃，以不懈不求的態度表現「篤信」來博取壺公的接納。長房或許以爲壺公不知（Q2）。實則，壺公既然自稱「仙人」，理當知道長房偷窺；對他來說，長房的心意雖然不曾明白說出，卻是昭然若揭。而由長房慇懃不懈的表現，壺公也應該知道長房心中所「欲」。兩人的默契既經建立，公開區隨著漸大，隱密區也因而漸小。壺公因囑長房「至暮無人時」前來，隨他「跳入壺中」（Q3）。這一跳，顯示壺公又縮小其隱密區。既入壺中，長房似乎跨入其未知區（Q4）的門檻，也因而進入了另一個世界。壺公因進而說明自己的來歷，表示彼此有緣，並囑付他「勿語人」（Q3）。壺公則不但再使出仙術提酒上樓（Q1），更擬攜長房同「去」。爲使長房免去塵俗的牽掛，因命他返家將青竹置於臥處。

隨後壺公給長房種種考驗，以觀其成仙之志是否堅定。「恍惚不知何所之」似指壺公將長房帶入潛意識的深底（Q4）。長房先後面對群虎諸蛇的威脅而泰然自若；惜因不能「啃溷溷臭惡」與寸許長蟲，只好退而爲「地上主」。虎爲猛獸，其性兇殘血腥；蛇乃爬蟲，其性貪暴毒厲；而惡臭內含長蟲則是垢穢之極，令人難忍。表面上看，群虎諸蛇都是外加的威脅；實則正是潛藏於長房內心底處的本性。長房能夠坦然面對，表示他無畏其本性中的虎蛇。然而，他怯於克制本性裏的垢穢，顯見靈台之中依舊「有所念慮」，乃至無法從忍人所不能忍中超脫塵俗。[75] 要知道，壺公雖因供事不勤而見謫人間，但以他懸

75) 見梁肅，〈神仙傳論〉，收在李昉等奉敕撰，《文苑英華》（景印文淵閣四庫全書第 1340 冊），卷 739，頁 20 左（總頁 206 下）。

壺濟世的行逕來看，他已超脫種種俗欲。長房無法通過考驗，正顯示他疑團未釋、貪痴未制。既然不能捨生忘身，焉能濟世救人？是以他雖可延壽，卻難成仙。長房入壺有如離世，可視同由生入死的歷程；如今騎杖返家，回到陽世，又如由死復活。經此生死的轉變，長房以截然不同的面貌重現於世，不但可得百歲之壽，又可藉符驅鬼神、治病災。在這轉變的過程中，我們又可發現，「跳壺故事」中，除了偷窺者外，又多出了壺公這類智慧型老者。此後，智慧老者也成了「壺中人」故事的傳統。而「跳壺故事」中追求長生的「欲」念，則顯然呼應了「吐壺故事」的主題。

此後，「跳壺故事」成爲文人墨客經常取用的題材。(梁）吳筠〈遙贈周承詩〉上說：「伯魚留蜀郡，長房還葛陂」；[76]（周）庾信〈竹杖賦〉上說：「迎仙容於錦市，送遊龍於葛陂」。[77]（陳）張正見則在〈賦得階前嫩竹詩〉上說：「欲知抱節成龍處，當於山路葛陂中」。[78] 而〈壺公傳〉原爲神仙傳說，至宋元時代也見諸佛典。《從容庵錄》上用費長房投杖化龍一事譬喻「雲峰巖頭」；[79] 又用費長房隨壺公跳壺一事

---

76) (梁）吳筠詩，引見（唐）歐陽詢撰，《藝文類聚・人部・贈答》（臺北：新興書局據宋刻本缺卷用明本補影印本，1969 年），第 2 冊，卷 31，頁 11 左（總頁 862）。

77) (周）庾信賦，同前引書（服飾部上・杖），第 3 冊，卷 69，頁 8 右（總頁 1815）。

78) (陳）張正見詩，同前引書（木部・竹），第 4 冊，卷 89，頁 16 右（總頁 2305）。

79) 見（宋）正覺（頌古）、(元）行秀（評唱），《從容庵錄・雪峰甚麼》

解釋「雲門一寶」。[80] 由此亦可見，〈壺公傳〉的流行頗廣，儼然成爲道釋兩家共有的資產，其中似乎以「葛陂化龍」的部分最爲引人。另外，庾信〈小園賦〉上謂：「一壺之中，壺公有容身之地，豈必連闥洞房」，[81] 顯見壺中自有天地。（明）劉啓元則在其所著的〈壺子傳〉上謂：壺子長「喙大耳，腹恢恢而有容」，腹中「空洞無物，最是難測」，罄可容人，「器量甚宏，人莫窺其深淺」，「大盈若沖，其用不窮」，「淫焉而不滿，傾焉而不竭」；然後引用《列仙傳》上的話說：壺公「日懸一壺于都市，晚入憩其中，因以壺公名」。[82] 可見壺公傳說已然成爲歷代詩家詞人取用不竭的寶藏，亦可見其流行之久遠了。

乍看之下，壺公傳說除見諸詩文外，其命脈似已中絕。但事實並非如此。我們仍可在湯顯祖《邯鄲記》中窺見其蛛絲馬跡。問題是，一般評家多將《邯鄲記》歸在「焦湖廟巫」故事系列中，[83] 然後探其源至《雜寶藏經》與《大莊嚴論經》，溯

（卷3），在《大正藏·諸宗部（五）》，第45冊，卷2004，頁259上。

80) 正覺、行秀，《從容庵錄·雲門一寶》（卷6），同前引書，頁287上。

81) （周）庾信詩，在歐陽詢，《藝文類聚·產業部上·園》，第3冊，卷65，頁5右（總頁1749）。按，《紅樓夢》一書中，賈雨村路過知機縣時，曾在急流津旁的小廟內聞一道士說：「葫蘆尙可安身，何必名山結舍？」（第103回）儘管此處的「葫蘆」指葫蘆廟而言，但口氣近似，因誌於此。

82) 劉啓元，〈壺子傳〉，收在（清）陳夢雷、蔣廷錫撰，《欽定古今圖書集成》，第98集，頁586下～587上。

83) 例見蔣瑞藻，《小說考證》（臺北：河洛圖書出版社，1979），頁98。

其流至蒲松齡筆下的〈續黃粱〉。[84] 湯顯祖本人在〈邯鄲夢記題詞〉上述及劇情大要時，也承認這項事實；他說：

> 《邯鄲夢》記盧生遇仙旅舍，授枕而得婦遇主，因入以開元時人物事勢，通漕於陝，拓地於番，讒搆而流，讒亡而相。於中寵辱得喪生死之情甚具。大率推廣焦湖祝枕事為之耳。[85]

接著又指出《邯鄲記》近承李祕〈枕中記〉而來。儘管如此，盧生因何會在睡夢中，忽覺磁枕兩端透出的亮光漸漸擴大，因而不由得心中忖道：

> 待俺跳入壺中細看。[86]

卻屬十分出人意表。盧生在「跳入壺中」前，劇情雖然提到「酒壺」、「蓬壺」與「壺嘴」（第 3 齣），卻不曾交待「磁枕」與「壺」之間的關係。而誠如上文指出的，儘管「壺」即葫蘆，但盧生跳入的「壺」是否就是呂洞賓背上的「葫蘆」（第 3 齣），或是張果老所謂的「葫蘆」（第 30 齣），都無從得知。

---

84) 說見羅錦堂，《現存元人雜劇本事考》（臺北：中國文化事業股份有限公司，1960 年），頁 166；又見王國良，《魏晉南北朝志怪小說研究》，頁 59～60 等。

85) 湯顯祖撰、洪亮吉主編，《湯顯祖集 · 邯鄲夢記題詞》（臺北：洪氏出版社，1975 年），第 2 冊，頁 1094～1095。

86) 湯顯祖，《湯顯祖戲曲集》（臺北：文光圖書有限公司，1983 年），頁 721。按，戲台說明作「跳入枕中」。

我們翻查《邯鄲記》之前的「焦湖廟巫」系列故事中，都沒有發現「跳入壺中」等字眼。干寶〈焦湖廟巫〉中的楊林由廟巫遣近枕邊後，故事只說他「因入坼中」；[87]（唐）沈既濟〈枕中記〉中的呂翁授以囊中枕後，故事只說盧生俛首睡下，然後就發現枕邊兩竅漸大明朗，遂「舉身而入」；[88] 任繁〈櫻桃青衣〉中的盧子夢中來到精舍門口，跟著青衣過天津橋，故事隨即說他被「引入北堂拜姑」；[89]（唐）李公佐〈南柯太守傳〉中的淳于棼只覺得他所乘的青油小車被「驅入穴中」，[90] 如此而已。而湯顯祖筆下的盧生卻跟費長房同樣「跳入壺中」。令人好奇的是，湯顯祖既然與評家都認爲《邯鄲記》繼承「焦湖廟祝」而來，因何又將兩個故事傳統冶於一爐？這點委實令人費解。不過，值得注意的是，李泌「少好神仙之學」，[91] 湯顯祖也頗爲嚮往葛洪煉丹之事。[92] 他在被謫徐聞典史時，就曾繞道往遊當年葛洪煉丹的羅

---

87) 今本《搜神記》並無〈焦湖廟巫〉;（宋）李昉等編《太平廣記・楊林》（景印文淵閣四庫全書第 1045 冊，卷 283，頁 3 右〔總頁 131 上〕）與（宋）樂史撰《太平寰宇記》（景印文淵閣四庫全書第 470 冊，卷 126，頁 6 左～7 右〔總頁 244 上下〕）皆引《幽明錄》。

88) 沈既濟，〈枕中記〉，在（宋）李昉，《太平廣記（呂翁）》（景印文淵閣四庫全書第 1043 冊），卷 82，頁 7 左（總頁 423 下）；又見（宋）李昉等奉敕撰，《文苑英華》（景印四庫全書第 1341 冊），卷 833，頁 11 右（總頁 258 上）。

89) 任繁，〈櫻桃青衣〉，在《太平廣記》（景印文淵閣四庫全書第 1045 冊），卷 281，頁 8 右（總頁 122 下）。

90) 李公佐，〈南柯太守傳〉，在《太平廣記・淳于芬》（景印文淵閣四庫全書第 1046 冊），卷 475，頁 1 左（總頁 482 下）。

91) 《湯顯祖集・邯鄲夢記題詞》，第 2 冊，頁 1095。

92) 說見鄒迪光，〈臨川湯先生傳〉，收在《湯顯祖集》，第 2 冊，頁 1512。

浮山，並寫下「晻靄羅浮外，傳聞仙所廬」[93] 等詩句；晚年則「翛然有度世之志」。[94]

事實上，將盧生與「跳壺故事」連在一起的並非只有湯顯祖一人。清詞名家曹爾堪〈滿江紅〉廿四首中的第十四首〈同悔庵既庭賦東荔裳觀察〉上謂：

> 枕畔邯鄲，銅箭水，乍消隨漲。茫茫道，升沈倚伏，盧生無恙。歌舞終歸松柏下，釣竿好拂珊瑚上。去山中，服朮餌松花，群仙餉。蓬島路，春潮漾。華胥國，鈞天唱。但蠒窩自蔽，蜜脾休釀。漢苑已分方朔酒，葛陂快擲壺公杖。想此生，夢覺總成空，無殊狀。[95]

詞中的「枕」、「邯鄲」與「盧生」指《邯鄲記》中事，而「葛陂快擲壺公杖」顯然指費長房事。憑著這些指涉，曹爾堪已將《邯鄲記》與「跳壺故事」關合起來。另一位清詞名家吳錫麒則在京城偶閱《邯鄲記》後，賦了一闋〈滿江紅〉說：

> 過眼瞢騰，纔信了，當場顛倒。悔輕被，文人提破，天工應惱。冠帶一番烏爨弄，箏琶幾曲華胥調。比長房，藥市與如何，壺中跳！榮辱事，難憑料，烟雲意，誰分

93) 《湯顯祖集・宿浴日亭因出小浪望海》，第1冊，頁417。

94) （清）錢謙益，〈湯遂昌顯祖傳〉收在《湯顯祖集》，第 2 冊，頁1516。

95) （清）曹爾堪，《南溪詞・滿江紅》，收在陳乃乾輯，《清名家詞》（上海：上海書店據開明書店 1937 年初版複印，1982 年），第 1 冊，頁46。

曉？走邯鄲道也，故人不少。人哭人歌傳舍換，夢來夢去神仙老。問與君：此段甚因緣，拈毫笑？[96]

詞中的「長房」、「藥市」、「壺中跳」以及「邯鄲道」等語更進而明白結合了盧生與「跳壺故事」。曹爾堪與吳錫麟二人是否因見戲文中「跳入壺中」一語而將二者聯成一氣，無從得知。儘管如此，這一跳，雖然暫時跳離了「焦湖廟巫」故事，卻因而延續了「跳壺故事」的命脈，也使「焦湖廟巫」與「壺中人」兩個故事傳統在各自經過一番演化後，終於合而為一。

然則，《邯鄲記》三十齣因何而作？湯顯祖在〈邯鄲夢題詞〉上除了提到「焦湖祝枕」外，還說這齣戲係據李泌自述其生平遭遇的〈枕中記〉而來。令人納悶的是，儘管《邯鄲記》與〈枕中記〉的骨架近似，血肉因何截然迥異？關於這點，我們或可從湯顯祖的一生中發現一些端倪。顯祖字義仍，號若士，江西臨川（今江西省臨川縣）人。十三歲時，曾從陽明學派大儒羅汝芳遊。穆宗隆慶四年（1570 年）鄉試及第，此後卻連續兩度春試落榜（1571 年與 1574 年）。儘管如此，首相張居正（1525～1582）知他頗有文名，因欲以巍甲羅致。他的同門沈懋學如期赴約，而他則婉言謝絕。結果，懋學以一甲一名進士及第，顯祖則名落孫山（1577 年）。萬曆八年（1580 年），顯祖四度赴京應試，卻因不與張居正三子交遊，以致再嚐敗績。等到張居正死後，才在神宗萬曆十一年（1583 年）進士及

96）（清）吳錫麒，《有正味齋詞．滿江紅》，同前引書，第 5 冊，頁 151～152。

第，觀政於北京禮部。明年（1584 年），首相張四維與輔相申時行欲招爲門下，但遭顯祖拒絕，旋即出爲南京太常寺博士；又明年（1585 年），吏部驗封郎中以陞當吏部主事爲由勸他交結執政，但顯祖依舊回絕。萬曆十六年（1588 年），顯祖改官南京詹事府主簿，再調升南京禮部祠祭司主事（1589 年）。

湯顯祖一生的重大轉折發生在萬曆十九年（1591 年）間。這年三月二十日，神宗因天空「有星如彗」，[97] 以爲國家面臨災禍，因責怪言官欺蔽，而「通加罰俸」。[98] 爲此，顯祖於同年五月間上〈論輔臣科臣疏〉鯁直進奏，指出：星變若屬凶兆，也非言官之責，而是主政者信私人、塞言路所造成。他又點名批判說：

> 御史丁此呂首發科場欺蔽，申時行屬楊巍劾去之。御史萬國欽極論封疆欺蔽，時行諷同官許國遠謫之。一言相侵，無不出之於外。於是，無恥之徒，但知自結於執政，所得爵祿直以為執政與之。縱他日不保身名，而今日固已富貴矣。給事中楊文舉奉詔理荒政，徵賄鉅萬。抵杭，日宴西湖，鬻獄市薦以漁厚利。輔臣乃及其報命，擢首諫垣。給事中胡汝寧攻擊饒伸，不過權門鷹犬，以其私人猥見任用。夫陛下方責言官欺蔽，而輔臣欺蔽自如。失今不治，臣謂陛下可惜者四。朝廷以爵祿植善類，今直為私門蔓桃李，是爵祿可惜也。群臣風

---

97) 《明實錄・神宗實錄》（臺北：中央研究院歷史語言研究所，1967 年校印本），第 106 冊，234，頁 5 左（總頁 4340）。

98) 同前引書，卷 234，頁 12 左（總頁 4354）。

> 靡，罔識廉恥，是人才可惜也。輔臣不越例予人富貴不見為恩，是成憲可惜也。陛下御天下二十年，前十年之政，張居正剛而多欲，以群私人囂然壞之；後十年之政，時行柔而多欲，以群私人靡然壞之，此聖政可惜也。乞立斥文舉、汝寧，誡諭輔臣省愆悔過。[99]

湯顯祖生性慷慨倜儻，爲人耿直不阿，既不屑趨附權勢，更不肯向權勢低頭。他認爲，「士有志於千秋，寧爲狂狷，毋爲鄉愿」。[100] 而他敢如此大膽指謫權臣植黨營私，吐露一片忠耿之心，卻令皇帝怒不可遏，下詔斥責顯祖「假借國事，攻擊元輔」。[101] 此後，宦途波折不斷，先貶廣東徐聞（今廣東省雷州半島南端徐聞縣）典史，再調浙江遂昌（今浙江省遂昌縣）知縣。其間，妻兒受盡苦楚；女兒得天花夭折，長子因瘧疾致死。至萬曆廿六年（1598 年），眼見當年鄉試中舉時（1570年）「慷慨趨王術」[102] 的壯志難伸，對朝政的幻想全失，遂辭官歸家。

顯祖一生歷經世宗、穆宗與神宗三朝。在他出生時，明朝開國已經一百八十二年之久。盛世不再、動亂頻傳，再加上韃

---

99) 《湯顯祖集・論輔臣科臣疏》，第 2 冊，頁 1211～1214；由於原文其長，引文因據（清）張廷玉等奉敕撰《明史・湯顯祖傳》（景印文淵閣四庫全書第 300 冊，卷 230，頁 9 右～10 右〔總頁 768 下～769 上〕）的摘錄。

100) 《湯顯祖集・合奇序》，第 2 冊，頁 1078。

101) 《明實錄・神宗實錄》，第 106 冊，卷 236，頁 1 左（總頁 4374）。

102) 《湯顯祖集・三十七》，第 1 冊，頁 227。

靼與倭寇先後侵擾，可謂危機四伏。據《明史》的記載，世宗在位四十五年（1522 年～1566 年），「其時紛紜多故，將疲於邊，賊訌於內，而崇尚齋醮，營建繁興，百餘年富庶治平之業，因之漸替」；[103] 穆宗在位六年（1567 年～1572 年）的期間當中，「柄臣相軋，門戶漸開，而帝未能振肅乾綱、矯除積習，蓋亦寬恕有餘，剛明不足者」；[104] 神宗在位四十八年（1573 年～1620 年），一味「因循牽制，晏處深宮，綱紀廢弛，君臣否隔。於是，小人好權趨利者馳騖追逐，與名節之士為仇讎。門戶紛然角立，馴至悊愍邪黨，滋蔓在廷。正類無深識遠慮，以折其機牙而不勝忿激。交相攻訐，以致人主蓄疑，賢姦雜用，潰敗決裂不可振救」，[105] 從而種下了亡國之因。顯祖從進士及第起（1583 年）到棄官歸家（1598 年）止，前後十五年。在浮沉於宦海期間，面對惡劣的大環境，目睹科場弊端、官場傾軋以及爾虞我詐的人際關係，必然對於世態炎涼、人情冷暖感觸良多，也必定對這些現象痛心疾首。他雖然以天下為己任，無奈現實環境黑暗，使他受盡當權派的排擠、打壓與誣陷，憤懣之情可知。他雖得暫時在遂昌五年(1593 年～1598 年)期間推行自己的政治理念，終因不合當道，無法遂志。宦途既不得意，其激昂的志意與遒緊的風骨因發為詩文、寫成劇曲，恣意批判「矯情」的現象。在上書後十年（1601 年），遭

103）《明史》（景印文淵閣四庫全書第 297 冊），卷 18，頁 17 右（總頁 198 下）。

104）同前引書，卷 19，頁 7 右（總頁 202 上）。

105）同前引書，卷 21，頁 17 右（總頁 219 下）。

吏部考察評爲「浮躁」，[106] 從此罷職閒居，同年寫下《邯鄲記》。或即如吳梅在〈邯鄲記跋〉上所言，這齣「洩憤」[107] 之作，意在寄託其蹭蹬鬱勃之氣。而他相信「千古乾坤，銷之者欲」。[108] 一切弊政既然莫不因人「欲」橫流造成，他對此當然深惡痛絕。現實生活與創作活動雖然不能劃上等號，但細讀全劇，卻不難發現其中的確有跡可循。

《邯鄲記》中的盧生「於書無所不窺」，卻因時運不濟，只好年年在九秋天氣下身著「短裘敝貂」在邯鄲道上以「蹇驢」代步。（Q1）。他因無法「駟馬高車」而自覺「生世不諧」、「窮困如是」（第 2、4 齣）。對呂翁來說，盧生雖困，但「肌膚極腧，體胖無恙，談諧方暢」（Q1），就算「得意」（Q2）。而盧生則認爲：「大丈夫當建功樹名、出將入相、列鼎而食、選聲而聽，使宗族茂盛而家用肥饒」；否則「身遊藝、心計高」，年屆三十「猶勤畎畝」，就是「苟生」、「孤窮」而不「暢」。兩人之間爭執的焦點顯然就在「得意」與「孤窮」之間的分野上。爲了讓盧生了然「得意」的道理，呂翁因探囊授枕，使他在睡夢中（Q4）「一生得意」。用現代的話來說，呂翁先是進行諮商，接著暗用「摧眠術」，使之忽覺「困

106）有關「浮躁」一詞的討論,可參見徐朔方，《湯顯祖評傳》（南京：南京大學出版社，1993 年），頁 177～178。

107）吳梅語，引見毛效同編，《湯顯祖研究資料彙編》（上海：上海古籍出版社，1986 年），下冊，頁 1266。又，參見蔣瑞藻，《小說考證》，頁 86；徐作程，〈湯顯祖的「玉茗四夢」〉，《藝文誌》，第 79 期（1972 年 4 月），頁 53。

108）《湯顯祖集 · 答高景逸》，第 2 冊，頁 1342。

倦起來」，以進行心理治療。經過夢中一生後，盧生終於醒悟「寵辱之數、得喪之理、生死之情」（第 29 齣）。跳壺前的盧生與夢醒後的盧生在心境上截然不同。盧生在夢中曾因通番賣國之罪險遭市曹斬首而悟及干祿傷生之理（第 20 齣）；其後在流配途中，又深覺自己雖高居將相之位，卻有「朝承恩、暮賜死」的感慨（第 22 齣）。如今夢醒，回到現實世界，始知建功樹名、出將入相，不如短裘蹇驢；列鼎而食，不如黃粱飯香。除了盡知人生眷屬並無「眞實相」外，還領悟了「功名身外事」，一切「似黃粱，浮生稊米，都付與熱鍋湯」（第 29 齣）的道理。道家以酒色財氣爲四賊；呂洞賓針對這四賊說過：「使酒的爛了脅肚」，「使氣的腆破胸脯」，「急財的守著家兄」，「急色的守著院主」（第 3 齣）。「夢生於情」；[109]《邯鄲記》中的盧生在體會諸相俱空後，既已「情了」，遂捨棄四賊，追隨呂翁同赴蓬萊方丈，再經眾仙點醒從前種種迷痴，終於當起了仙界的掃花人。故事中的呂翁顯然跟壺公同樣扮演了智慧老者的角色。呂翁在前往塵寰之初，就已負有度化掃花人的任務；因此，在發現盧生相貌「精奇古怪」，「有半仙之分」後，就已有了「引見而度之」的念頭（第 4 齣）。由於他知道盧生「沉障久深，心神難定」（Q2），不能動之以口舌，只能藉夢給予震憾，才可由「醒發」進而證悟；既已證悟，因隨即度化而去。顯祖當時信奉道教的風氣頗盛。祖父懋昭托契道術，祖母魏氏崇信道教，父親尙賢講求道家養生之法，老師

---

109) 《湯顯祖集 · 赴帥生夢作（有序）》，第 1 冊，頁 244。

徐良博醉心於仙道。而他更名若士，[110] 自號「清遠道人」；第一本詩集《紅泉逸草》（寫在 12 歲～28 歲間）中的七十五首詩裏面，就有十一首流露了仙道思想。《邯鄲記》可說是他在戲曲方面對道家信仰的具體宣示。

由於〈枕中記〉與《邯鄲記》二者的比較研究已有可見，[111] 下文擬將《邯鄲記》視爲「跳壺故事」的一環，從科舉制度、官場文化、權臣傾軋以及慾壑難塡等四方面來印證顯祖的遭遇與《邯鄲記》中的描述。先說科舉制度。爲了進而爲廟堂執政，退而當鄉宦士紳，學子不惜耗其年華在青燈黃卷下熟讀詩書。戲中的蕭嵩與裴光庭原是「異性兄弟」。蕭嵩自覺「古今典故，深所諳知」，在科考中奪魁有望。但他同時也知道蕭嵩才學蓋世，會奪走頭名狀元。於是一拿到學裏給他的招賢詔書，就藏於袖中，打算不等蕭嵩知道就單塡自己的名姓銷繳，然後逕自赴京殿試（第 5 齣）。爲了爭取名位，竟然還沒上考場就已開始勾心鬥角，使得原本就潛藏緊張的人際關係頓形惡化。當時的主考官宇文融「性善奸讒、材能進奉」，一生「專以迎合朝廷、取媚權貴」爲務。他奉旨看卷，明知蕭嵩是「奇才」，裴光庭「才品次些」，卻要取裴光庭頭名，蕭嵩第二，顯然嫉妒之心甚重。既做

110）錢靜方，《小說叢考》（上海：古典文學出版社，1957 年），頁 69。

111）例見曾獻平，〈論《邯鄲夢》〉，收在江西省文學藝術研究所編，《湯顯祖研究論文集》（北京：中國戲劇出版社，1984 年），頁 346-372。又見盧惠淑，《枕中記、南柯太守傳與邯鄲記、南柯記之比較研究》（國立臺灣師範大學國文研究所博士論文，1988 年），頁 129～152；姜姈妹，《湯顯祖邯鄲夢記研究》（國立臺灣師範大學國文研究所碩士論文，1989 年），頁 65～73 等。

了決定，又打聽欽點何人第一，則又顯然存有逢迎上意的念頭（第 7 齣）。儘管盧生以「書史雖然得讀，儒冠誤了多年；今日天緣，現成享受，功名二字，再也休提」，但崔氏仍以「我家七輩無白衣女壻」爲由，攛他進京應舉。盧生認爲他「交遊不多，才名未廣」，而「翰林苑不看文章，沒氣力頭白功名紙半張，直那等豪門貴黨」，「高名望，時來運當，平白地爲卿相」；而崔氏則自稱「四門親戚，多在要津」，只要到長安「拜在門下」，再加上「家兄」相幫引進，「折圓就方」，取狀元易「如反掌」（第 6 齣）。所謂「家兄」，就是金錢；請「家兄相幫引進」就是用金錢賄賂。果然在盧生盡把金資廣交滿朝權貴的情況下，他的文章登時有如「珠玉」，不但高公公覺得他「字字端楷」，從皇帝到滿朝勳貴都保他「文才第一」，因此得以從落卷中奪得頭名狀元。湯顯祖對於這種「黃金買身貴」的科舉制度可謂諷刺到了極點。

湯顯祖也藉著盧生追求的同時，曝露了逢迎與吹捧的官場文化。盧生一奉旨欽除翰林學士，就立時私用職權，「偷寫下夫人誥命一通，混在眾人誥命內，朦朧進呈」。而皇帝竟然不曾分辨就予准行。盧生假公濟私得逞後，「星夜親手捧著五花封誥，送上賢妻」，還說「文章一色新，要得君王認；插宮花，酒生袍袖春雲。」等到事情曝光，這種靠偷與瞞獲得的「夫貴妻榮」卻蒙「聖旨寬恩免究」（第 10 齣）。主政者既已發現弊端，卻仍是非不分，也可見有多昏庸了。其後，他採用五行之術，把山石用柴燒、醋澆與鹽化的辦法開河三百里。盧生在欣喜之餘，奏請聖駕東遊，觀覽勝景（第 11 齣）。皇帝果然在他的盛情邀約下，前來乘龍舟、聽菱歌，享受一片昇平景象。而盧生爲了「望幸」（第 13 齣），不惜在綉嶺宮備齊三宮六院，「峽石翻搖翠浪，茅津細吐金沙；打排公館似仙家，晝夜瞻迎鸞駕」，來討得「雲霄裏得近天顏微笑」。爲此，他先送禮給高公公，好打點「勢燄的中貂」，分付江南糧貨船隻千艘，上插「五方旗色、編齊綱運」，運載各路奇珍，逐隊焚香奏樂；同時並刻意安排千名棹歌彩女爲皇帝搖櫓伐槳，一隊隊軍民沿河齊跪，「頂香爐、著細樂」。爲了湊足人數，不得不從獄中找來兩名囚婦唱「尖尖」詞與「彎彎」詞小曲（第 14 齣），處處曝露官場的荒淫奢靡與民間疾苦。開河既成，盧生又奉旨掛帥征西（第 14 齣）；期間，他先智殺番相，隨即大破番兵，乘勝追擊（第 16 齣），「出塞千里，斬虜百萬」，並磨削天山一片石，題名「勒功」（第 17 齣）。他在得勝之餘，高呼「眾將軍，千秋萬歲後，以盧生爲何如？」眾人只好同聲應「是」，爲他歌功頌德。但他又擔心「莓苔風雨、石裂山崩」會泯滅他的功勞，因擬「做到沒字碑」，好「磨洗認前朝」。臨走前還吩咐「列位將軍，休要得忘了俺數載功勞，把一座有表記的天山須看的好」。志得意滿之情，溢於言表。

權臣傾軋的現象尤可從盧生的遭遇中看出。盧生在進入壺中天地後，雖然婚宦都能得意，卻因得罪了權臣宇文融而在宦途上屢遭顚簸。他在奪得頭名狀元後，沒有拜在宇文融的門下，偏偏又在得意忘形之餘，題詩加以奚落，致使宇文融懷恨在心。爲此，宇文融千方百計誣陷，必置諸死地而後已。他先奏請皇帝派盧生開河，殊料盧生竟能開河三百里；之後，又奏請皇帝派盧生征番，偏偏盧生反倒開疆一千里。於是，儘管盧生立下了汗馬功勞，他又誣以通番賣國的罪名，擬將盧生押斬市曹。滿朝文武明知實情，卻人人噤若寒蟬。連蕭嵩也在威逼下，「情願押花」，致使他幾乎喪命（第 19 齣）。幸經妻兒哭救，才得免於一死。但家私盡抄，家人散離：盧生流放嶺南，崔氏囚於機房，其子遠竄他方。（第 21 齣）。他在流配路上，遇到瘴氣虎狼，不免想道：「朝中黃羅涼傘，不能勾遮護我身，這一把破雨傘，倒遮了我身；滿朝受恩之人，不能替我的命，到是呆打孩替了我命」。而盜賊阻路、船覆落海，險阻重重。到了鬼門關，不能住官房，只能住碉房，委實備極痛苦（第 22 齣）。當時的陝州新河驛丞先是以為盧生會有「還朝之日」，所以並不刁難；後來接到宇文融密旨，便打算不惜傷天害理，設法結果盧生之命，以期「欽取還朝」。於是，用鐵鈐其頭，用火烙其足，橫加淩虐。趨勢諂媚、作威作福的嘴臉，全然顯現。等到得知聖旨「召還」（第 25 齣），立刻自綁請罪。盧生則以「此亦世情之常」寥寥數語曝露了人心險詐的一面。帝王昏聵、奸臣當道、爾虞我詐等等現象，於此可見。

除了科考弊端與權臣傾軋外，《邯鄲記》也不忘抨擊人性中的貪欲。盧生獲得平反返京後，位居當朝宰相，進封為趙國公，官加上柱國太師，食邑五千戶，造第、賞馬、賜田，犒賞無邊，恩旨殊異。仕宦五十年，金屋名園、歌兒舞女，不計其數。親戚皆王族，子孫俱恩蔭，而他自己則位高望隆，可謂懿歟盛哉。然而，在得意之餘，他不思修德，反倒窮奢「極欲」（第 27 齣），只「想長生一路」。他在御賜女樂面前，先是表示「皓齒娥眉，乃伐性之斧」，「教坊之女，咱人不可近他」；隨後卻吩咐廿四名女樂「每房門上掛一盞絳紗燈為號，待我遊歇一處，本房收了紗燈，餘房以次收燈就寢，倘有高興，兩人三人臨期聽用」（第 27 齣）。爲了「圖些壽算、看顧子孫」而不惜年屆八十還用「採戰」之法，乃致一病不起。而他的同儕蕭嵩與裴光庭兩人知道盧生病危，表面上雖在「關情」，實則別有用心。蕭嵩竟在這種情況下暗暗恭賀裴光庭說：「且喜年兄大拜在即了」（第 28 齣）。權臣相互猜忌，由此可見。而盧生在臨終之前，念茲在茲的就是惟恐自己鑿河開邊的「豐功偉業」因蕭、裴二公編裁國史「不全」而留憾。他惦記的是身後的「加官贈謚」，不忘替么兒討個蔭襲，又親筆寫下遺表給大唐家當「鎭世之寶」。經過這番折騰，他還要聆聽兒子唸完爲自己歌功頌德的「表文」，然後吩咐崔氏將朝衣朝冠放在容堂之上，永遠給子孫「觀看」，這才斷氣瞑目。(第 29 齣)

三、結　語

以幻術爲題材的故事屢見於中國小說史上，「壺中人」故事便是其中的一端。「壺中人」故事由「吐壺故事」與「跳壺故事」兩個主軸組成，其間有同有異。兩者都以「欲」爲共同主題。儘管如此，在不同時代與不同作家的處理下，「欲」顯示了相當不同的面貌。就「吐壺故事」來說，〈梵志吐壺〉中的「欲」指本然之欲，爲人所生具，難以遏抑；佛典因藉以譬喻眾生本具的佛性應任其「自在行來」。〈外國道人〉與〈陽羨書生〉都進而凸顯婚外情之「欲」。相形之下，「跳壺故事」中的「欲」重在「食」，也就是事業方面。〈壺公傳〉在神仙思想的氣氛下撰作，故事中的費長房「欲」求「百生」厚幸。成仙既不可得，因退而爲「地上主」。《邯鄲記》係湯顯祖的洩忿之作，戲中因對明代的科舉制度等肆意攻擊。由此可見，儘管主題相同，經過不同作家在不同時空環境下操作，仍可見其岐異之處。就架構來說，「壺中人」故事的兩個主軸也有異同。從〈梵志吐壺〉到《邯鄲記》，「壺」顯然是「壺中人」故事的主要意象，但吐壺與跳壺的情節都不是故事的主情節，而只能算是「戲中戲」的性質。「吐壺故事」以吐吞爲焦點事件，「跳壺故事」則以「跳入壺中」爲必要條件。兩者都有偷窺者或旁觀者。「吐壺故事」在吐壺過程中曝露了私情，而「跳壺故事」中的當事人則在智慧老者的協助下，進行了一段追尋的歷程，在追尋的歷程中經過生死的轉變而以新面貌重新面對人生。

而儘管上文分開處理「吐壺故事」與「跳壺故事」，但這兩個「壺中人」故事的主軸雖然各自演化，卻非自始至終都是兩條永不相交的平行線。（蜀）杜光庭《仙傳拾遺・張定》、（唐）黃甫氏《原化記・潘老人》、（唐）孫頠《幻異志・侯遹》、薛漁思《河東記・胡媚兒》、（元）伊士珍《瑯嬛記・夢乘玄駒》、（宋）羅曄《醉翁談錄・耆卿譏張生戀妓》以及馮猶龍《廣笑府・防人二心》[112] 等，都有倣襲。其中，〈張定〉中的張定能從水瓶裏倒出官寮、將吏、士女、看人以及戲場等等，至夕則「人物車馬，千群萬隊，邐迤俱入瓶內」，[113] 當爲「吐壺故事」的變形。〈潘老人〉等則故事都有「不更

112) 錢鍾書，《管錐編》，第 2 冊，頁 766～767。

113) （蜀）杜光庭撰，《仙傳拾遺・張定》，收在嚴一萍輯校，《道教研究資料》（臺北：藝文印書館，1974 年），第 1 輯，頁 108～109。

小、不更大」的描述；〈胡媚兒〉中提到「跳入瓶中」一事，應係「跳壺故事」的改裝；而〈耆卿譏張生戀妓〉中「肚中有仙姑」、「仙姑肚裏更有一人」等語，則又是「吐壺故事」的異形。「吐壺故事」與「跳壺故事」至宋已有融合的跡象。(元）羅貫中《三遂平妖傳》一書中至少可舉出四處（第 13、21、26 與 31 回）載述顯示這種融合的確據。他如《封神演義》(第 40、60、92 等回）、《西遊記》（第 7、17、25、32、67、76 等回）、《聊齋誌異》中的〈鞏仙〉與〈單道士〉等，也都有類似的描寫。這些從「壺中人」故事變形或改裝而來的短製長篇，從佛道兩家典籍中汲取了創作的靈感與題材，從而豐富了中國傳統小說的生命。

法鼓文化精選好書

智慧100 聖嚴法師 著・朱德庸 繪/ $300

聖嚴法師將佛典中的偈語，轉化成簡短易讀的篇章，融以現代生活中的事例，展現出歷久彌新、寬廣自在的智慧；加以名漫畫家朱德庸先生，其專擅的幽默風格，首次創作深富禪味的趣味插畫，為忙碌的現代人，提供一百則消解煩惱的具體方法。

心的經典－心經新釋 聖嚴法師 著/ $220

聖嚴法師以「心經禪解」、「心經講記」、「心經實踐」三個不同的次第詮譯心經，內容寬廣豐富，涵蓋各層次。書中並加附新式標點的十種心經歷代譯本，極具參考價值。

人間擺渡 聖嚴法師（菁華集）/ $150

將身心落實在現實的生活裡，以慈悲喜捨調理我們的身心，去除貪瞋癡慢疑，達到身心安頓，為自己帶來平安如意的圓滿人生，成就清淨祥和的人間淨土。

紅塵道場 聖嚴法師（菁華集）/ $150

人生的舞台就是一個大道場，每人終其一生都在接受各樣的考驗，有時是有人出題目考你，有時是整個環境考你，至於能不能通過每一場考驗，就得靠自己平常的努力、毅力及定力。

修行在紅塵－維摩經六講 聖嚴法師 著/ $200

聖嚴法師超越傳統模式，擷取《維摩經》菁華，因應現代人的矛盾特質，配合生活中俯拾可得之經驗，為心靈空虛苦悶的現代人提供最佳的解決之道，是一般人不可或缺的生活實用寶典。

聖嚴說禪 聖嚴法師 著/ $200

一百則醒世明心的禪修公案，淺白幽默、充滿人生智趣，是一本人人喜讀的心靈鉅著。國際級名畫家陳永模先生十餘幅精美插畫，更為內容精彩的文字增添活潑魅力。

— 所有目錄價格若有調整，以版權頁為準，恕不另行通知 —

智慧海系列

基督教之研究

聖嚴法師 著 $250

本書以西方學者的見解介紹西方人信仰的宗教,用基督教正統的素材說明基督教內容眞貌,同時也對佛教與基督教之間的若干重要問題,作客觀與理性的疏導。

般若心經思想史

東初老和尚 著 $180

爲保護珍貴文化遺產,特將原著加以訂正增刪,標點註解,並維持老法師獨特文體韻味,以教理爲經、教史爲緯,重新爲《般若心經》對焦、顯影;並加附老法師略傳與東初老人全集目錄等珍貴資料。

菩薩戒指要

聖嚴法師 著 $180

「戒律」是佛子生活中唯一的防腐劑!現代社會適合受菩薩戒嗎?受菩薩戒需要什麼條件?菩薩戒很難持守嗎?聖嚴法師研究大小乘律學三十多年,他將在本書中爲您一一破解謎題...

戒律學綱要

聖嚴法師 著 $250

以淺顯的文字,將戒律內容,配上時代的觀念,用比較通俗的姿態來呈現。內容包括各種戒律的淵源、性質、意義、作用,亦詳加解說受戒者的疑惑,誠爲佛子生活最佳指南,必讀名著。

從東洋到西洋

聖嚴法師 著 $300

本書分爲留學見聞、日本佛教評介、佛教史、敬悼師長、及教理等五大部分。代表了作者在山中掩關、赴日本留學,乃至初到美國時的心歷路程,被視爲認識現代日本佛教的最佳資料。

中觀與瑜伽

惠敏法師 著 $150

作者以「中觀」之蕩情遣執的力量爲其「慧學」上的支柱,而「瑜伽」中所記載之內觀世界經驗則爲其「定學」的指南。本書將日本歐美現代的研究成果,注入於中國佛教的傳統精神中。

大慧宗杲之禪法

鄧克銘 著 $90

大慧宗杲禪師在中國禪宗史上,是一位振衰起敝的中興大將,也是一位多姿多彩奇峰履起的大師。本書深入介紹禪師開悟前的師承與交遊、當時禪風的反應、參無字話頭的體悟、啓發等。

智慧海系列

紫柏大師研究
果祥法師 著 $60

紫柏大師爲明末四大師之一，一生以禪師的直心直行，及護法衛教的宏毅精神，貢獻於佛教。作者以通暢的文字，描寫紫柏尊者一生的學行及思想，是一本易讀的大師傳記。

明末佛教研究
聖嚴法師 著 $180

明末佛教，在中國近代的佛教思想史上，有其重要的地位，上承宋元，下啓清民，由宗派分張，而匯爲全面的統一。本書針對明末的居士佛教、禪、淨、唯識作全面性的調查研究。

法眼文益禪師之研究
鄧克銘 著 $90

法眼文益禪師爲中國禪宗五家中「法眼宗」之始祖，見識廣博，行誼傑出，是歷經禪院淬礪出身，又是一位富有文學氣息的學者型人物，禪宗在其手裡，展現了另一番新氣象。

大乘止觀法門之研究
聖嚴法師 著 $150

《大乘止觀法門》這部著作，爲慧思禪師晚年集其畢生思想的大成之作。本書即在分析大乘止觀法門的組織和內容，製表考證，總結則深入探討大乘止觀的根本思想之特色。

牧牛與尋劍
聖嚴法師 著 $300

從本書的形式看，是一冊普通的文集，從其內容看,則可視爲聖嚴法師自傳的續篇。不僅提供其生活的史料,同時也說明其治學次第和著作過程，讀其文將如有一把破除煩惱的智慧寶劍。

中華佛學研究所論叢(一)
惠敏法師等 著 $200

本書是中華佛學研究所研究生的研究精華。由本所教授自研究生上百篇的研究報告中，篩選出十四篇來，再經編輯人員的二度潤飾，以本所「佛學論叢」第一集的面貌問世。

如是我思(新版)
昭慧法師 著 $250

昭慧法師的論作，很具說服力和吸引力，觀念不落老套，運用文字的技巧，和對於資料的採集處理,極獲好評。本書爲作者近年來學術論著之總合,文筆流暢,質量並重,值得仔細研讀。

智慧海系列

印光大師的生平與思想（修訂版）　見正法師 著 $180

印光大師被譽爲淨土宗第十三祖，亦被尊爲民初四大師之一。大師的卓越貢獻，是以書信方式，化導當時的知識份子信佛念佛。本書爲國內研究大師生平與思想的第一本論著。

中國佛教譯經史論集　曹仕邦 著 $250

佛教由印度傳至中國，透過佛經的翻譯使佛法得以流傳。這一項艱巨且深遠的任務，有其歷史意義及流變。本書收錄七篇有關中國佛教翻譯史的論文，以及一篇有關求法史的雜考。

中國禪學研究論集　冉雲華 著 $250

本書用宗教史學或比較文化史學的觀念與方法，對禪學作多方面考察。論集收錄九篇論文，探討早期的中國禪法、中國文化對外來思想的吸收模式、北宗禪法、及元代禪僧海雲。

中國佛教文化研究論集　冉雲華 著 $250

本書所收論文的編排，是依歷史先後爲準，主題皆與中國佛教文化史有關。內容包括幾位大師的研究、宗教現象的探討、及佛教文獻的考證，是研究佛教歷史、思想必讀的好書。

張九成思想之研究　鄧克銘 著 $150

宋朝儒學家張九成，爲大慧宗杲禪師的至交,大慧禪師在禪宗史上有舉足輕重的地位。二人的交往,使張九成受到朱熹強烈的批評。本書對其學問及在儒學史上的地位，作了全面的探討。

初期佛教家庭倫理觀　繼雄法師 著 $220

在現今家庭問題層出不窮的社會，建立『幸福美滿家庭』其實並非是遙不可及的夢想。佛法的修行觀點完全落實於家庭生活之中，佛法的修行與美滿家庭並不衝突,本書教您如何打造人人心中最終的避風港，不論您是否學佛，如果您期盼家庭幸福美滿，絕不可錯過本書！

《現觀莊嚴論》初探　陳玉蛟 著 $250

《現觀莊嚴論》是一部以偈頌體寫成的《大品般若經》釋，傳爲彌勒菩薩所造。本書對此論作全面性探討,以及獅子賢《明義釋》和宗喀巴《金鬘經》中「序品」「一切相智品」之翻譯。

智慧海系列

維摩詰所說經敦煌寫本綜合目錄　江素雲 著 $120

過去研究《維摩詰所說經》寫本，並無目錄可查，必需從各國所藏眾多的寫本中一一挑出，費時費力。本目錄的纂修，旨在便利學者查閱《維摩詰所說經》敦煌寫本，以作進一步的研究。

大乘二十二問之研究　巴 宙著 $350

大乘二十二問，爲唐代曇曠大師所撰，是關於大小乘佛教教理的問答。諸如：佛性、三身、空、眞如、涅槃、菩提心、阿賴耶識及聲聞與菩薩証取涅槃的差異等等，均有極詳盡的闡述。

唐·道宣《續高僧傳》批判思想初探　果燈法師 著 $250

道宣律師是身兼南山律宗開創祖師，及首屈一指的史學家。本書由史學的立場出發，來理解道宣在《續高僧傳》中的批判思想，亦是瞭解古中國佛教僧團與王朝、社會關連性的著作。

宗喀巴評傳　王 堯·褚俊傑 合著 $200

一代宗師宗喀巴，受到佛教徒的頂禮膜拜，奉爲神明。本書對宗喀巴的一生經歷，以及他在歷史上的成就與貢獻，乃至於文學上的修養，有所介紹，希望讀者對大師有個全面的瞭解。

七佛通誡偈思想研究　真慧法師 著 $200

本書是瞭解「七佛通誡偈」中的「七佛」來由，透過經典的比對，找出七佛的類似性問題，諸佛成佛常軌，以及佛法流布時與印度思想結合，多重層面的分析，有助於了解佛經的微妙。

阿含要略　楊郁文 著（精裝壹鉅冊） $1000

阿含聖典，是大小乘諸宗的根本，是一切佛法的源頭。內容條理井然，一覽無餘，舉凡佛法的義理，無不包羅，不僅攝盡原始的基礎佛法，也孕育著部派佛教及大乘佛教各宗奧義的要素。

漢藏佛學同異答問(修訂版)　聖嚴法師及丹增諦深喇嘛答問$160

禪密二宗在修行次第與方法，各有其淵源與傳承。透過西藏丹增諦深喇嘛，與享譽國際的聖嚴禪師對談，將禪密在學理、修行及境界，作了精闢且深刻的比較，留下難得一見的智慧法語

聖嚴法師著作年表：

1	佛教人生與宗教	1963
2	佛教文化與文學	1963
3	佛教制度與生活	1963
4	什麼是佛教	1964
5	佛教實用法	1964
6	戒律學綱要	1965
7	正信的佛教	1965
8	基督教之研究	1967
9	聖者的故事	1967
10	瓔珞	1968
11	歸程(聖嚴法師前傳)	1968
12	比較宗教學	1968
13	世界佛教通史(上)	1969
14	中國佛教史概說\譯作	1972
15	明末中國佛教の研究\日文	1975
16	從東洋到西洋	1979
17	大乘止觀法門之研究	1979
18	佛教與佛學	1979
19	佛學入門	1979
20	禪與科學	1979
21	禪Ch'an\中英文對照	1979
22	禪的體驗	1980
23	禪門修證指要	1980
24	禪門囈語	1981
25	Getting the Buddha Mind	1982
26	禪門驪珠集	1983
27	佛心衆生心	1984
28	禪的生活	1984
29	拈花微笑	1986
30	明末佛教研究	1987
31	The Poetry of Enlightenment	1987
32	Faith in Mind	1987
33	明日的佛教	1988
34	牧牛與尋劍	1988
35	法源血源	1988
36	學佛群疑	1988
37	Ox Herding at Morgan's Bay	1988
38	The Infinite Mirror	1988
39	The Sword of Wisdom	1988
40	佛國之旅	1990
41	禪與悟	1991
42	金山有礦	1991
43	禪門囈語續集	1991
44	聖嚴法師法鼓集	1991
45	Catching a Feather on a Fan	1991
46	漢藏佛學同異答問	1992
47	密教史	1992
48	火宅清涼	1992
49	東西南北	1992
50	春夏秋冬	1993
51	行雲流水	1993
52	聖嚴法師學思歷程	1993
53	Zen Wisdom	1993
54	福慧自在	1993
55	禪的世界	1994
56	禪的體驗・禪的開示	1994
57	心靈環保	1994
58	法鼓全集（41冊）	1994
59	神通與人通	1995
60	念佛生淨土	1995
61	律制生活\增訂版	1995
62	佛教入門\增訂版	1995
63	叮嚀	1995
64	法鼓鐘聲	1995
65	智慧的花串	1995
66	聖嚴法師教禪坐	1996
67	菩薩戒指要	1996
68	禪鑰	1996
69	禪門	1996
70	Dharma Drum	1996
71	聖嚴說禪	1996
72	修行在紅塵	1997
73	心的詩偈－信心銘講錄	1997
74	心的經典－心經新釋	1997
75	人間擺渡	1997
76	紅塵道場	1997
77	步步蓮華	1998
78	印度佛教史	1998
79	日韓佛教史	1998
80	西藏佛教史	1998
81	智慧100	1998
82	Complete Enlightenment	1998
83	禪修菁華集(七冊)	1998

國家圖書館出版品預行編目資料

佛學與文學—佛教文學與藝術學術研討會論文集〔文學部份〕
/丁敏等著.—初版.—臺北市：法鼓文化，
1998[民87]面；公分.—(佛學會議論文彙編；2)
ISBN 957-8473-85-0(平裝)

1.佛教文學-論文，講詞等
224.507　　87014076

佛學會議論文彙編 2
佛學與文學—佛教文學與藝術學術研討會論文集(文學部份)

著者／丁敏等
主編／李志夫
出版者／法鼓文化事業股份有限公司
總經理／張元隆
副總編輯／釋果毅
封面設計／黃雪芬
責任編輯／賴月英
地址／台北市北投區大業路 260 號 6 樓
Tel／(02)2893-4646　Fax／(02)2896-0731
網址:http://www.ddc.com.tw
E-mail:ddc@ms17.hinet.net
初版／1998 年 12 月
建議售價／新台幣 400 元
郵撥帳號／1877236-6　戶名／法鼓文化
登記證／行政院新聞局局版北市業字第 176 號
印刷／優文印刷股份有限公司
北美經銷處／紐約東初禪寺
Ch'an Meditation Center(New York, U.S.A.)
Tel／(718)592-6593　Fax／(718)592-0717
農禪寺　Tel／(02)2893-2783, (02)2894-8811
法鼓山文教基金會　Tel／(02)2827-6060

法鼓文化